世界全史

「35の鍵」で身につく
一生モノの歴史力

宮崎正勝

日本実業出版社

はじめに

最近の新聞やテレビニュースは、世界が混迷の時代にあることを伝えています。ヨーロッパの景気の低迷、EU内部の北欧と南欧の対立、二〇一〇年末に起こった「アラブの春」以来、混乱が強まる中東とアフリカ、石油価格の低迷とウクライナ紛争に悩むロシア、中国の経済成長と格差の拡大、さらには強引な海洋進出……。

こうした現代の世界は、どのような道筋をたどって出来上がってきたのでしょうか。

戦後しばらくの間、日本は歴史ブームで、古めかしい中国史（東洋史）やヨーロッパの自己主張が強い西洋史、発展段階説に基づく世界史などがさかんに読まれていました。その後、各国史や地域史、時代史などに重点が移り、膨大な量の細かい歴史事実が集められるようになり、世界史への興味を弱めていく結果となりました。

本当は部分を集めれば集めるほど、全体が見えなくなってしまうのですが、部分史を寄せ集めたものが世界史である、というような傾向が強まったのです。

私は、大学教官を辞した後、カルチャーセンター等で、社会経験が豊富な優れた聞き手の方々に世界史について話しながら、普通の市民やビジネスパーソンに世界史を伝えるにはどうしたらいいのか、試行錯誤を繰り返してきました。

その経験から、**従来の歴史の本とは違ってサクサク読める、映画フィルムを早送りしながら見ているような感覚で歴史を読めればいいと考えるようになり、書いたのが本書です。**

まず、「35の鍵」（キーポイント）を歴史の道筋をたどる道標として設定、それに基づいて簡潔な本文を書き、適宜「トピック」と「歴史の読み方」を組み入れました。「歴史の読み方」では、歴史事実の意義、現代から見た着眼点などを示しています。

史実の配列に配慮をしつつも、簡単な文章を読んでいくことでスーッと読めるように組み立てられています。「覚える」のではなく、「わかる」、「考える」を重視した手引書というような趣《おもむき》になります。巻頭の簡単な図版も、適宜本文中に入れた図版も主に地理面の補助として役立つと思います。

本書が描く世界史の道筋は、巻頭の一九ページに「世界史の道筋―本書の歴史のとらえ方」として図式化されています。簡単に本書の構成を紹介すると、以下のようになります。まず、「第1章　世界史の始まり」「第2章　四つの河川文明の出現」「第3章　地域ごとに並び立つ帝国の時代」「第4章　ユーラシアが一体化して起きた文明の大交流」までは、モンゴル帝国の時代に至るひとつながりのユーラシアの世界史ですので、歴史の筋道はたどりやすいと思います。

次いで、「第5章　再編されていくユーラシア」「第6章　世界史の舞台を大きく拡張した大航海時代」「第7章　大西洋が育てた資本主義と国民国家」は、時期的に並行するユーラシアの「陸の世界史」（小さな世界史）と地球規模の「海の世界史」（大きな世界史）を対比しながら概観することになります。

「第8章　イギリスがリードした『ヨーロッパの世紀』」は、イギリスを中心とする「海の世界史」が変化をしながら「陸の世界史」を飲み込んでいく時代になります。

そして、「第9章　地球規模の時代へ」は、ヨーロッパが二つの世界大戦で没落し、アメリカの主導下に地球の一体化が進む、二〇世紀、二一世紀の世界史です。

「世界史の道筋はそんなに簡単なの？」と思われるかもしれませんが、大筋は簡単であればあるほどよいわけで、無理に繁雑にする必要はありません。

もちろん、他にもくくり方があるのは当然ですが、長期にわたって様々な形で世界史にかかわってきた私の経験では、これが世界史の担い手の推移と次々に姿を変える世界史のポイントをわかりやすくとらえることができる簡潔な枠組みだと考えます。

一般の人々が知っておくべき歴史は、別に専門家を育成するための内容ではありませんし、受験にも関係ありません。歴史の道筋と、ダイナミックな変化、それらが現代の世界に及ぼしている影響、そしてこうした事実を知った上でこれから世界がどう動いていくかを予測する力をつけることだと思います。

今から二〇〇年前の歴史地図を見てみましょう。ユーラシアでは、ロシア帝国、オスマン帝国（トルコ）、清帝国（中国）、そしてあまり馴染みのないムガル帝国（インド）が大部分の土地を支配していました。大西洋の周辺ではヨーロッパが主導する資本主義経済と国民国家体制からなる「大きな世界」が台頭しつつありました。アメリカは独立したばかりの国であり、オーストラリア、カナダはイギリスの植民地でした。

ところが、二〇〇年が経過する中で、ユーラシアでは先の四帝国の崩壊を受けて各地に混乱が訪れ、近代を牽引してきたヨーロッパは「没落」の色合いが濃くなってきています。アメリカ、様々な矛盾を内包する中国、そして日本、アジアの新興国などを周辺に持つ「太平洋」が世界史を主導する地域になりつつあるのです。

本書で、このように世界史が常に姿を変えながら、一貫した道筋として現代につながっていることを実感していただければ幸いです。

宮崎正勝

二〇一五年三月

世界全史――「35の鍵」で身につく一生モノの歴史力●目次

はじめに

図で見る世界の歴史と地理

第3章 地域ごとに並び立つ帝国の時代

第4章 ユーラシアが一体化して起きた文明の大交流

第5章 再編されていくユーラシア

第6章 世界史の舞台を大きく拡張した大航海時代

第7章 大西洋が育てた資本主義と国民国家

第8章 イギリスがリードした「ヨーロッパの世紀」

第9章 地球規模の時代へ

装丁／中村勝紀（TOKYO LAND）
本文組版／一企画

図で見る世界の歴史と地理

本編に入る前に、世界の歴史がどのように動いてきたのか、
歴史の流れと、その舞台を図でざっと確認しておきましょう。
ここでは、

・世界の地域名称
・本書の大きな流れ（ここはぜひ見ておいてください）
・各時代のポイント
・世界史対照略年表
・世界の地理と気候

を紹介しています。


これらの図を見た上で本文を読むと、ぐっと理解しやすくなります。

たとえば、「小アジア」（アナトリア）、「東アジア」「西アジア」といった地域名、「イベリア半島」といった地理名は本文中に頻繁に出てきます。

どのあたりのことを示しているのか迷ったら、これらの図を参照して読み進めてください。

地球上の地域の範囲をつかむ

西ヨーロッパ、東ヨーロッパ、小アジア、西アジア、東アジア…。地域名は地球上のどのあたりを示すのか、大ざっぱにつかんでおきたい。

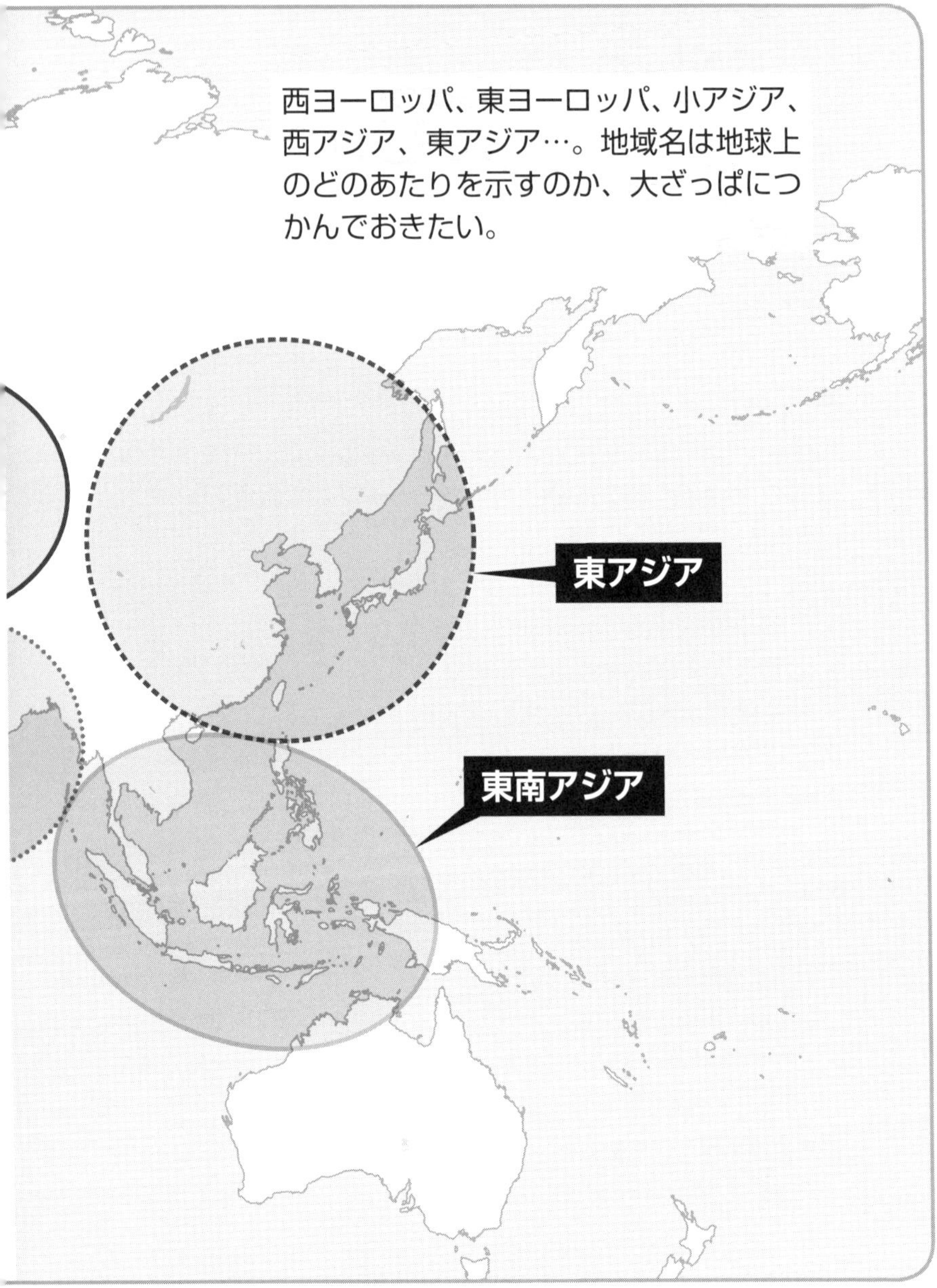

世界の地域区分の呼び方

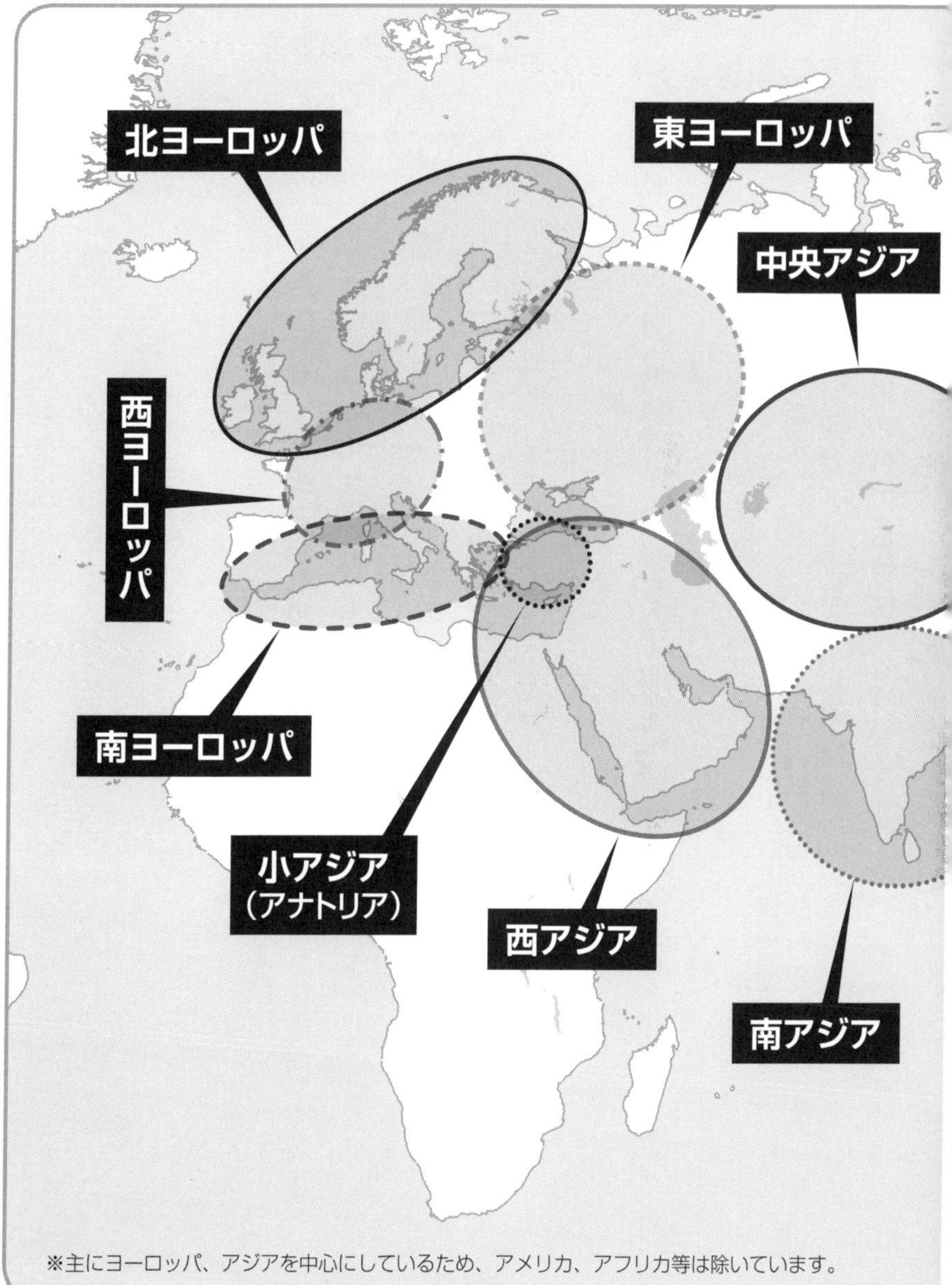

※主にヨーロッパ、アジアを中心にしているため、アメリカ、アフリカ等は除いています。

「小さな世界史」から「大きな世界史」へ・そして「地球世界史」へ

0 前史

東アフリカ大地溝帯…人類の誕生

1 ユーラシアの陸の世界史（小さな世界史）

1 「農業・牧畜」の出現〈約1万年前〉→47ページ

2 「都市・国家」の出現（四大文明）〈約5000年前〉→50ページ

3 「帝国」の出現〈前6〜前1世紀〉→76ページ
西アジア…ペルシア帝国　地中海…ローマ帝国
南アジア…マウリア朝　東アジア…秦・漢帝国

4 「ユーラシア帝国」の成立（文明の東西交流）〈7〜14世紀〉→126ページ
・イスラーム帝国⇩トルコ帝国⇩モンゴル帝国

諸大陸を結ぶ世界史（大きな世界史）

1 「大航海時代」（空間が地球規模に拡大）〈15〜16世紀〉→208ページ
・南アメリカの征服（スペイン）
・北アメリカの征服（アメリカ）
・大西洋三角貿易

2 「産業革命」〈18〜19世紀後半〉→265ページ
・都市の成長⇩イギリス「世界の工場」へ
⇦資本主義の成長

3 ヨーロッパの近代化〈18・19世紀末〉→278ページ
・アメリカ独立
・フランス革命⇩ウィーン体制⇩国民国家の時代

世界史の道筋―本書の歴史のとらえ方

③ グローバル世界史 ← ② 大洋が

地球の世界史

4 「第二次産業革命」（重化学工業）〈19世紀後半〉→312ページ
・ドイツ、アメリカ経済の伸長
⇩
帝国主義時代…世界の分割が進む

1 第一次世界大戦〈1914〜1918〉→336ページ
・ヨーロッパの没落 ⇩ アメリカの台頭

2 世界恐慌〈1929〉→350ページ
・ドイツでナチス台頭、日本による満洲事変・日中戦争

3 第二次世界大戦〈1939〜1945〉→354ページ
・ドルが世界通貨に ⇩ 経済のグローバル化（単一経済に移行）
・ヨーロッパの没落が決定的に―「第三勢力」の誕生
・米ソ冷戦

4 七〇年代の変調（アジア諸国の台頭）→373ページ
・石油ショック→ドル危機→情報革命
└変動相場制へ

5 「冷戦」の終了（ソ連の崩壊）→376ページ
・中国の社会主義市場経済への移行
・地域統合（EU、ASEAN）
・ネットワークによる世界秩序の再編

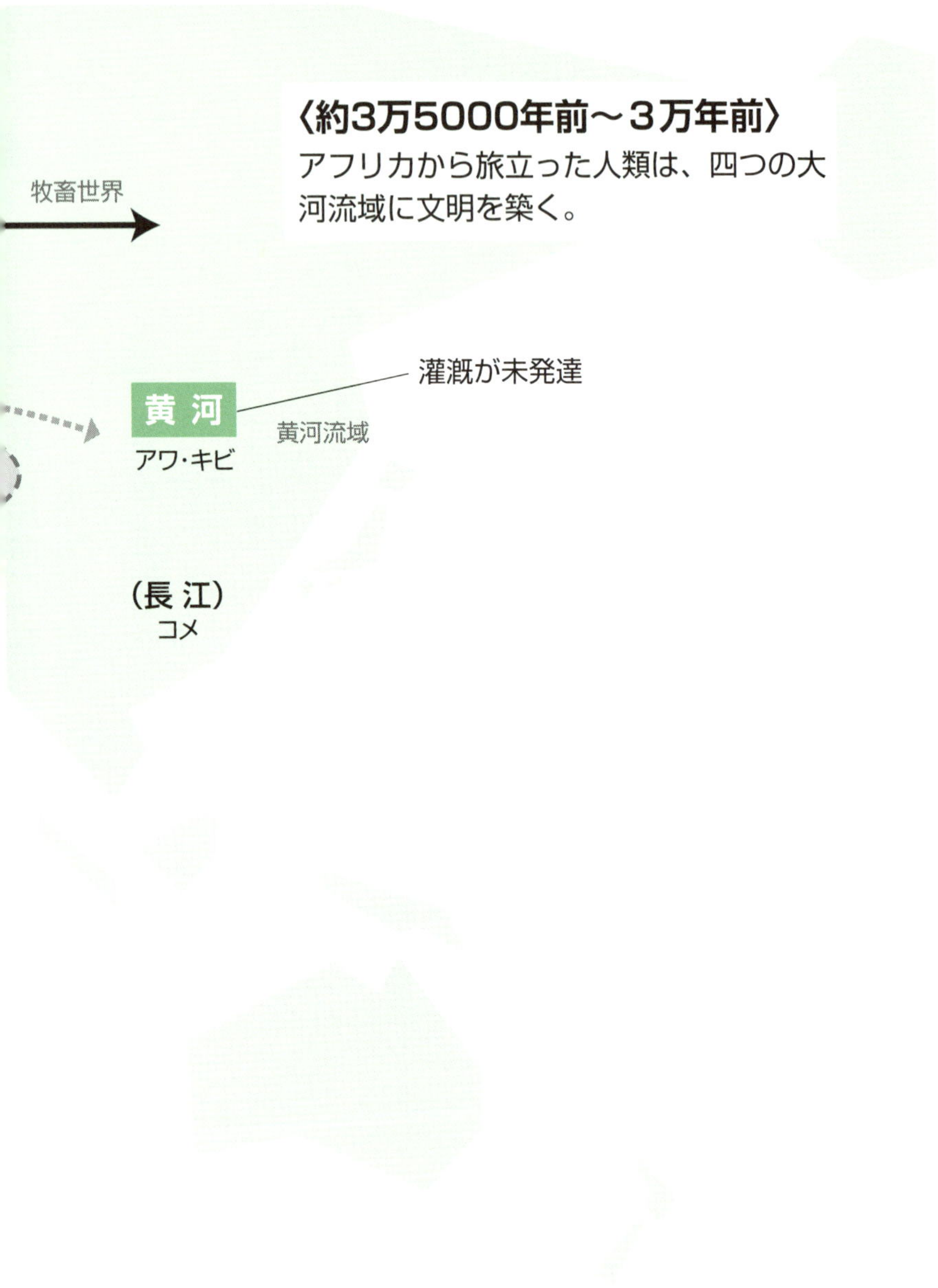
〈約3万5000年前～３万年前〉
アフリカから旅立った人類は、四つの大河流域に文明を築く。
牧畜世界
灌漑が未発達
黄 河
黄河流域
アワ・キビ
（長 江）
コメ

大地溝帯から四大文明へ

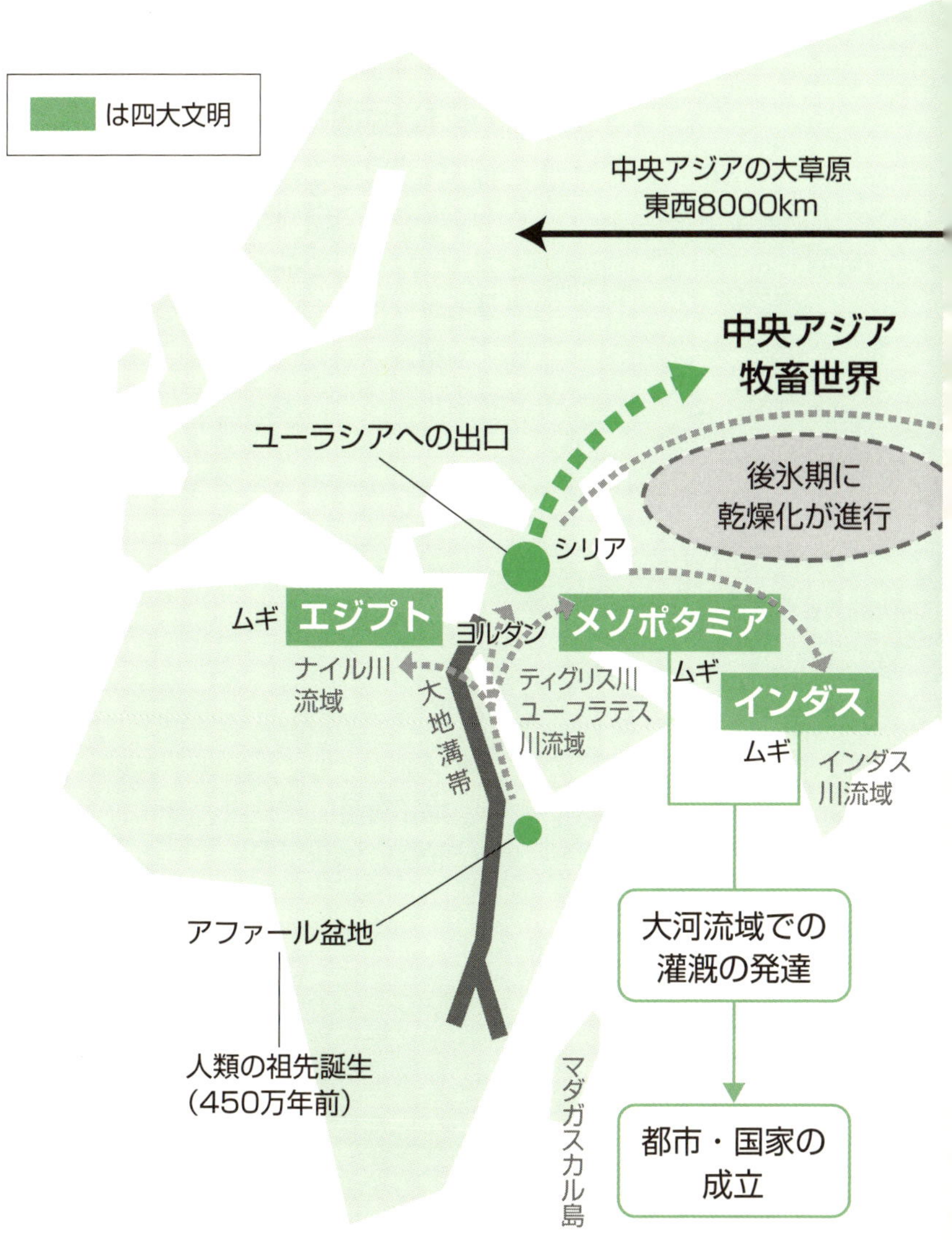

〈前６世紀～後４世紀〉

ウマと戦車によって地域が統合され、四つの古代帝国が生まれる。ユーラシア史は南の経済と北の軍事に分かれ、南北対立を軸に動いていた。

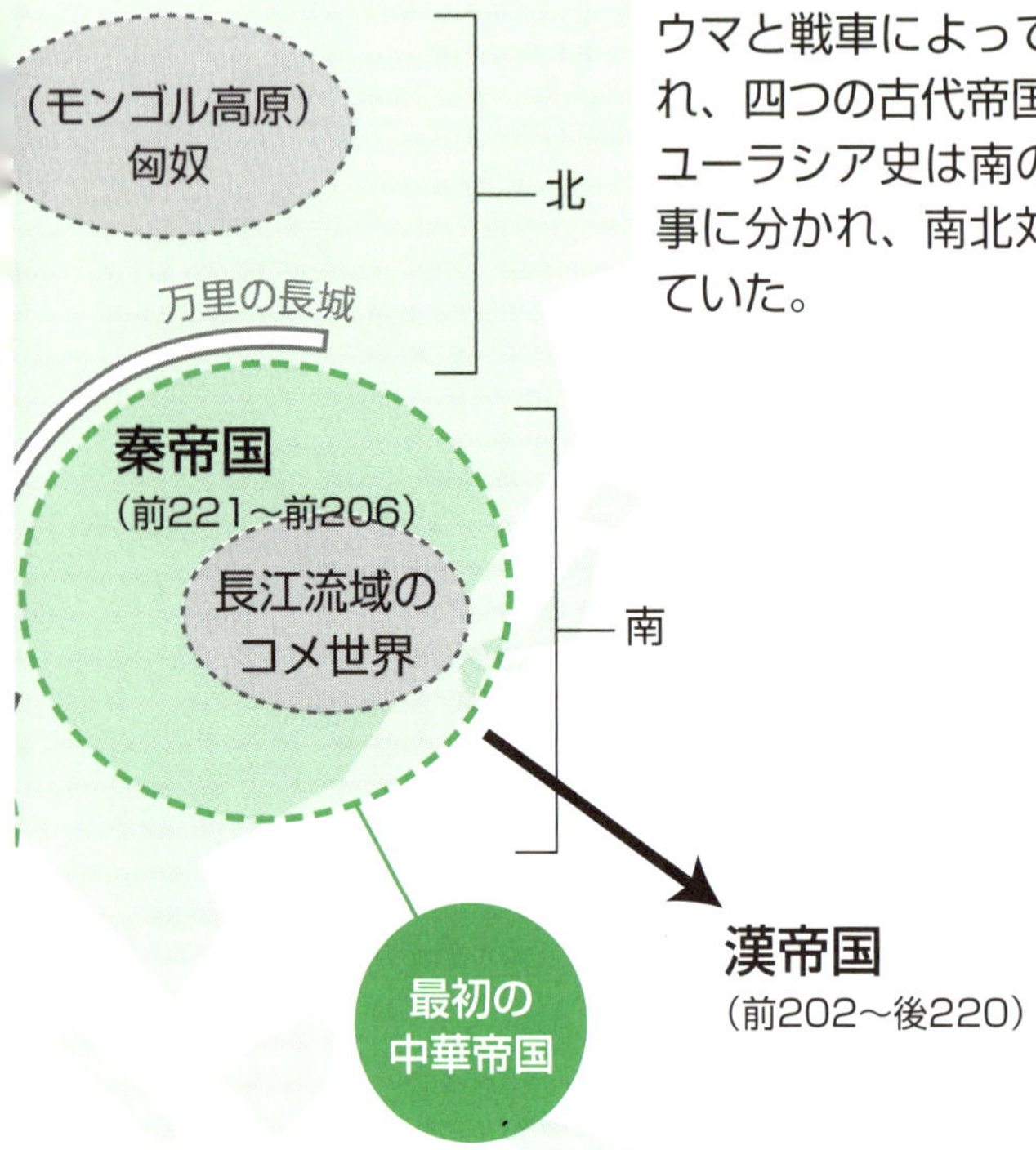

古代に生まれた四大帝国

アラブ世界、東ヨーロッパ、中華世界を統合したモンゴル

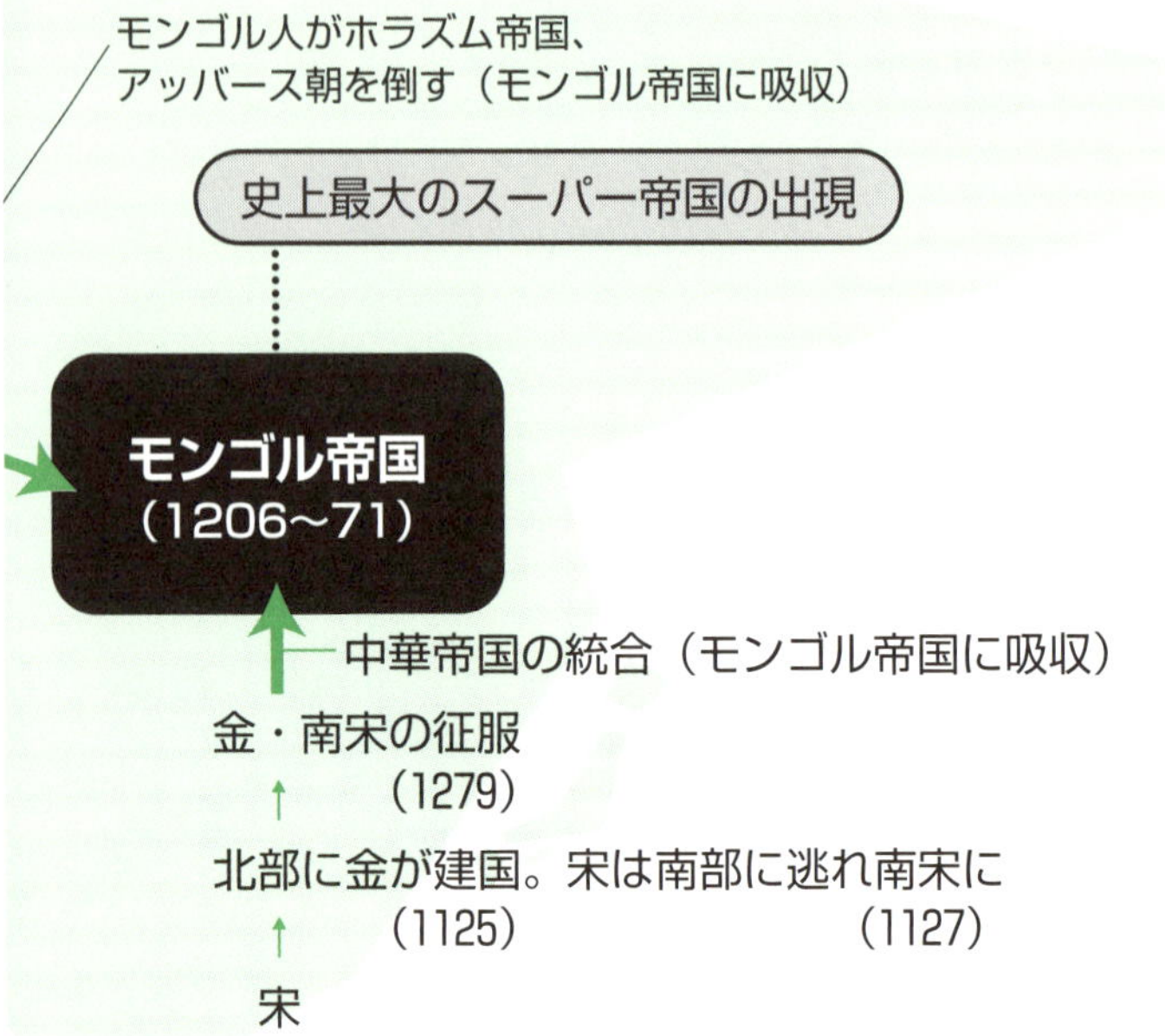

〈11世紀～13世紀〉

７世紀、アラビア半島から広がっていったイスラーム帝国はビザンツ帝国、ササン朝を倒して地中海・西アジアを支配。その後、イスラーム帝国はトルコ人に乗っ取られ、トルコ人はモンゴル人に倒される。ここに巨大なスーパー帝国（モンゴル帝国）が誕生する。

騎馬遊牧民によるユーラシアの一体化

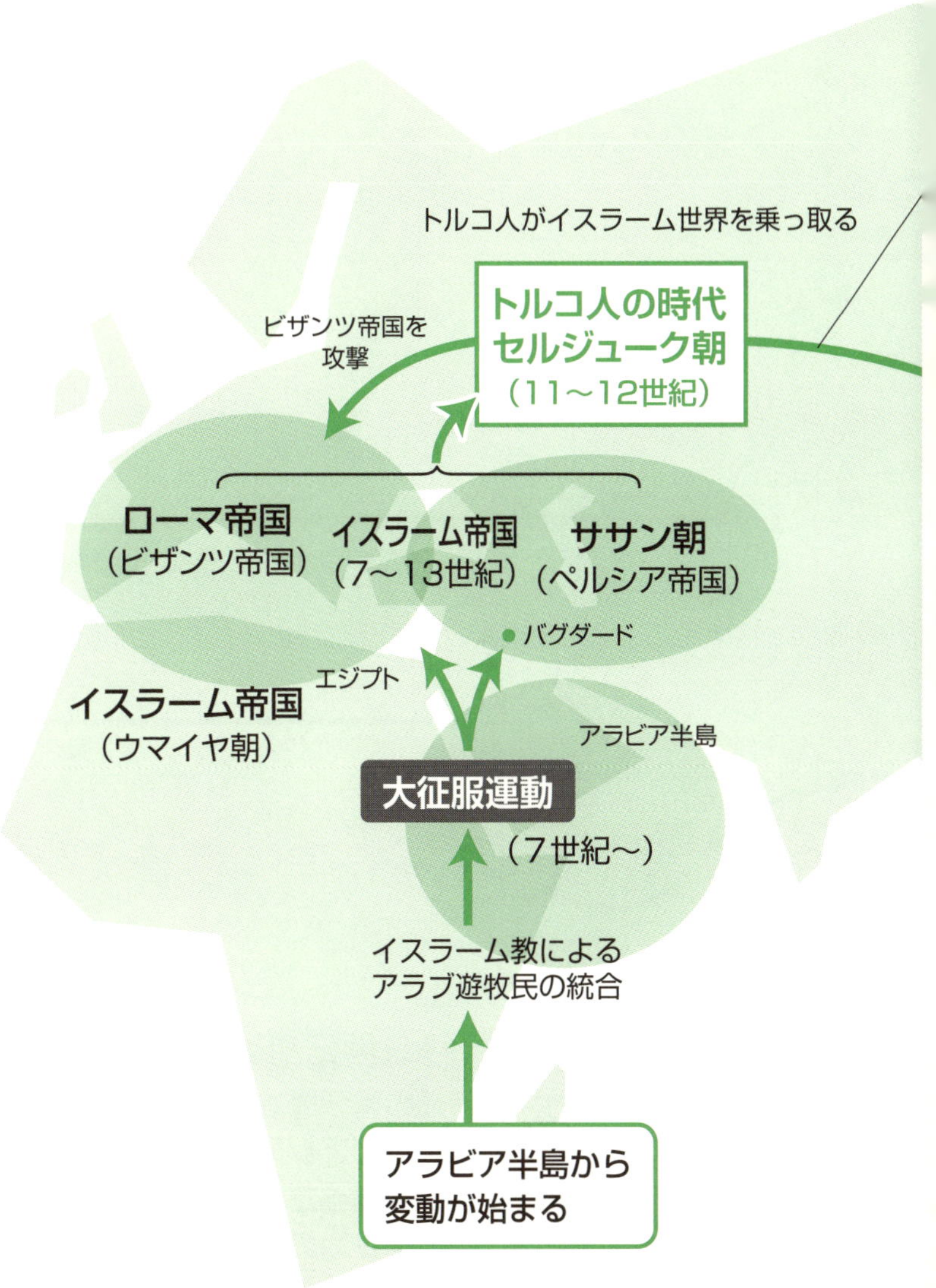

大西洋、太平洋、アジアへの航路が一気に拓けた

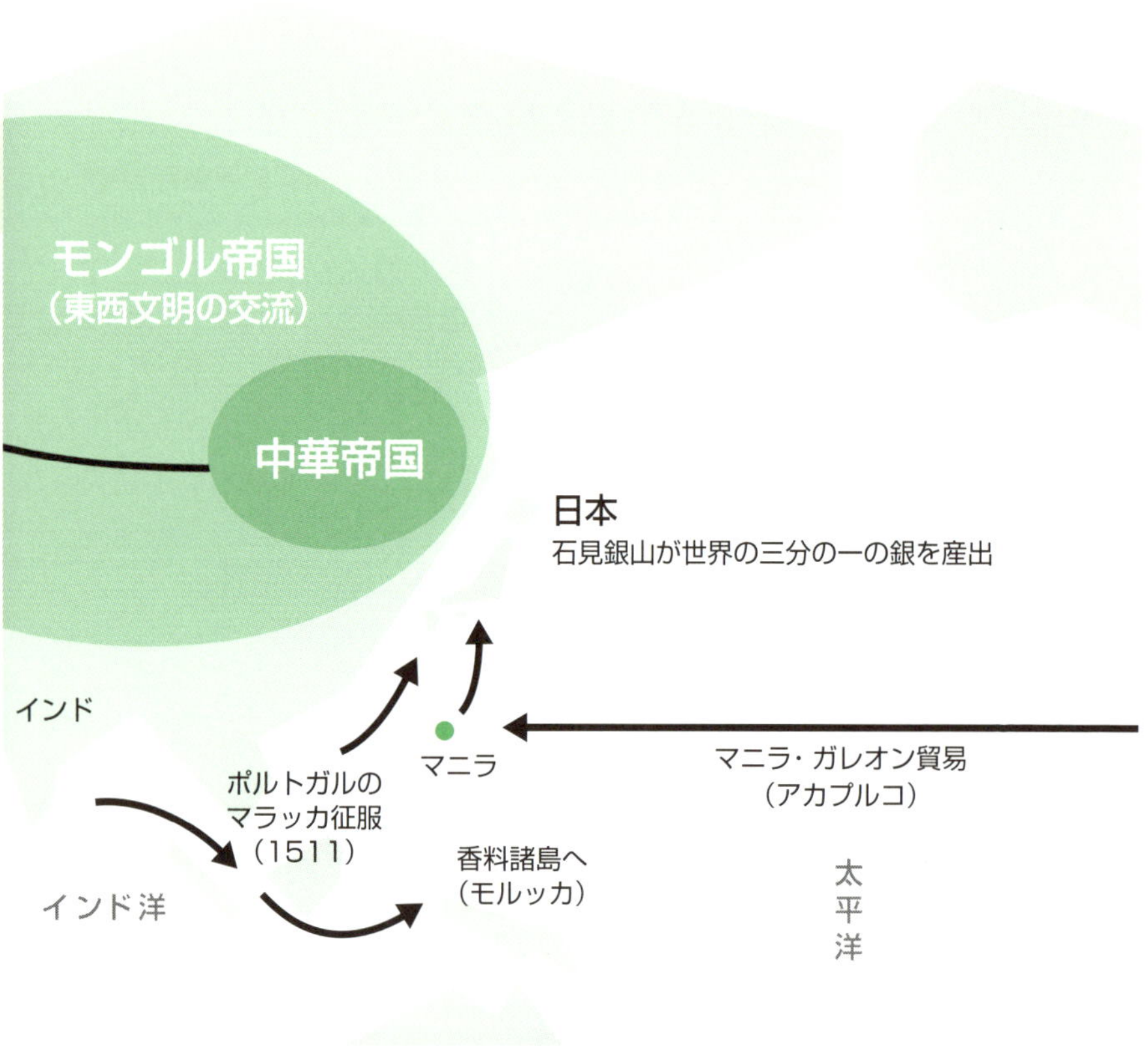

〈15世紀末～16世紀初め〉

アフリカ大陸南端の喜望峰を越えてインドへの航路が拓け、西回りでアジアへ行こうとしたコロンブスがカリブの島へたどり着く。さらにマゼランにより南アメリカの南端を通り、太平洋も拓かれる。

地球規模の「海の世界」は1490年代から30年間で一気に拓けた。

大転換する海の世界

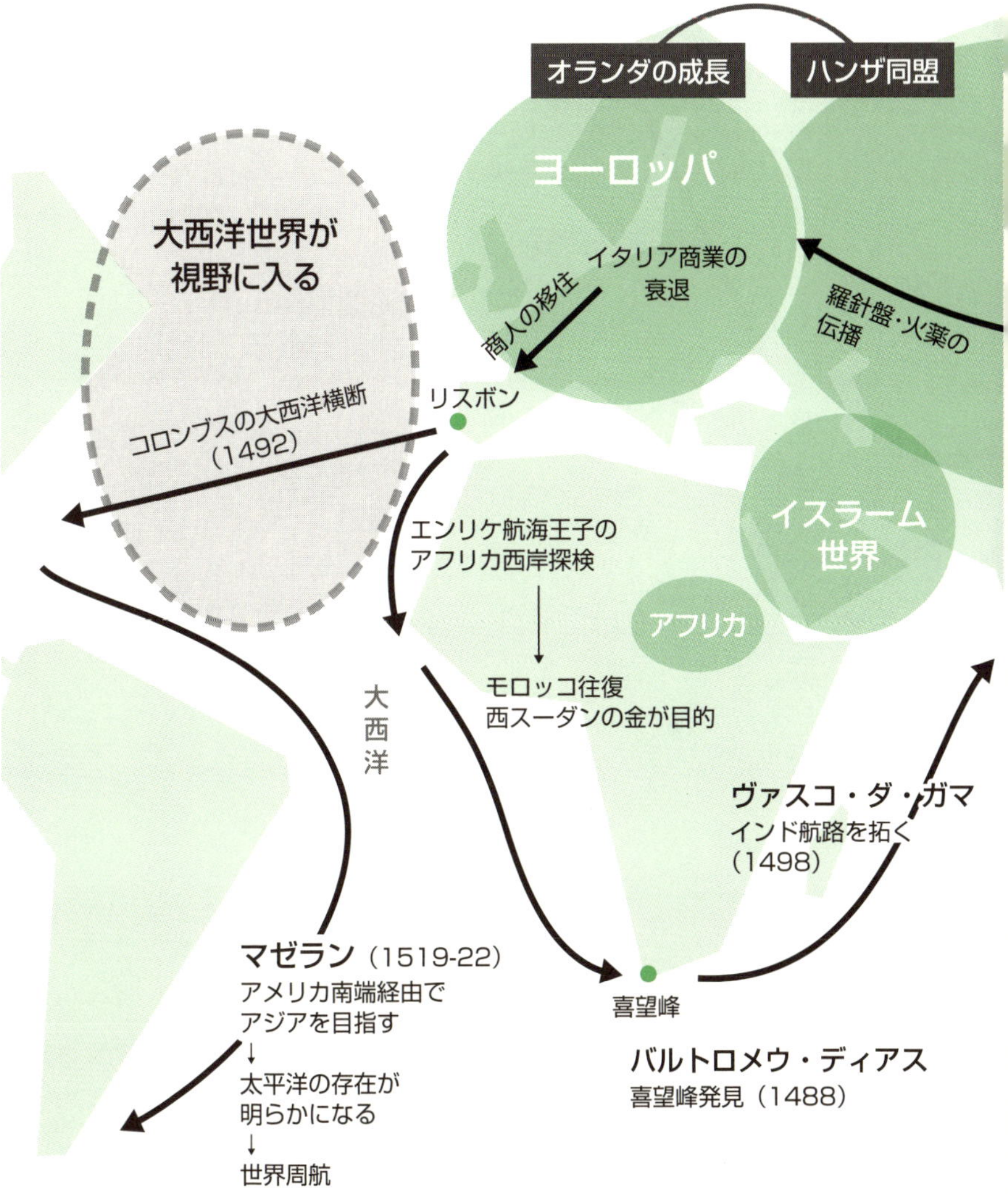

オランダの成長
ハンザ同盟
ヨーロッパ
イタリア商業の
衰退
商人の移住
羅針盤・火薬の
伝播
大西洋世界が
視野に入る
リスボン
コロンブスの大西洋横断
(1492)
エンリケ航海王子の
アフリカ西岸探検
モロッコ往復
西スーダンの金が目的
イスラーム
世界
アフリカ
大西洋
ヴァスコ・ダ・ガマ
インド航路を拓く
(1498)
マゼラン(1519-22)
アメリカ南端経由で
アジアを目指す
↓
太平洋の存在が
明らかになる
↓
世界周航
喜望峰
バルトロメウ・ディアス
喜望峰発見(1488)

プランテーションの普及と産業革命が資本主義を生んだ

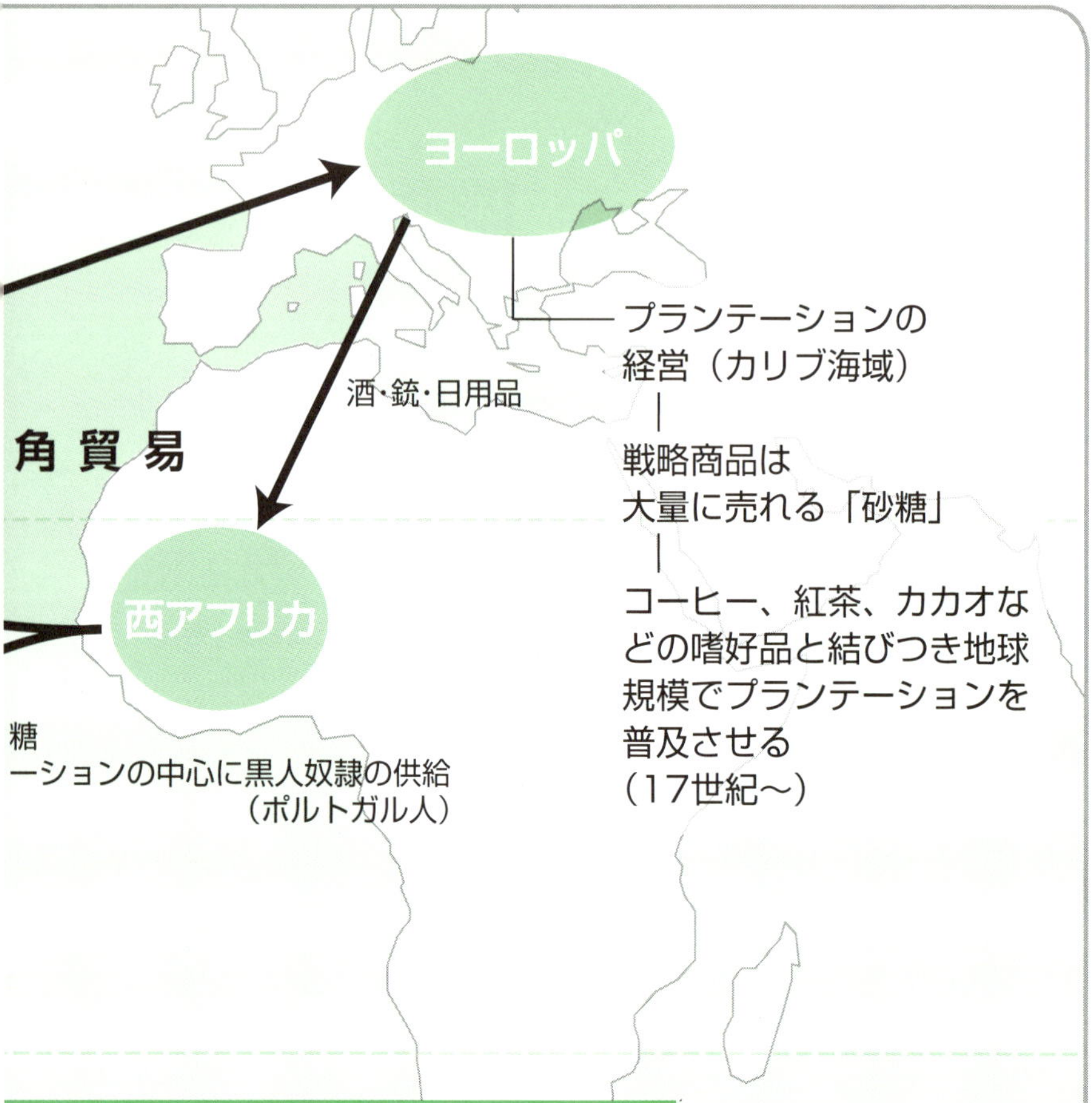

（18世紀～）→三角貿易の規模が拡大→
シートが崩れる→イギリスが綿布（イ
ケイの織布道具の発明で綿糸不足に→
関がつくられる→産業革命（1760～）

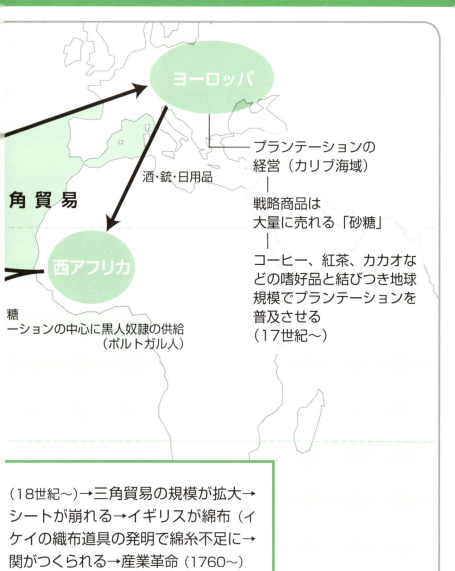

資本主義経済は大西洋から生まれた

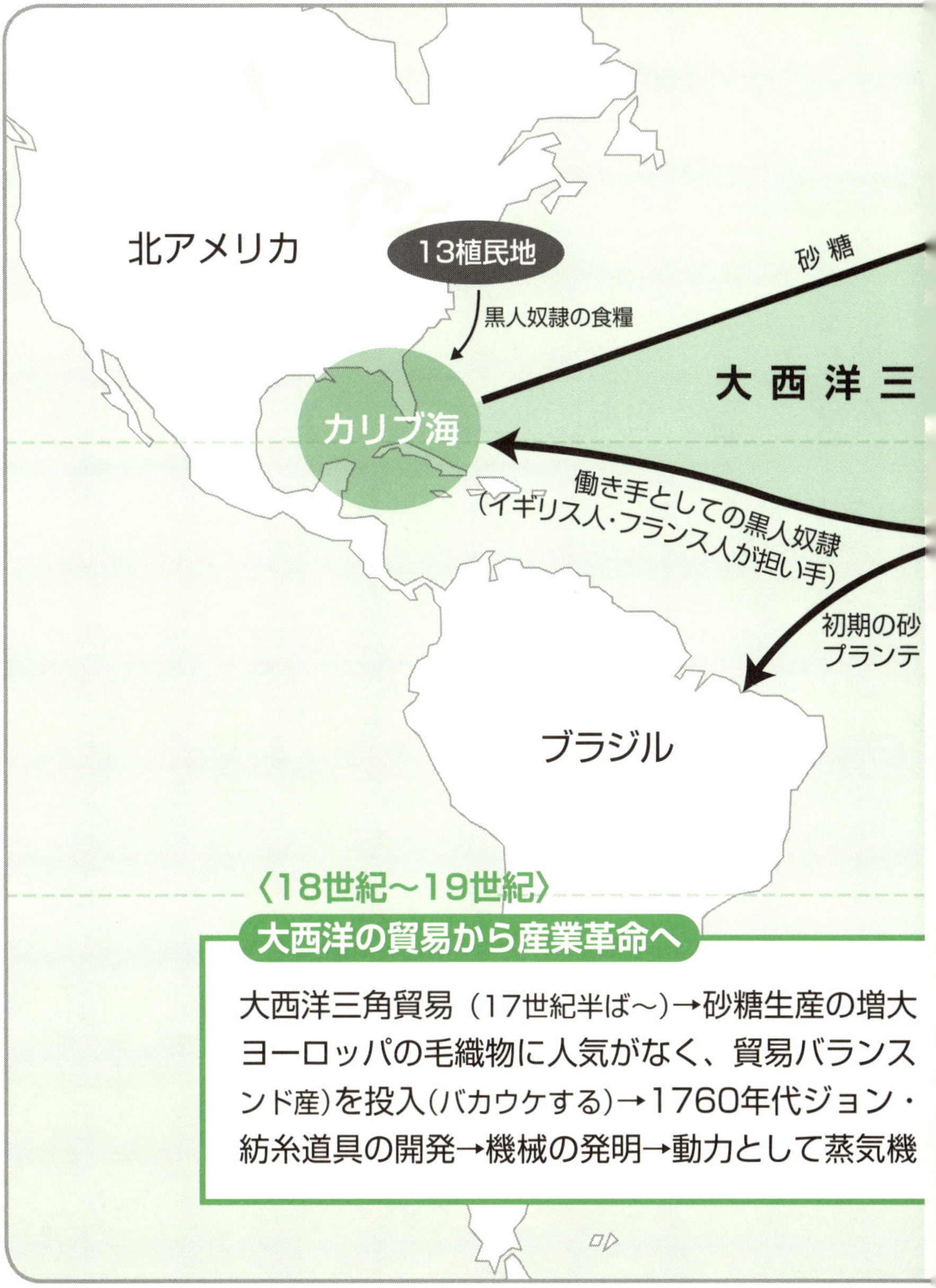

〈18世紀～19世紀〉

大西洋の貿易から産業革命へ

大西洋三角貿易（17世紀半ば～）→砂糖生産の増大
ヨーロッパの毛織物に人気がなく、貿易バランス
ンド産）を投入（バカウケする）→1760年代ジョン・
紡糸道具の開発→機械の発明→動力として蒸気機

国民としての同一性をもとに国家の独立、変革が行われた

〈18世紀後半〉
イギリスの植民地だったアメリカが独立を達成。
世界中に国民国家の建設が広がっていく。

フランス

→ **フランス革命**（1789）
→ **フランス人権宣言**
→ **総裁政府**——ヨーロッパで国民国家の実現
→ **ナポレオンの独裁**
→ **ヨーロッパ大陸支配**——国民国家がヨーロッパに広がる
→ ナポレオン没落
→ **ウィーン体制へ**（1815～1848）——国民国家を否定
→ **ウィーン体制崩壊後、ヨーロッパに国民国家が普及**
・ドイツ帝国成立（1872）
・イタリア統一（1861）

国民国家（近代政治システム）の普及

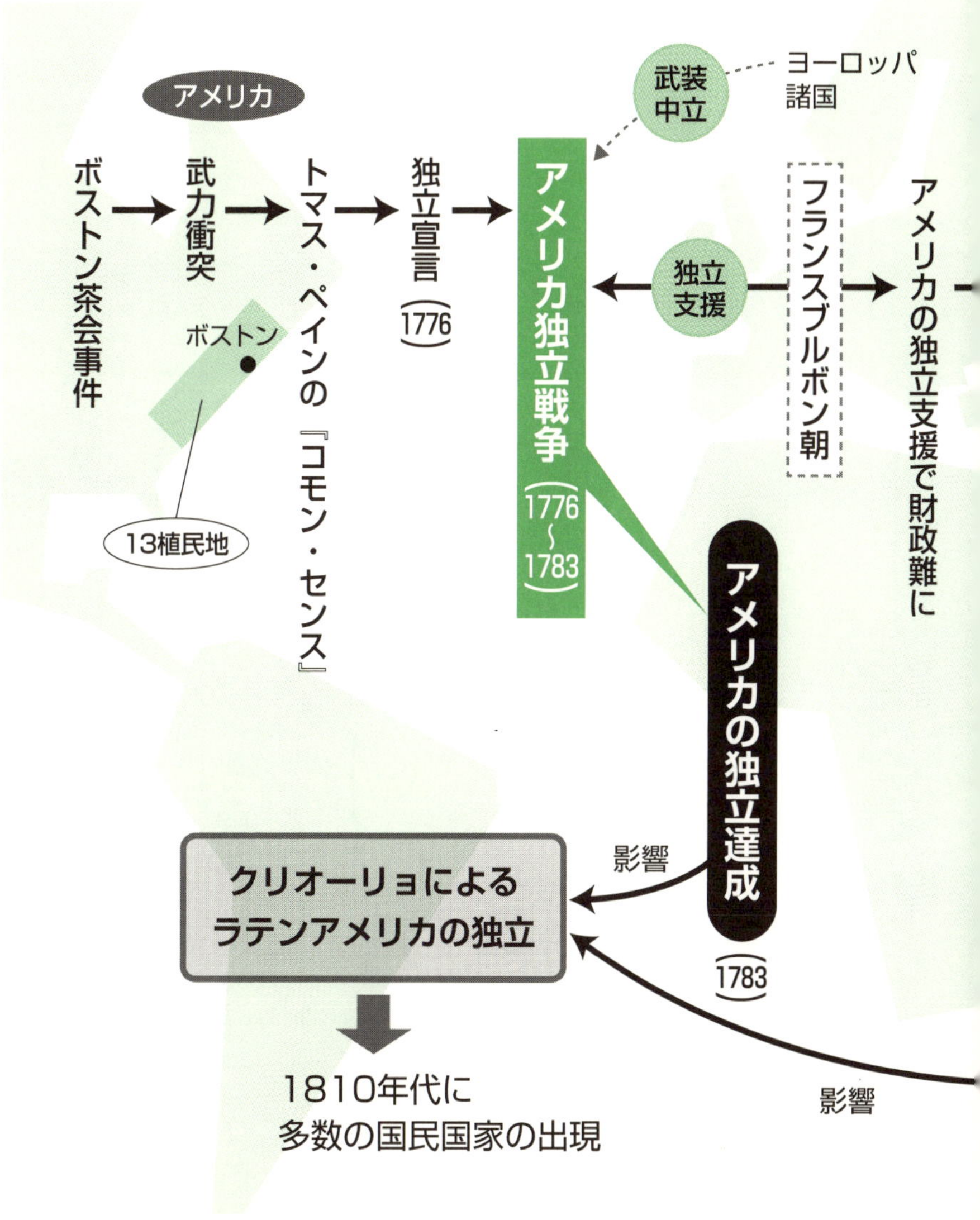

二度の大戦でヨーロッパは世界史の主役の座から降りることになる

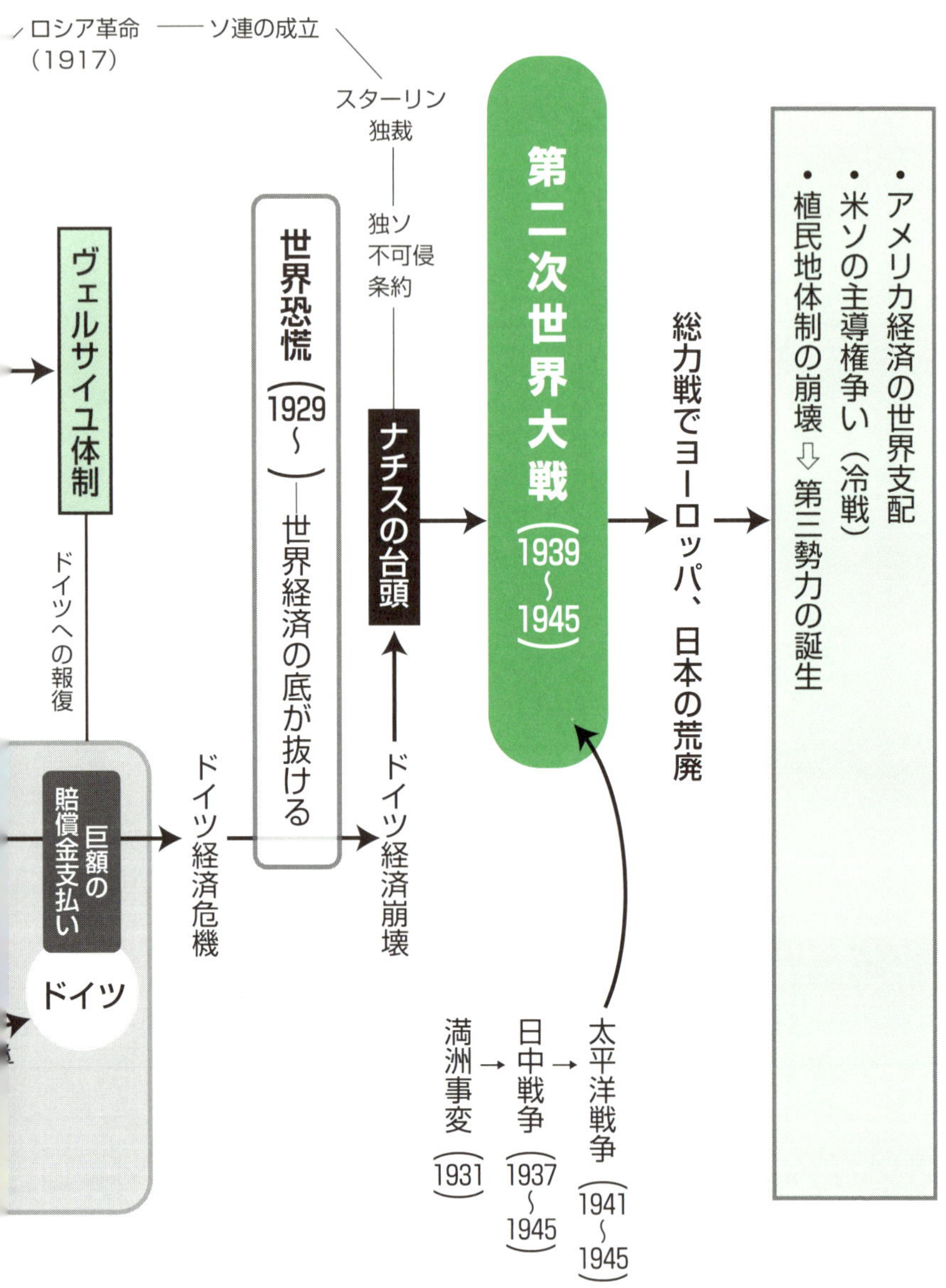

二つの世界大戦でヨーロッパの時代が終焉

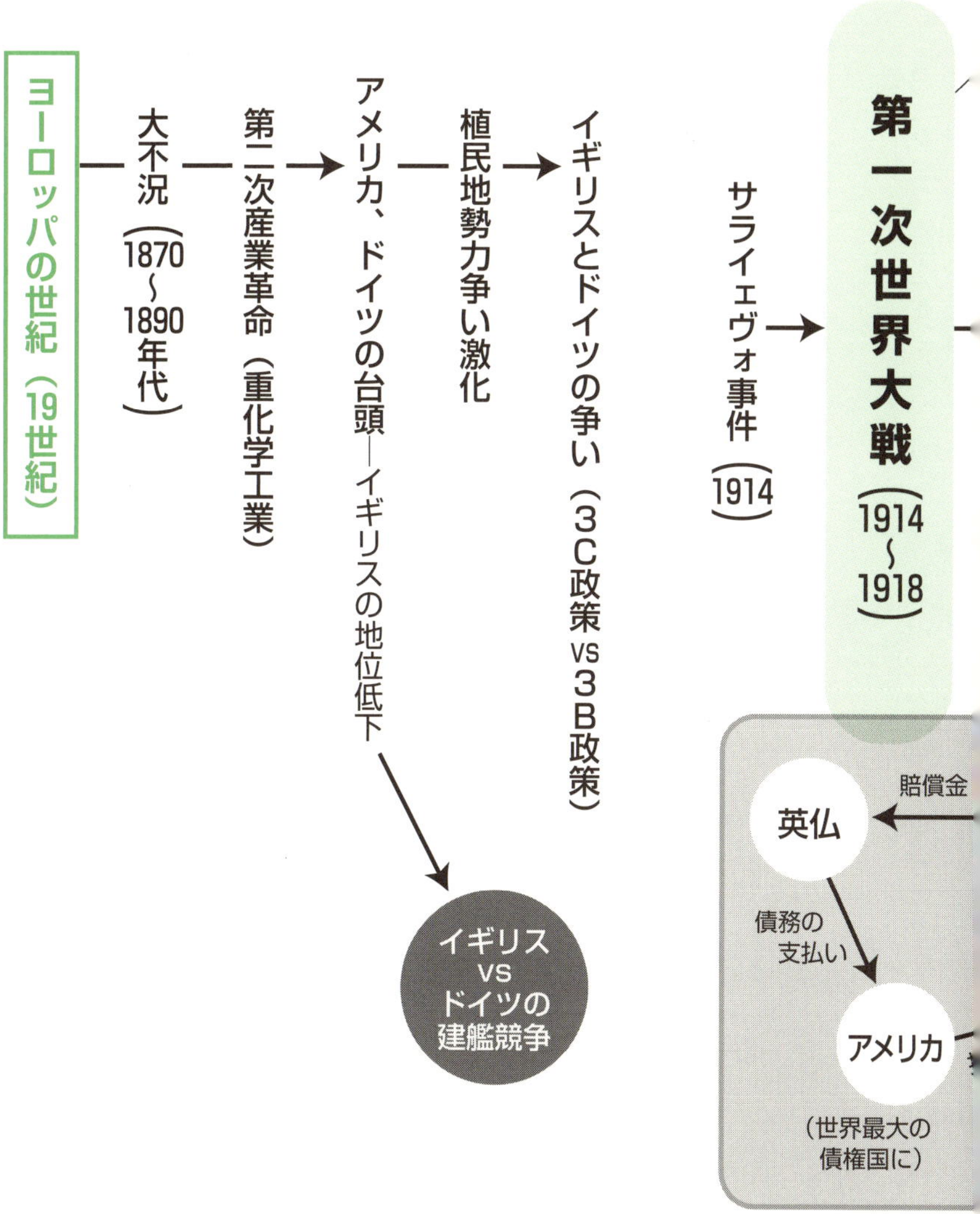

世界が時間、空間、そしてネットで一体化する時代へ

動相場制へ
（1973）

単一のグローバル経済へ

・ヘッジファンドなどによる投機
・世界企業の肥大化
・インターネットによる金融・物流・情報交換

世界の不安定化・流動化

・ロシアのエネルギー大国化
・中国の社会主義市場経済による急成長
・ＥＵの地域統合と東欧への勢力拡大
・アメリカの金融帝国化

グローバル経済への転換

第二次世界大戦後

↓

アメリカの覇権

- ドルが実質的な世界通貨
  IMF体制（米ドルと各国通貨の固定相場制）
- 国際連合（５大国に拒否権）による国際秩序

―― ソ連との冷戦
―― アジア・アフリカ諸国の独立（第三勢力）

↓

- **ヴェトナム戦争**（1960-1975）…アメリカ経済疲弊 ⇨ **変**
- **第四次中東戦争**（1973）―― 石油などの資源保有国の富裕化

IMF体制の崩壊

世界経済は長期のスタグフレーションへ

↓

- **世界銀行、世界企業の拡大**
- **NIES**（韓国、台湾、香港、シンガポールなど）**の台頭**
- **インターネットによる地球規模の電子空間の出現**
- **冷戦の崩壊**（1990年代）

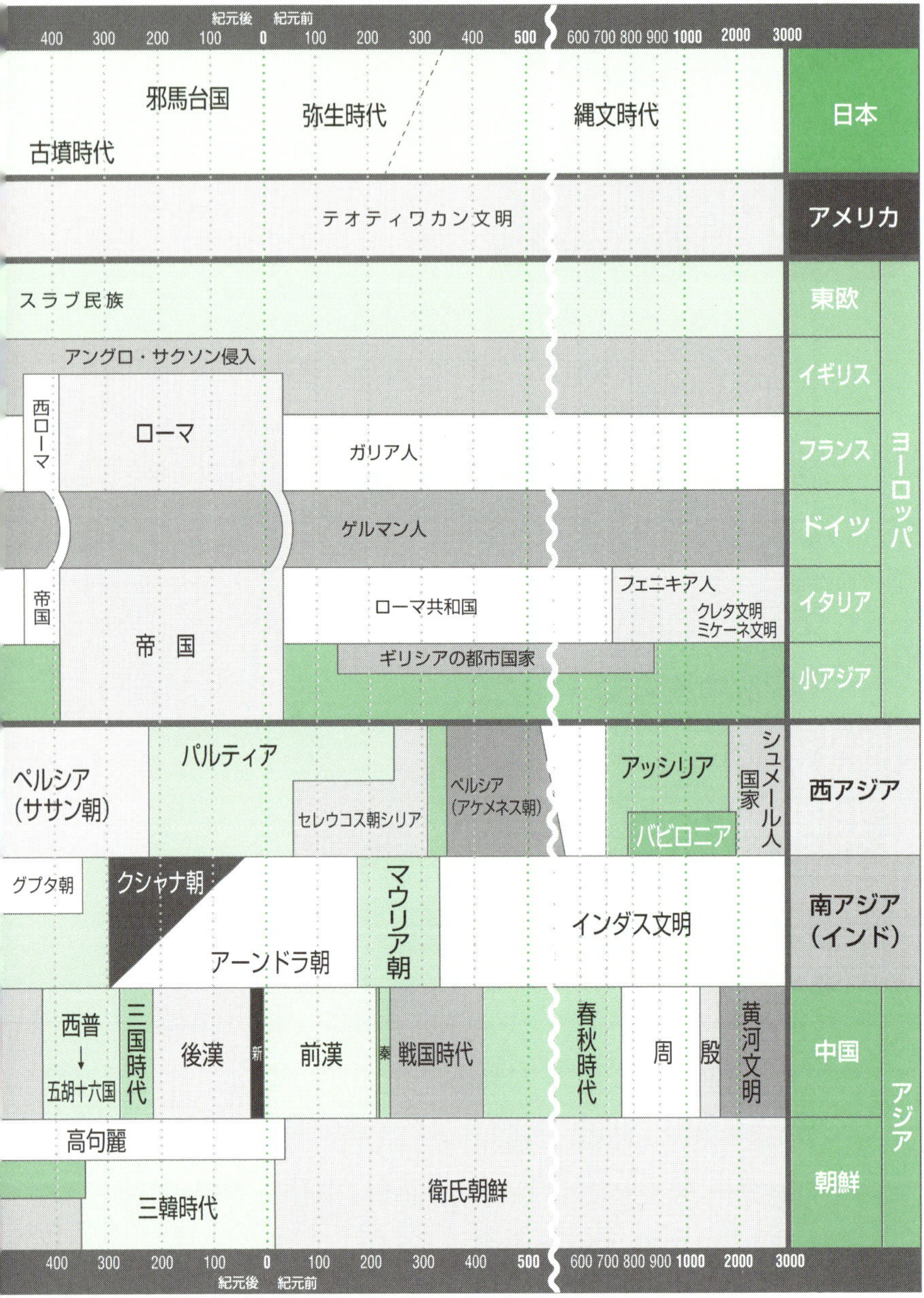
紀元後 紀元前
400 300 200 100 0 100 200 300 400 500 600 700 800 900 1000 2000 3000
日本
古墳時代
邪馬台国
弥生時代
縄文時代
アメリカ
テオティワカン文明
ヨーロッパ
東欧
スラブ民族
イギリス
アングロ・サクソン侵入
フランス
西ローマ
ローマ
ガリア人
ドイツ
ゲルマン人
イタリア
帝国
ローマ共和国
フェニキア人
クレタ文明
ミケーネ文明
小アジア
帝 国
ギリシアの都市国家
西アジア
ペルシア(ササン朝)
パルティア
セレウコス朝シリア
ペルシア(アケメネス朝)
アッシリア
バビロニア
シュメール人国家
南アジア(インド)
グプタ朝
クシャナ朝
アーンドラ朝
マウリア朝
インダス文明
アジア
中国
西晋
↓
五胡十六国
三国時代
後漢
新
前漢
秦
戦国時代
春秋時代
周
殷
黄河文明
朝鮮
高句麗
三韓時代
衛氏朝鮮
400 300 200 100 0 100 200 300 400 500 600 700 800 900 1000 2000 3000
紀元後 紀元前

世界史対照略年表

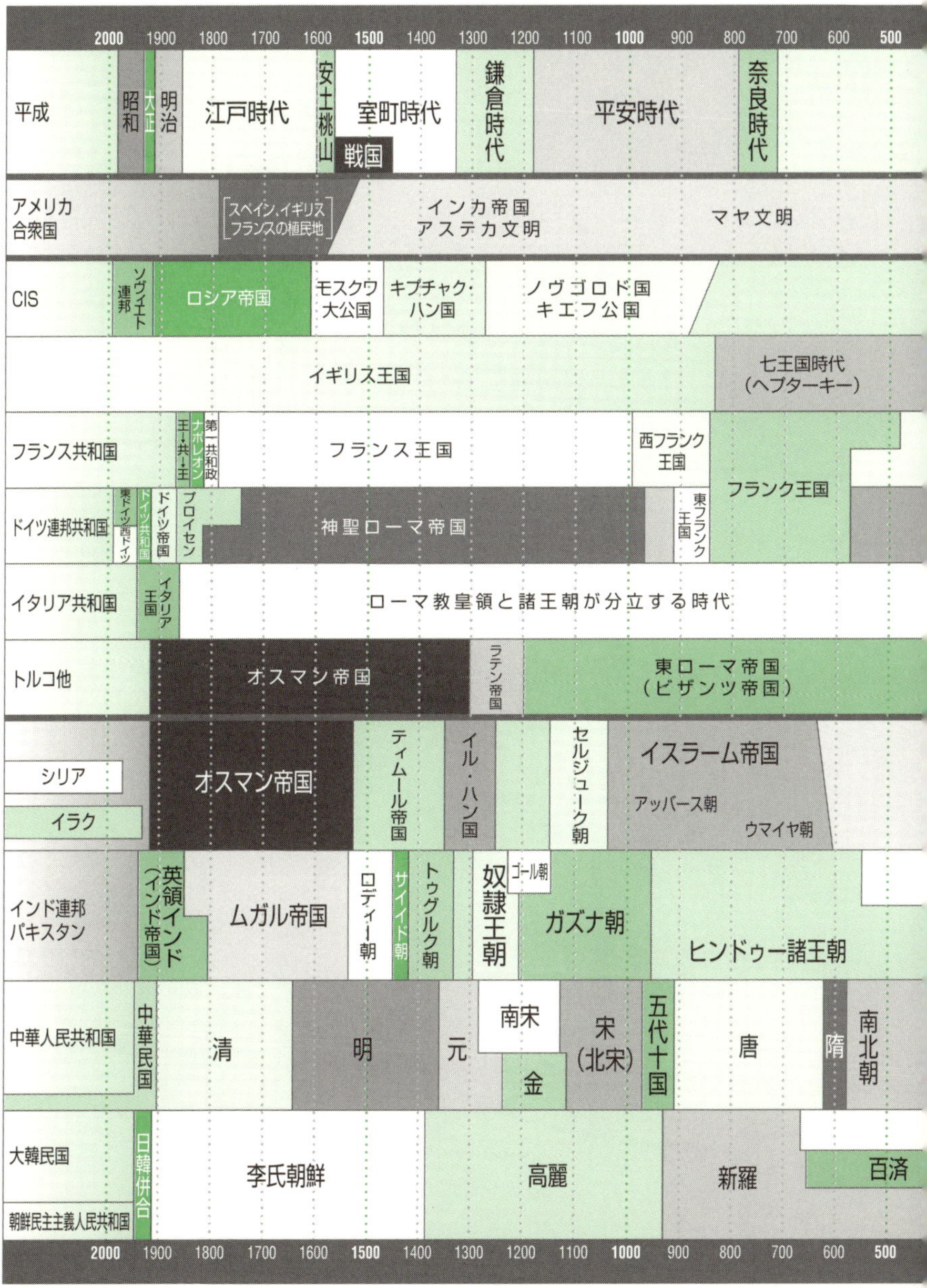
2000 1900 1800 1700 1600 1500 1400 1300 1200 1100 1000 900 800 700 600 500
平成
昭和
大正
明治
江戸時代
安土桃山
室町時代
戦国
鎌倉時代
平安時代
奈良時代
アメリカ合衆国
スペイン、イギリス フランスの植民地
インカ帝国 アステカ文明
マヤ文明
CIS
ソヴィエト連邦
ロシア帝国
モスクワ大公国
キプチャク・ハン国
ノヴゴロド国 キエフ公国
イギリス王国
七王国時代（ヘプターキー）
フランス共和国
王・共・王
ナポレオン
第一共和政
フランス王国
西フランク王国
フランク王国
ドイツ連邦共和国
東ドイツ 西ドイツ
ドイツ共和国
ドイツ帝国
プロイセン
神聖ローマ帝国
東フランク王国
イタリア共和国
イタリア王国
ローマ教皇領と諸王朝が分立する時代
トルコ他
オスマン帝国
ラテン帝国
東ローマ帝国（ビザンツ帝国）
シリア
イラク
オスマン帝国
ティムール帝国
イル・ハン国
セルジューク朝
イスラーム帝国
アッバース朝
ウマイヤ朝
インド連邦 パキスタン
英領インド（インド帝国）
ムガル帝国
ロディー朝
サイイド朝
トゥグルク朝
奴隷王朝
ゴール朝
ガズナ朝
ヒンドゥー諸王朝
中華人民共和国
中華民国
清
明
元
南宋
金
宋（北宋）
五代十国
唐
隋
南北朝
大韓民国
朝鮮民主主義人民共和国
日韓併合
李氏朝鮮
高麗
新羅
百済
2000 1900 1800 1700 1600 1500 1400 1300 1200 1100 1000 900 800 700 600 500

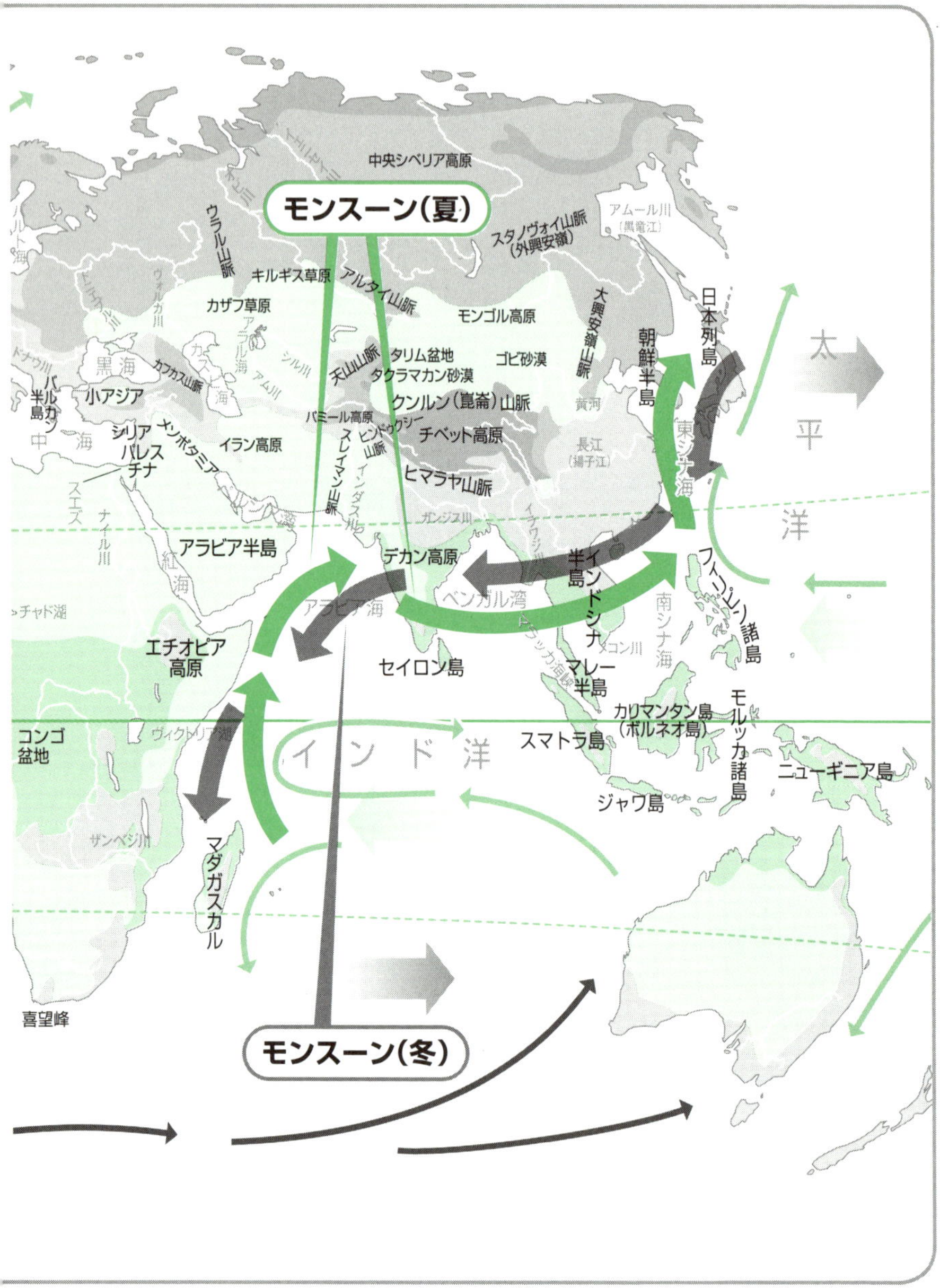
モンスーン(夏)
モンスーン(冬)
中央シベリア高原
アムール川
(黒竜江)
スタノヴォイ山脈
(外興安嶺)
ウラル山脈
キルギス草原
アルタイ山脈
カザフ草原
モンゴル高原
大興安嶺山脈
日本列島
朝鮮半島
太
平
洋
黒海
カフカス山脈
アラル海
カスピ海
シル川
アム川
天山山脈
タリム盆地
タクラマカン砂漠
ゴビ砂漠
バルカン半島
小アジア
クンルン(崑崙)山脈
黄河
パミール高原
ヒンドゥクシ山脈
チベット高原
長江
(揚子江)
東シナ海
地中海
シリア
メソポタミア
イラン高原
パレスチナ
スレイマン山脈
ヒマラヤ山脈
スエズ
ナイル川
インダス川
ガンジス川
イラワジ川
アラビア半島
紅海
デカン高原
インドシナ半島
フィリピン諸島
チャド湖
アラビア海
ベンガル湾
南シナ海
マラッカ海峡
メコン川
エチオピア高原
セイロン島
マレー半島
コンゴ盆地
ヴィクトリア湖
カリマンタン島
(ボルネオ島)
モルッカ諸島
スマトラ島
インド洋
ニューギニア島
ジャワ島
ザンベジ川
マダガスカル
喜望峰

世界の地理と気候

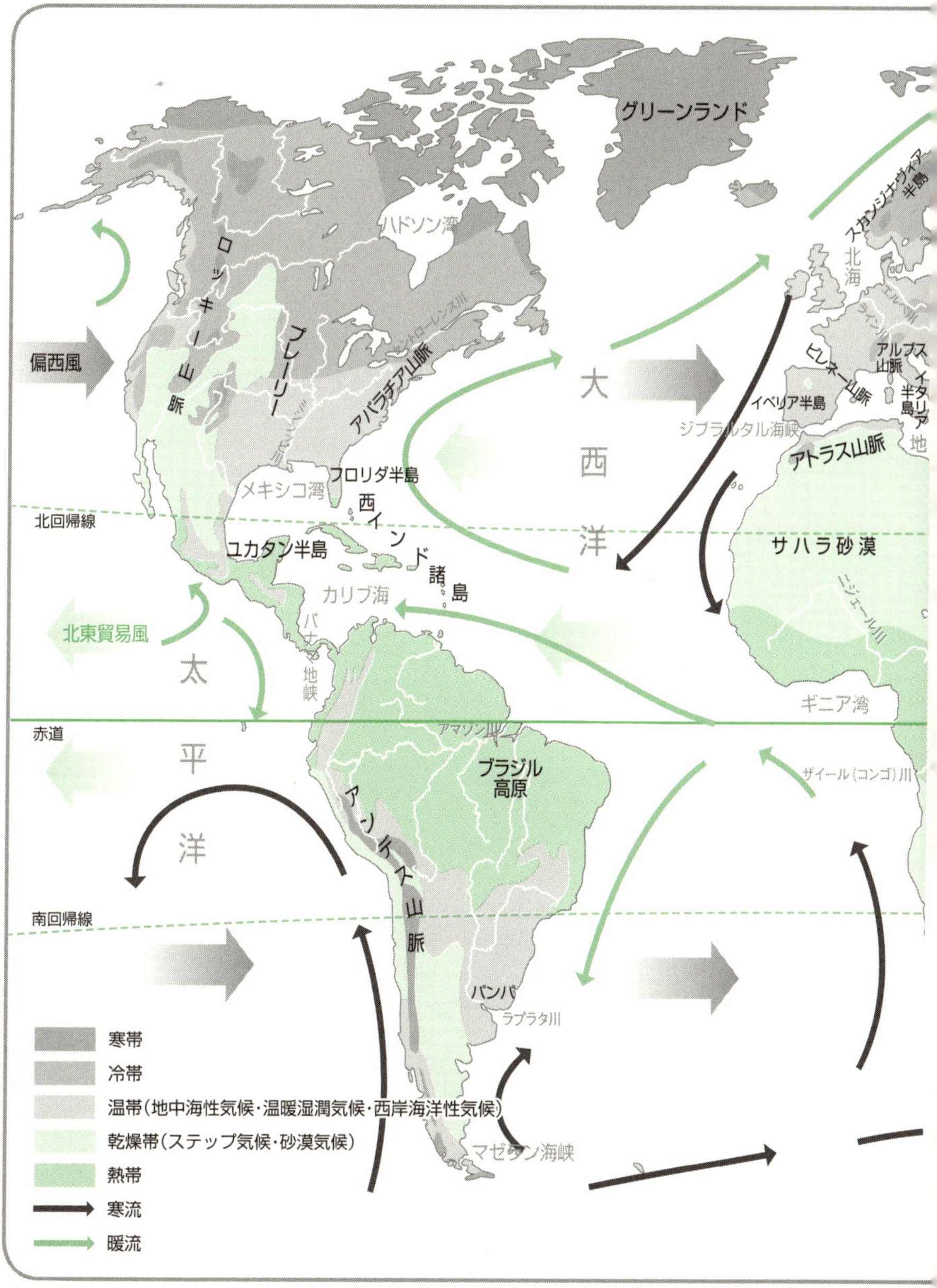
グリーンランド
ハドソン湾
ロッキー山脈
プレーリー
アパラチア山脈
偏西風
大西洋
スカンジナヴィア半島
北海
アルプス山脈
ピレネー山脈
イベリア半島
イタリア半島
ジブラルタル海峡
アトラス山脈
サハラ砂漠
メキシコ湾
フロリダ半島
西インド諸島
北回帰線
ユカタン半島
カリブ海
北東貿易風
パナマ地峡
太平洋
ギニア湾
赤道
アマゾン川
ブラジル高原
アンデス山脈
ザイール(コンゴ)川
南回帰線
パンパ
ラプラタ川
マゼラン海峡
寒帯
冷帯
温帯(地中海性気候・温暖湿潤気候・西岸海洋性気候)
乾燥帯(ステップ気候・砂漠気候)
熱帯
寒流
暖流

第1章 世界史の始まり

THE ORIGIN OF WORLD HISTORY

1

「大地溝帯」からの旅立ち

THE ORIGIN OF
WORLD HISTORY

人類の故郷はどこなのか?

ぴんとこないかもしれませんが、地球上に広く分布する人類のルーツは、「大地溝帯《だいちこうたい》」(グレート・リフト・バレー、21ページ図)と呼ばれる東アフリカを南北に走る巨大な大地の裂け目にあるという説が有力です。

そこで実に人類の歴史の九九パーセント以上が過ごされ、つい最近、といっても三万年くらい前なのですが人類が地表に広がったのであろうと考えられています。

マダガスカル島の対岸のザンベジ川河口から北上し、エチオピア、紅海を経てシリアに至る長さ七〇〇〇キロ、幅三〇キロから六〇キロの地球の亀裂が大地溝帯です。

大地溝帯の中で最も低い土地が、北東部の海抜マイナス一五三メートルのアファール盆地(21ページ図)ですが、約四五〇万年前、その地に直立二足歩行する人類の最初の祖先ラミダス猿人が出現しました。

二六〇万年前くらいから寒冷で氷河が発達し海水面が下がる氷河期と温暖な間氷期がくり返す厳しい自然変化の中で、アウストラロピテクス（「南方の猿」の意味）、原人、旧人などが出現。**約二〇万年前になると、私たちの直接の祖先ホモ・サピエンス（「知恵ある人」の意味）が出現**します。

歴史の読み方

厳しい自然の変化に対応する中で直立二足歩行がアフリカの大地溝帯で始まり、その後、人類の祖先は地表に広まります。こうした事実は、人種、民族の枠組みを超えた人類共通の視点を持たせてくれます。

【現代人の母・ミトコンドリア・イブ】 約二〇万年前、大地溝帯にホモ・サピエンスと呼ばれる、私たちの直接の祖先が出現した。最近の母性遺伝するミトコンドリアDNAを使った研究を行ったカリフォルニア大学バークレー校のレベッカ・キャン氏は、地球上のすべての人類の祖先が二〇万年前のアフリカのホモ・サピエンスの一女性であるとして「ミトコンドリア・イブ」と名づけた。人類の起源を大地溝帯に求める人類の「アフリカ単一起源説」が有力になった。

【大地溝帯からの旅立ち】 ホモ・サピエンスの一部は地球の気候が寒冷化に向かう三万五〇〇〇年から三万年前の間に、大地溝帯の北のはずれのシリアから、「グレート・ジャーニー」と呼ばれる旅に出た。地球の表面の四分の一近くが氷河におおわれ、赤道以外の地域では気温が現在よりも一五度も低かった。約一万五〇〇〇年前頃から地球の温暖化が進むと草原が縮小し、移住のテンポが早くなった。

アフリカから出発した人類は、狩猟・採集生活をしながら移動を続けました。彼らが一生の間に一〇キロ移動したとすると大地溝帯から中国までは二万数千年もの時間が必要です。頭がクラクラするような長い時間をかけて、人類はゆっくりと地球上に広がりました。

ちなみに**氷河期には海水面が、現在より約一三〇メートルも低かったのです。そのためにシベリアとアラスカは広い面積でつながっており、日本海も巨大な湖でした。**人類の祖先はそうした状況の中で、アフリカ、ユーラシアから南北アメリカ、オーストラリアへと広がっていったのです。

2 世界史の次の舞台は「大乾燥地帯」に

THE ORIGIN OF
THE WOLD HISTORY

「乾燥」が世界史の土台をつくった？

約一万年前に最後の氷河期が終わると、北緯三〇度線を挟む北緯四〇度から二〇度までのユーラシア南部で、厳しい乾燥が進みました。

西アジア、北アフリカの広大な地域が、砂漠と草原（ステップ）に変わり、人々は激しい乾燥と戦わなければならなくなります。

日本列島のような雨に恵まれた地域では平和な狩猟・採集生活が続けられていた時期に、西アジアでは、大地溝帯の北の出口にあたるヨルダン渓谷で発見された乾燥に強いムギのタネが、東のメソポタミア、西のエジプトに伝えられ、ムギを食糧とする特殊な農業社会が成長していきました。

渇きと食糧不足が、新たな生活スタイルの母になったのです。

歴史の読み方

世界史は大地溝帯の北の出口での乾燥との戦いから始まり、周辺に農業、牧畜を普及させました。降水量が多い日本列島が世界史の周縁部に位置したのは、自然環境に恵まれていたからです。

【大乾燥地帯とは】 乾燥化（生活環境の悪化）に対するチャレンジから世界の歴史は始まった。乾燥と文明は切っても切れない関係にある。地球規模の大気循環の関係で、赤道で通年蒸発する大量の水蒸気（積乱雲）が一万メートル以上も上昇する中で水分を雨として降らせ、カラカラに乾いた空気となって北アフリカから西アジアの中緯度地帯に通年下降する。そのために、広大な乾燥地帯が誕生した。乾燥を生み出したのは、壮大な地球の大気循環なのである。

乾燥地帯は、砂漠と草原からなります。砂漠は年間降水量が二五〇ミリ以下、草原は二五〇ミリから五〇〇ミリの地域ですが、エジプトもメソポタミアもほぼ年間降水量が一〇〇ミリ以下です。最後の氷河期が終わると乾燥が激しくなり、生活環境はますます悪化しました。例えば草原だったサハラ地方が、砂漠に変わるのは四〇〇〇年ほど前のことです。

乾燥に強いムギ類の種子（穀物）を食糧にするようになった人類は、「畑」を開き、収穫までの一定期間土地にとどまるようになりました（定住）。それが、九〇〇〇年前頃に起こった**「農業革命」**です。

KEY POINT
世界史がわかる「鍵」
1

歴史の読み方

ムギ、アワは乾燥地帯の食糧として、コメ、トウモロコシは雨季と乾季がある地域の乾季用の食糧として栽培が広がります。「定住革命」という言葉もありますが、遊動生活から定住への転換が社会の形を大きく変えたのです。

農業と牧畜の出現

約一万年前に氷河期が去った後、ユーラシアの大乾燥地帯で乾燥との闘いの中から農業・牧畜が出現し、世界史としての歩みが始まった。

牧畜社会はこうして出現した

約九〇〇〇年前頃に**「肥沃な三日月地帯」**（パレスチナからイラクに至る地域）で、ムギの栽培が始まりました。多少の降水がある中国の内陸部では、細かいアワとキビに頼る農業社会が成長します。西方から中国にムギが伝えられるのは、漢代以降です。湿潤な長江《ちょうこう》の流域では古くからコメがつくられていましたが、コメが中国の主食になるのは唐代のことです。

ところで野生動物にとって畑は、絶好のエサ場でした。人類は畑に集まってくるヤギ、ヒツジなどの動物の特色を知り、やがて貴重なタンパク源として管理するようになります。

それが牧畜です。長い歳月をかけて「牧畜」の中心地は次第に「畑」から離れ、草が豊富に得られる北の草原地帯に移っていきました。

オスの周りでメスが群居する性質を持つヒツジ・ヤギ・ウシ・ウマ・ラクダなどの**偶蹄《ぐうてい》類《るい》の動物を「群《むれ》」として飼育する「牧畜」が普及します。**本来ならばすぐに殺してしまう動物を「群」として管理し、繁殖させる技術が生まれたのです。オスの数を制限すると群れの管理がやさしくなるため、オスは優先的に食用にされ、不要なオスは去勢されました。

ちなみに食べ物を反芻《はんすう》できないために繊維質の草では飼育できなかったブタは、もっぱら農耕社会で飼われました。

歴史の読み方

イスラーム教でブタを食べることがタブーとされるのは、ユダヤ教と同様です。ブタが牧畜民ではなく農耕民に飼われたからでしょうか。キリスト教でも最初はブタを嫌っていましたが、森林の多い西欧ではブタが許容されました。このように諸文化にはそれぞれの系譜があります。

第2章

四つの河川文明の出現

THE EMERGENCE OF
THE 4 RIVER VALLEY CIVILIZATIONS

1

「灌漑」が生み出した都市と国家

THE EMERGENCE OF
THE 4 RIVER VALLEY
CIVILIZATIONS

「文明の母」である都市の誕生

乾燥地帯では水の確保が難しく、結局、大河の流域に大規模な畑がつくられるようになります。大河の流域が最初の人口密集地帯になったのは当たり前と言えば当たり前なのですが、そこでは堤防、水路、ため池などの大規模な土木工事が欠かせませんでした。

五〇〇〇年前から大乾燥地帯のエジプト、メソポタミア（現在のイラク）、インダス（現在のパキスタン）で、**灌漑**《かんがい》**（農地に川などから水を引いてくること）農業**が盛んになります。ただ、雨が多少降る黄河《こうが》（現在の中国陝西《せんせい》省）流域では、灌漑設備の建設があまり進みませんでした。

こうした**大河流域では、灌漑の発達に伴い水と農地を管理する「都市」が誕生します。都市を中心とし、広域化した複雑な文化が「文明」です**（四大文明）。

KEY POINT
世界史がわかる「鍵」
2

灌漑インフラの整備

大乾燥地帯の大河流域で灌漑インフラが整備され、五〇〇〇年前以降、人口が集中する大農地が出現。それが四大文明につながる。

国家が誕生した背景

大河流域の大規模な農地の開拓は、特定の部族を中心に、官僚が組織する人力によってなされました。農地開拓のセンターとして成長したのが、王・神官・官僚などが居住する都市です。最古の都市は、約一万年前につくられたヨルダン川流域のイェリコ（67ページ図）でしたが、ムギづくりが普及した五〇〇〇年前になると西アジアの大河流域に都市が普及します。

ただ、畑が少なく食糧を自給できない都市部は、道路・水路などを拡げて多くの農村から食糧を調達する必要がありました。

そこで都市は、官僚制・宗教組織、軍隊、法律などを整え、情報伝達に必要な文字、秩序・財産を護るための「印章」を生み出します。**都市は「食糧を自給できない」というアキレス腱を克服するために、法律、軍隊、官僚制などを組み合わせた農村支配の仕組みを**

固定させたのです。それが「国家」です。

歴史の読み方

国家がいつ頃、どのようにして誕生したのかについては地域により異なり、いろいろな説があります。灌漑農業を基準にして考えると前記のようになりますが、軍事、宗教、交易により説明される場合もあります。時代が下ると、軍事都市、宗教都市、経済都市など多様な都市が出現するためです。

KEY POINT
世界史がわかる「鍵」

3

都市と国家の出現

大河川の流域で、食糧を自給できない都市は支配網を整備して食糧確保の体制を整えた。それが原初的な国家である。

2

ズバ抜けて富裕だったナイル川流域（エジプト）

THE EMERGENCE OF THE 4 RIVER VALLEY CIVILIZATIONS

毎年の「規則的な洪水」が育てた理想的な穀倉地帯

まずは、最古のエジプト、メソポタミアの文明について見ていくことにしましょう。社会には、それぞれ異なる個性があります。エジプトとメソポタミアは、後述するようにまったく違った農業社会でした。文字で書かれた歴史の背後にある〝文明の個性〟がある程度理解できると、歴史を見る力が一層強まることになります。

エジプトでは、**エチオピア高原の定期的な降雨によるナイル川の長期の増水・穏やかな洪水により肥沃《ひよく》な土が毎年供給され、古代で最も恵まれた農耕地帯になりました。**エジプトが遺跡、遺物の宝庫となっているのはそのためです。しかし、郊外にギゼーの三大ピラミッドを持つカイロの年間降水量は約二五～二六ミリで、まさに砂漠そのものです。ギリシャの歴史家ヘロドトスの「エジプトはナイルの賜物」という言葉は、エジプト文明に占めるナイルの位置の大きさを言い当てています。

ナイル川では六月から増水が始まり、一〇月になると水位は減水期よりも一一から一二メートルも高くなりました。川から数キロ先まであふれ出した「水」が畑の塩分を洗い流し、腐葉土を堆積させ、毎年肥沃な畑を蘇らせたのです。**ナイル川は、自然の灌漑力により一五〇万人から二〇〇万人を養うことができました。**

ナイルの増水が始まる時期に、日の出頃に明けの明星ソティス（シリウス）が太陽と同じ位置に現れることが経験的に知られるようになると、その日を元旦として一年を三六五日とする太陽暦がつくられました。現在、世界中で使われている暦の起源になります。

エジプトでは、メネス王が前三〇世紀にナイル川の流域を統一して以後、ファラオ（王）が支配する王朝が、前五二五年にペルシア帝国に征服されるまでの二五〇〇年間、続きます。古王国（前二七－前二二世紀）、中王国（前二一－前一八世紀）、新王国（前一五六七－前一〇八五年）に区分される二六の王朝です。これは、弥生時代から現在に至る日本の歴史とほぼ等しい期間になります。

ファラオは流域の要所にナイロ・メーター（水位計）を設置してナイルの洪水を管理し、民衆に備蓄用も含めて収穫の約二割の現物税を課しました。砂漠を流れるナイル川は中心的な輸送路として、王の統制下に置かれました。エジプトではムギが貨幣の役割を果たし、複雑な現物経済が維持されたのです。そのため古王国末期には、一六〇〇種類もの役人が必要になりました。社会の維持には膨大な文書が必要とされたことから、パピルスという一種の「紙」に記す象形《しょうけい》文字が発達することになります。

歴史の読み方

古代エジプトの遺跡が圧倒的に豊かなのは、灌漑の規模の大きさにあります。古代は自然環境への依存度の高い時代でした。

3 部族の対立が激しいメソポタミア

THE EMERGENCE OF THE 4 RIVER VALLEY CIVILIZATIONS

雪解け水にたよる文明

メソポタミアはギリシャ語のmeso（真ん中）とpotamos（川）の合成語で、（ティグリス川とユーフラテス川）の二つの「川の間の土地」という意味です。文明の中心になったのはペルシア湾の奥に位置するメソポタミア南部（シュメール地方）でしたが、雨をもたらすモンスーンの通路からは外れていました。例えば、その地域に位置するバグダードの年間降水量はわずかに一二〇ミリ強に過ぎません。
そのため、二つの川の下流、**シュメール地方の農業は、トルコ東部の高山地帯の不安定な雪解け水に依存**することになります。文明の担い手のシュメール人は、水路、ため池などをつくって乾燥に備え、ウル、ウルクなどの都市国家が水争いをくり返しました。周辺地域からの牧畜民の侵入も絶えませんでした。それが、城壁で囲まれた堅固な都市群の成長を促します。

【粘土が育んだ文明】シュメール人は、川辺の粘土を乾燥させた粘土板（タブレット）に楔形《くさびがた》文字を刻み、神を刻んだ円筒印章を転がして契約文書をつくった。現在の、一日は二四時間、一年は一二カ月、一ダースは一二本、円周は三六〇度などの起源となる六〇進法、月の満ち欠けを基準とする太陰暦、ロクロ、車輪などは、シュメール人の発明である。ティグリス川とユーフラテス川の流量と増水の時期が年により異なり、夏に水が極端に少なくなる自然環境は、高度な灌漑技術によりコントロールされた。

部族の対立と共存が生んだ「法律」

メソポタミアでは、三〇キロ程度離れて点在する都市の間で「水場」を巡る争いが日常的にくり返され、それに周辺の砂漠、草原、荒れ地からの牧畜民の侵入が加わりました。牧畜民はオアシスでの交易で穀物を手に入れただけでなく、時に都市を襲ったのです。地理的に閉鎖されていたエジプトとは異なり、**メソポタミアでは農耕部族と牧畜部族の争いがくり返されることになります。そこで、法律をつくって部族対立を和らげることが必要になりました。**

メソポタミアではシュメール人と北部から進出したアッカド人の攻防が長期間続き、前一九世紀に新たに進出してきたアムル人が中流域のバビロンを都としてバビロン第一王朝（前一八九四頃－前一五九五頃）を建国します。

その第六代王のハンムラビはメソポタミアを統一すると、「目には目を、歯には歯を」という同害復讐《どうがいふくしゅう》の原則と、貴族、平民、奴隷の身分差をもとに全文二八二条からなる**「ハンムラビ法典」**を制定しました。彼は社会のルールと刑罰の対象を明らかにし、国家が部族に代わって刑罰を与えることにより社会秩序を維持する姿勢を明確にしました。

前一六世紀にアナトリア（現トルコ）のヒッタイト人が馬と戦車でバビロン第一王朝を倒すと、メソポタミアはウマと戦車を使う遊牧民の軍事活動により戦乱と混乱の時代へと移っていくことになります。

歴史の読み方

農耕民と牧畜民が混住するメソポタミアでは戦乱がくり返され、部族対立の激しい社会が形成されました。西アジアでは、宗派対立、部族対立が未だに克服されていません。

4 インド半島と東アジアの文明

THE EMERGENCE OF THE 4 RIVER VALLEY CIVILIZATIONS

メソポタミアと同根のインダス文明

現在のパキスタンでは、インダス文明（21ページ図）が展開されました。ヒマラヤ山脈とヒンドゥクシー山脈の雪解け水とモンスーンを水源とする**インダス文明は、自然灌漑に頼れるという点でエジプト文明と類似しています。**

しかし、遺跡から出土する滑石《かっせき》製の印章に彫られたインダス文字が未だに解読されていないため、謎の文明になっています。

そうなった理由の一つが、インダス文明では綿布の生産が盛んであり、文書の素材として使われた綿布が腐ってしまったことにあると考えられています。ただバーレン島などペルシア湾岸地域からインダスの印章が多数出土しており、関係の深さが推測されています。

歴史の読み方

インダス文明は、メソポタミア文明から派生した商業的性格の強い文明と考えられていますが、アーリヤ人の侵入で直接には現代インドとはつながりません。

【権力の匂いがしない現代風の都市】 インダス文明の中心は、最盛時の人口が三万人を数えたとされる整然とした都市プランを持つモヘンジョ・ダロ、城塞と多くの穀物倉を持つハラッパー（67ページ図）である。同一規格の焼成レンガで建設された二つの都市は、商業の占める割合が高かった。上・下水道システムが完備しているものの、権力者のための巨大な宮殿、神殿は存在せず、天然のタールで水漏れを防いだプールほどの広さを持つ沐浴《もくよく》場が主な宗教的建造物だった。

インダス文明は、①上流地帯の地震により流れがせき止められインダス川の流路が変わった、②気候変動によりモンスーンの恩恵を受けられなくなったなどの理由で、前一八〇〇年頃に急速に衰退しました。西アジアで、先に述べたハンムラビ法典（57ページ）が制定された頃です。

そうした時期にアフガニスタンからウマと戦車により進出したアーリヤ人の手で、前一五〇〇年頃にインダス文明は滅ぼされました。

黄河のアワ文明と長江のコメ文明

ムギ文明圏から遠く離れた東アジアでは、乾燥地帯の黄河《こうが》文明と湿潤地帯の長江《ちょうこう》文明（20ページ図）が併存していました。そのうち有力だったのが、北の黄河文明です。

黄河は中流域で大きく湾曲して黄土高原を流れ、大量の黄土を溶かし込んだため、水よりも泥のほうがずっと多い特殊な大河でした。春先にゴビ砂漠から飛来する「黄砂《こうさ》」は日本でも有名ですが、それが長い歳月をかけて堆積することで黄土高原が誕生したのです。

黄河中流域では黄土台地の地下水が利用されて、洪水の被害を比較的受けにくい支流の丘陵地帯でアワが栽培されました。アワは三カ月から五カ月で収穫できましたが、タネが非常に細かかったためカユとして食べられました。**エジプト、メソポタミアとは違い、大規模な灌漑がなされなかったことが、黄河文明の特色です。**

そのため広い地域に小規模な集落（「邑《ゆう》」という）が散在し、部族の祖先の崇拝が社会的な結びつきの中心になりました。黄河の支流の渭水《いすい》流域の開発が進むと、渭水盆地と黄河中流域に大邑（都市）を中心とする邑連合がつくられることになります。そうした邑連合が殷《いん》、周《しゅう》です。

一方、チベット高原を水源とする長江の中・下流域にも、コメ文明が育ちました。コメは多くの水を必要としましたが、収穫量が多く、虫害にも強い理想的な穀物でした。高温・多湿の長江下流では、水田という、畑に直接水を引く灌漑法がとられました。

歴史の読み方

黄河文明は、下流で二～三年に一度の大洪水がくり返されたこと、灌漑が未発達で小規模な集落が散在していたことに特色があります。この地では強大な権力の形成は灌漑ではなく戦争により進められました。

現代に続く中華思想の起源とは？

「中華人民共和国」、「中華民国」という国名でもわかるように、**中国では自らを天下（「世界」の意味）の中心と見なす、閉鎖的な世界観が連綿《れんめん》と続いています。**そうした発想は、三〇〇〇年以上の歴史を持っており、実は殷から周への王朝の交替期につくられたのです。現在も強い影響力を持っている中華思想を理解しておくことが、中国史を考える際に重要です。

【原始に太陽は一〇個あった】 殷では、一〇個の太陽（甲《こう》・乙《おつ》・丙《へい》・丁《てい》……癸《き》と名づけられた）が一日交替で大地を照らすと考えられていた。殷王は、それらの太陽神の子孫とされたのである。そのため、太陽が一巡する一〇日間が生活の単位とされて、「旬《じゅん》」と名づけられた。現在の「上旬」・「中旬」などの言葉は三千数百年の歴史を持つことになる。一〇の太陽は「十干《じっかん》」とされたが、それは後に西アジアから伝えられた「十二支《じゅうにし》」と組み合わされて、時間、方角などを表す「干《え》支《と》」となった。暦も、十干と十二支の最小公倍数の六〇を基準にしてつくられている。そのために六〇年で「還暦《かんれき》」ということになる。「還暦」は、中国と西アジアの文明交流から生まれた世界史規模のハイブリッドな考え方なのである。

神の一族に属すとされた殷王は、亀の腹側の甲羅《こうら》・牛の肩甲骨《けんこうこつ》を焼いて一〇日ごとに次の期間の吉凶を占い、その結果を骨に刻みました。骨に刻まれた文字が漢字の祖先、甲骨《こうこつ》文字です。殷王は神として多くの邑を取りまとめましたが、やがて黄河中流域から台頭した新興勢力の周《しゅう》に滅ぼされてしまいます。

「普通の人間」として権力を握った周王は、自分は天の神（天帝）に選ばれたとして支配の合法性を主張しました。それが、中国では二〇世紀まで引き継がれていく**「天命説」**です。

【天帝と天子と天下】古代中国では、すべての星がその周囲を回る北極星の側に、自然と人間世界を支配する天帝という神が住む「紫微垣《しびえん》」という宮殿があるとされた。紫に微《わず》かに見える宮殿ほどの意味である。その天帝が、有能で道徳的に優れた人物を天子（王、皇帝）として選び（天命）、自らの代理人として天下（世界）を支配させるとされた。天帝がオールマイティな支配権を委ねたのが、王（後の皇帝）だというのである。東アジアの古色蒼然《こしょくそうぜん》としたタテ社会の論理である。

「歴史」を政治に利用した中華帝国

中華社会を支えるタテ社会は、先に述べたように天帝（神）が王（皇帝）に民衆の支配権を与えたという信仰に支えられていました。神の意志を背景に特権層の人治社会が続き、民衆の政治参加は阻止されました。

中華帝国では歴史が宗教と重なり、王（皇帝）とその取り巻きが民衆とは別の階層として扱われ、「天下の中心に位置する」**中華帝国の歴史が即世界史とみなされました。**社会の変化も、王朝の交替で説明されたのです。

つまり、**王が天帝の意に反した統治を行うと、主権者である天帝の意志（天命）が改まり（革命）、天子となる一族が交替する（易姓）とされました。**

武力で殷を倒した周は、殷の最後の王の紂王《ちゅうおう》が、「酒池肉林」（池に酒をたたえ、林に肉をかけて酒宴をはる）というような贅沢をくり返し、残忍な刑罰を行ったために、天命が改まったと主張しました。周は自らの一族（諸侯）に「鼎《てい》」という両耳、三足を有する青銅器を権威のシンボルとして与え、各地の支配者とします。宗法《そうほう》という大家族の規律・規則に基づく封建制です。

そうしたことから中国の歴代王朝には、天命を受けたことを証明する義務が生じました。王朝の正当性が歴史により説明され、それを民衆が受け入れれば王朝の権力支配が認められたのです。

そのため「歴史」は「物語り」となり、政治的に利用されました。歴史は権力に奉仕し、**新たな王朝が成立するたびに前朝の歴史が自らに都合よく整理され、新王朝の正統性を主張する「正史」として編纂《へんさん》されることになります。**新王朝に天命が下されたことを説明することが、歴史に義務づけられたのです。王朝が替わるたびにくり返し編纂された正史は、二四にも上ります。

歴史の読み方

中国、韓国で「歴史」が強い政治性を持つのは、先に述べた独特な社会認識によります。中国の民族主義が国内と世界を区別できないのも、天子（皇帝）が天下（世界）を支配するという発想に基づいています。

KEY POINT
世界史がわかる「鍵」
4

中華世界は天子がすべてを支配

中華世界では、天帝の委託を受けた天子（王・皇帝）がその取り巻きとともに天下（世界）の人民を支配する王朝を組織し、天命が改まることで王朝が交替させられるという宗教的政治思想が継承された。

5 ユーラシアの主要な宗教と学問のルーツ

THE EMERGENCE OF THE 4 RIVER VALLEY CIVILIZATIONS

世界的宗教・哲学が同時期に出現したワケ

歴史地図を鳥瞰《ちょうかん》すると、時に意外なことに気がつきます。ドイツの哲学者ヤスパース（一八八三－一九六九）も、大変なことに気がつきました。

彼は『歴史の起源と目標』という著作を著し、**前七世紀から前四世紀の同時期に、ユーラシアで現在のキリスト教・イスラーム教の母胎となるユダヤ教、仏教、儒教、ギリシャ哲学などの宗教、哲学が出現**したことを指摘して、その時代を世界史の「枢軸《すうじく》の時代」（Achsenzeit）と名づけました。こうした偶然に気がつき、その背後にある共通要因を考えられるのも歴史力ということになります。

ユーラシア規模で、ほぼ同時期に起こった注目すべき文化・宗教現象の背景には、各地の都市の成熟がありました。この現象は、**「精神革命」**などとも呼ばれています。

知る人ぞ知る西アジアの大宗教

前七世紀中頃、アフガニスタン北部のゾロアスター（ザラスシュトラ、前七－前六世紀）は、三〇歳で神アフラ・マズダの啓示を得て、火を神聖視する**ゾロアスター教**（拝火教）を開きました。彼は、昼と夜が規則的にくり返すことをヒントに、世界の変化を善神で光明神のアフラ・マズダと悪神で暗黒神のアーリマンの闘争の過程として説明しました。三〇〇〇年ごとに善神と悪神の優位が変わり、九〇〇〇年または一万二〇〇〇年目の最終決戦で、善神が勝利すると考えたのです。

歴史の読み方

強いて言えば、ゾロアスター教は、「草原」地帯の宗教と言ってよいかもしれません。初期の宗教・思想には自然環境の影響が大です。

【世界を照らすマズダ・ランプ】 後に白熱電球を発明したエディソンが商品にマズダの名を冠したのは、光明神の絶対的な明るさにあやかろうとしたためである。東芝マツダ・ランプの名の起源も、エディソンの命名を継承している。最近は、LED電球に替わったが、古代の光明神は白熱電球として文明社会の夜を輝かせてきたのである。

■文明と宗教が生まれた地域

ゾロアスター教では、神々の最終決戦の後に「最後の審判」が行われ、光明神アフラ・マズダに従った者が天国に行けると説かれました。ゾロアスター教は、東北イランでペルシア（イラン）人に受け入れられ、前六世紀には大帝国アケメネス朝の宗教になります。王が、アフラ・マズダにより支配を権威づけたのです。イスラーム教が広まる前の約一〇〇〇年の間、ゾロアスター教は西アジアを代表する宗教でした。

砂漠では「神」が人々の心を支えた

シリア、パレスチナは、東アフリカの大地溝帯の北の出口にあたる荒涼とした砂漠地帯です。飢えと乾きに苛《さいな》まれた住民は商業で身をたて、エジプト、メソポタミアの繁栄を妬《ねた》みながら、時に災難をもたらす砂漠の絶対神に全面的に帰依しなければ生活できませんでした。

「最後の審判」の信仰を受け継いだ砂漠の宗教、**ユダヤ教**では、排他的で不寛容な唯一神の信仰が中心になりました。砂漠の生活と厳格な神《ゴッド》は、密接不離の関係にあります。人々は苛酷な要求をくり返す唯一神に帰依するしか、心の平安が保てなかったのです。

【ユダヤ教を育てた民族的試練】 エジプトとメソポタミアの間に位置するシリア、パレスチナは、ラクダを使う砂漠の交易の中心であり、強力な軍事力を持つ帝国軍が通過する場でもあった。前六世紀になると新バビロニアがメソポタミアで強大になり、貴族から庶民に及ぶ多数のヘブライ人が首都バビロンに強制連行され、高さ九〇メートル、七層からなる大ジグラッド（バベルの塔）などの建設に動員された。それが、「バビロン捕囚」（前五八六 - 前五三八）である。そうした民族的苦難に際して預言者（カリスマ）が次々に現れ、天地を創造した唯一神ヤハウェ（「われ在りという者」の意味）とヘブライ人との間の契約に基礎を置く「ユダヤ教」が形成された。

歴史の読み方

ラクダを使う砂漠の商業の中心地で形成されたユダヤ教の新興宗教キリスト教は地中海へ広まり、イスラーム教は砂漠とオアシス、草原に広まりました。この二つの宗教を信仰する人口は現在、世界人口の五十数パーセントを占めます。

【カリスマとメシア】「カリスマ」とはギリシャ語で「神の言葉を告げる特殊能力を持つ人」の意味で、シャーマンを指す。ヘブライ人のカリスマは、この世の終わりに「メシア」（救世主、ギリシャ語ではキリスト）が現れて、神との契約を忠実に守るヘブライ人を選ばれた民族として救済するであろうと予言した（選民思想）。前一〇世紀から前一世紀にかけてまとめられたユダヤ教の教典が『旧約聖書』である。ユダヤ教のように、ヤハウェを唯一神として絶対視する一神教は、信仰を生活と密着する土着の神々から解き放ち、あらゆる世界に適応することが可能な普遍的信仰になった。キリスト教、イスラーム教は、いずれも後にユダヤ教から派生した宗教であり、イエスもムハンマドも、自分がメシア（救い主）であると称した。メシアのギリシャ語訳が、クリストスである。

シリアが、エジプトとメソポタミアを結びつける場所に位置していたこともあり、ユダヤ教は諸文明の影響を受けました。メソポタミアの同害復讐法《どうがいふくしゅう》、洪水説話、中央アジアのゾロアスターの「最後の審判」の思想など、周辺各地の多様な思想がその中に組み込まれています。

「苦難」からの解脱を説いた仏教

モンスーン（季節風）地帯に属するガンジス川流域では、高温多湿の気候、コメ農業の生産力の高さを背景に、調和と共生を基調とする多神教が形成されました。

ガンジス川流域に都市国家が成長すると思弁《しべん》性が重視されるようになり、神々と結びつくための儀式、祭を重視する従来のバラモン教が革新されて、宇宙と自然の根本原理を追求するウパニシャッド（「奥義書」の意味、約二〇〇以上の書物の総称）哲学が生まれました。宇宙の真理を把握し、悟りに達するための体系的思索が進んだのです。

歴史の読み方

仏教は、日本の「八百万《やおよろず》」の神々の信仰と同じように湿潤な農耕社会の「住み分けの」信仰であり、非寛容な一神教とは異なります。

【モンスーンと輪廻】 ウパニシャッド哲学の基本的命題が、「輪廻《りんね》」（サンサーラ）と「業《ごう》」（カルマ）だった。インドでは、夏と冬で定期的に風向きが変わるモンスーン（季節風）がもたらす厳しい雨季と乾季の循環が、苦の連続、循環と意識され、個人の「業」が苛酷な循環を生み出す原因と考えられた。そこで、業を克服して、輪廻からの解脱《げだつ》を求める、例えばヨーガのような色々な修養法の開発が、宗教的な課題になった。解脱への執念は、インドの自然がいかに苛酷だったかを物語っている。

ガンジス川の流域で都市国家が成長をとげる前六世紀から前五世紀になると、ガウタマ・シッダールタ（ブッダ、前五六三‐前四八三など諸説あり）の**仏教**、マハーヴィーラ（ヴァルダマーナ、前五四九頃‐前四七七頃など諸説あり）の**ジャイナ教**が形成されます。

ともに、解脱に至る修養法を説く教えでした。シッダールタが創始したもともとの仏教でも、神は存在しませんでした。仏教は修養を重んじる思索的な都市型の宗教だったのです。

権力に奉仕した諸子百家

中国では、都市間の争いが激しくなり大領域の統合が進められた「春秋時代」（前七七〇－前四〇三）末期から「戦国時代」（前四〇三－前二二一）にかけて、各地の支配者が「富国強兵」に資《し》する統治原理を求めるようになります。そうした中で、**各地の宮廷を巡り、国を治め・繁栄させる術を説く学者（諸子百家《しょしひゃっか》）**が輩出しました。

そうした学者のはしりが、祖先崇拝を根底に据えた家族愛から社会の成り立ちを考える儒教《じゅきょう》（儒家）の創始者の孔子《こうし》（前五五一－前四七九）です。アワは、小家族単位で栽培できたために、家族が社会の基礎単位とされました。

彼が根本理念として説いた仁（愛）は、家族愛であり、権力者が自分の一族に利益を与え腐敗・堕落することを否定できません。「斉家・治国・平天下」という言葉があるように、国や世界は家族の延長線上にあると見なされたのです。それに対して法家《ほうか》は、厳格な法による秩序の確立を主張しました。

兼愛という無差別な愛の実現を説いた墨子《ぼくし》（前四八〇頃－前三九〇頃）は、儒家の思想が内包する本質的な弱点をついています。

儒家はその後、「性善説」の孟子《もうし》（前三七二頃－前二八九頃）、「性悪説」を説いて「礼」を重視した荀子《じゅんし》（前二九八頃－前二三五頃）の流派に分かれました。

無為自然を説いた老子《ろうし》（生没年不詳）と、万物は皆同じであるとする「万物斉同説《ばんぶつせいどうせつ》」を説いた荘子《そうし》（前四世紀頃）の道家《どうか》は、権力のために奉仕する学問に対する知識人の冷《さ》めた視線を感じさせます。諸子百家は後の中国の諸思想の源流となりますが、とくに儒教は長期にわたり中華帝国を支えるイデオロギー的支柱になりました。

歴史の読み方

中華世界では、家族、部族の枠組みを超える国家の形成が最大の課題であり、現実的で政治性の強い思想、学問が求められました。

直観で自然と社会を考えたギリシャ哲学の誕生

ギリシャでは前八世紀以降ポリスが形成され、海上貿易と農業に基づく国際的文化が成立します。そうした中で小アジアのミレトス（67ページ図）を中心に、万物の根源（アルケー）を物質に求め、それが何であるかを思考する自然哲学が発達しました。

歴史の読み方

夏に雨が降らないギリシャは商業への依存度が高く、視野の広い思弁的な学問が成長しました。

KEY POINT
世界史がわかる「鍵」

5

宗教・学問が前五、四世紀に出現

ユーラシア各地の都市文明の成熟を背景に、現在の主要な宗教・学問の原型が二五〇〇年くらい前に出揃った。

【万物の根源は水】 ミレトスで活躍したタレース（前六二四頃－前五四六頃）は、水が液体、気体、固体に形を変えることを重視し、大地は水の上に浮かんでおり、地球上のあらゆる存在は水が形を変えたものであるとした。彼は、前五八五年に皆既《かいき》日食を予言したことでも知られている。

前五世紀前半のペルシア戦争の後になると、独自の商業国家になったアテネの爛熟《らんじゅく》した都市文明が育てた利己的風潮を批判し、「無知の知」を知り「徳」に目覚めよとアテネの青年たちに説き、大衆裁判で死刑の判決を受けたソクラテス（前四六九頃－前三九九）、師であるソクラテスの処刑に失望し、混沌とした現実の世界の外に完全にして真実の世界「イデア界」があるというイデア論を説いたプラトン（前四二七－前三四七）、混沌とした現実の背後に真実が隠されていると説いて師の説を否定した、プラトンの弟子のアリストテレス（前三八四－前三二二）などの哲学者が活躍することになります。

このように、今から二五〇〇年前にはユーラシアの広い地域で、宗教、学問の著しい成長が見られたのです。

第3章

地域ごとに並び立つ帝国の時代

THE AGE OF EMPIRES RISING IN VARIOUS REGIONS

1 ウマと戦車により「帝国」が生まれる

THE AGE OF
EMPIRES RISING
IN VARIOUS REGIONS

世界の広域化を促したウマ

世界史は、やがて帝国の時代に入ります。**大河流域の農地と周辺の草原、荒れ地がウマにより統合されたのです。**

約三五〇〇年前頃になると地球の寒冷化に伴って、ウマと軽戦車により中央アジアの遊牧民が、西アジア・北インド・東地中海に南下。二頭のウマに引かせる二輪の軽戦車（チャリオット）が普及して、軍事征服による広域化で「帝国」が出現します。帝国は、同一の文字、度量衡《どりょうこう》、宗教、法律、行政組織などを広め、地中海世界、西アジア世界、南アジア世界、東アジア世界など（諸地域世界）の土台を築きました。

貧しい遊牧民が大河の流域の豊かな農耕地帯を征服し、寄生するために築いたのが帝国ということになります。軍事優位の風潮は周辺地域に伝えられ、やがてローマ帝国のような「海の帝国」も出現します。

四つあった古代帝国

主な古代帝国は、西から順にローマ帝国、アケメネス朝（ペルシア帝国）、マウリア朝、秦帝国となります（23、87ページ図）。

その中でずばぬけて古い帝国が、前六世紀に遊牧系のペルシア人が、エジプト、メソポタミア、インダスを征服し、イラン高原、小アジアを含む地域に成立させた「アケメネス朝」（前五五〇 - 前三三〇）です。**前六世紀から前四世紀の間、アケメネス朝が世界でただ一つの帝国**でした。

アケメネス朝は二〇〇年あまり続きましたが、交通手段が未発達だったこともあって内紛により弱体化しました。ギリシャ北境のマケドニアの弱冠《じゃっかん》二〇代の王、アレクサンドロス三世（アレクサンドロス大王）の遠征で滅ぼされてしまいます。

アレクサンドロスはその後インドに遠征しましたが、それがきっかけになって湿潤なガンジス川流域にマウリア朝が成立。アレクサンドロスが東地中海の要地である、エジプト、シリアを組み込んで建てたアレクサンドロス帝国が早期に分裂したことで、帝国はペルシア人のパルティア、前一世紀に成立した「ローマ帝国」に分かれます。

西の三つの帝国（アケメネス朝、マウリア朝、ローマ帝国）の成立がつながりを持ったのに対し、前三世紀の「秦帝国」は孤立していました。先に述べた「天命」を得るための長期間の戦争の時代（春秋戦国時代）を経て出現した帝国なのです。

歴史の読み方

最初の唯一の帝国のアケネメス朝が滅びたことが、地中海、ペルシア（西アジア）、インドの三つの帝国が誕生する出発点になっています。

ユーラシアは南の経済と北の軍事に分かれていた

ユーラシアでは南の大河流域の灌漑農地が経済の中心になり、遊牧民が居住する北の草原が軍事の中心になりました。日常的な両者の接点は、オアシスのバザール（市場）でした。

遊牧民は家畜を売ってムギを入手しなければならず、ユーラシアの南北は商業により日常的に結びついていました。**遊牧民の軍事活動が、ユーラシアの歴史にダイナミズムを与えた**ことは、重要です。

ヒッタイト人は、戦車の軍団と鉄製武器の独占で二〇〇年あまり西アジアに覇を唱えました（前一四世紀が最盛期）。前六世紀頃になると、ウクライナでスキタイ人が、ウマの前歯と奥歯の間の隙間にハミ（骨片、金属片）を添え、それにタズナをつけるウマの操作技術を進歩させ、同時に短弓により馬上で騎射する戦法を開発しました。

その結果、一人一人が馬に乗り、集団的に戦う機動的な騎馬軍団が誕生します。騎馬技術は中央アジアの大草原に沿って東西に広まり、匈奴などの大軍事勢力を生み出しました（遊牧民の第二次活動期）。

そのため、**大河流域の経済の中心と、草原地帯の軍事の中心という南北の対立が顕著になり、南の農業帝国が弱体化するたびに遊牧民の侵入がくり返されました。**

歴史の読み方

ユーラシア世界史の基本は、東西関係ではなく「南北関係」です。

KEY POINT 世界史がわかる「鍵」6

ウマが帝国形成の後押しをした

帝国が形成された背景にはウマを使った軍事技術があった。約二五〇〇年前から二〇〇〇年前にかけて西アジア→インド→中国→地中海の順に「帝国」が成立していく。

世界史の道筋と大きくかかわる二つの帝国

西アジア・地中海、インド、中国の四つの帝国のうち、世界史をリードしたのは対立関係にあった西アジアのペルシア帝国と、その西の地中海のローマ帝国でした。

ヒマラヤ、ヒンドゥクシー、スレイマンの諸山脈によりユーラシアから隔てられたインドの帝国と、モンゴル高原、チベット高原に行く手を阻まれた中華帝国は、世界史全体の流れから考えると巨大な山脈・砂漠などで大乾燥地帯から切り離された「孤立した大世界」であり、世界史を主導したわけではありませんでした。

ガンジス川と長江の湿潤地帯で生産されるコメは、インド、中国の人口を増大させました。後一〇〇〇年頃の段階で、世界の富と人口の半分以上がインドと中国に集中していました。しかし、**人口が多いところが世界史の変化を主導したわけではない**のです。

日本では伝統的に中華帝国が世界史の中心と考えられてきましたが、中国を過度に重視すると世界史の道筋が見えなくなってしまいます。自己完結性が強い中華帝国の特殊性を理解するのも歴史力ということになります。

世界史を「帝国の時代」から次の「ユーラシア帝国の時代」に導いたのは、乾燥地帯のペルシア帝国（陸の帝国）とその周縁に成立したローマ帝国（海の帝国）です。ペルシア帝国とローマ帝国は長期の戦争で共倒れになり、その領域の大部分がイスラーム帝国に統合されました。イスラーム帝国からモンゴル帝国に至る時代にユーラシアの一体化が進むことになります。

歴史の読み方

中国、インドは人口が多い「閉ざされた」大空間。世界は、地中海、西アジア、中央アジアの大乾燥地帯の抗争により変わっていったというように考えると、世界史の道筋が見えてきます。

KEY POINT
世界史がわかる「鍵」
7

ユーラシアの一体化

中国・インドは地理的障壁に囲まれた大世界であったために世界史を主導できず、地中海・西アジア・中央アジアがユーラシア帝国への転換に導いた。

2 最初に大帝国が出現した西アジア（イラン）

THE AGE OF EMPIRES RISING IN VARIOUS REGIONS

「銀貨」を流通させた最初のペルシア人帝国

イラン高原の南西部から起こった**「アケメネス朝」**は、第三代のダレイオス一世（位前五二二－前四八六）の下で戦車、騎馬、歩兵を組み合わせた軍団の活動で大帝国に成長。その支配はエジプト、メソポタミア、シリア、インダスに及び、人口も約五〇〇〇万人に達しました。

アケメネス朝の王は「諸王の王」と称し、ゾロアスター教の光明神アフラ・マズダの代理人として自らを権威づけます。ダレイオスは、全土をサトラペイア（州）という二〇の行政区に分け、ペルシア人を「サトラップ」（総督）、つまり王の代理人として各州の支配を委《ゆだ》ねました。

サトラップが税として集めた大量の銀（一説では、年間三六万七〇〇〇キロ）は首都に蓄積され、銀貨が大量に鋳造されて流通することになります。アケメネス朝の安定は諸地方を支配するサトラップの掌握力にかかっており、王はサトラップを補佐する軍司令官を中央から派遣したり、「王の目」・「王の耳」という秘密の監察官を巡回させるなどして、統制を加えました。

アケメネス朝は、一一代、二三〇年間続いた後、前三三〇年にギリシャの辺境マケドニアの若き王アレクサンドロス三世（前三五六－前三二三）の約六メートルの長槍を持って密集して戦う重装歩兵、騎馬兵からなる遠征軍に分裂状態をつかれて滅ぼされました。

アレクサンドロス帝国（～前4世紀）は、後の地中海帝国の基礎を築きます（91ページ）。

歴史の読み方

アケメネス朝では銀による税の徴収と帝国内で銀貨が大量に流通したこと、砂漠の商業民アラム人の言葉が帝国の共通語になったことが重要です。帝国の維持には、経済ネットワークが必要だったのです。

ペルシア帝国を復活しローマを圧倒したパルティアとササン朝

その後、西アジアでは、前三世紀なかばにイラン系の騎馬遊牧民が**パルティア王国**（アルサケス朝、中国では安息、前二四八頃 - 後二二六）を建国してペルシア人の帝国を復活させます。ローマの第一回三頭《さんとう》政治の一翼を担った騎士階級のクラッススは、パルティアとの戦いで命を落とし、数万の兵士が捕虜になりました。

二二四年、パルティアは、かつてのアケメネス朝の故地のイラン高原南部から起こった**ササン朝**（二二四 - 六五一）に滅ぼされました。ササン朝は、ゾロアスター教により王を権威づける復古的農業帝国です。新興のササン朝は盛りを過ぎた「軍人皇帝時代」（二三五 - 二八五、99ページ）のローマ帝国を脅かし、戦勝で皇帝ともども七万人のローマ兵を捕虜にするなど、海の帝国ローマを圧倒し続けました。

［ローマのミトラ教と仏教の弥勒信仰］ ササン朝の国教となったゾロアスター教は、イスラーム教が登場する以前の一〇〇〇年間、西アジアの中心的宗教であった。また、光明神のミスラの信仰は、ローマ帝国に伝えられ、キリスト教と並ぶ最大の宗教（ミトラ教）となった。ミスラは大乗仏教にも未来仏の「弥勒《みろく》」として取り入れられ、日本にまで伝えられている。ミトラ信仰の広がりは、ササン朝の強大さを物語っている。

ササン朝は、中央アジアから進撃した騎馬遊牧民エフタルの侵入により混乱に陥ります。

ササン朝最盛期の王、ホスロー一世（位五三一－五七九）は、中央アジアのトルコ人の突《とっ》厥《けつ》と結んでエフタルを滅ぼしますが、六世紀後半以降には、ユスティニアヌス帝の下で地中海世界を再編したビザンツ帝国（101ページ）との間に激しい争いをくり返します。
しかし七世紀前半、ササン朝は王位をめぐる内紛で衰退し、イスラーム教徒の侵入を受けて六五一年に滅亡します（136ページ）。それ以後、イスラーム帝国が世界史を主導する時代に入ることになるわけです。

3 東地中海の成長と初の海洋帝国ローマ

THE AGE OF
EMPIRES RISING
IN VARIOUS REGIONS

商業で賑わった東地中海の中心は「クレタ文明」

ローマ帝国は、商業民ギリシャ人と都市ローマの軍事力の合作でした。ローマ帝国という海の帝国のルーツは、東地中海の商業世界にあると言えます。

夏に雨が降らず、土地が痩《や》せている東地中海では、畑の生産力の低さを海の商業で補うしかありませんでした。エジプト、シリア、小アジアに囲まれ、夏の三カ月間が無風になる東地中海では航路が縦横に張り巡らされ、大航海時代のミニサイズ版がつくり出されました。

前二〇〇〇年頃にはエジプトに銅を供給するエーゲ海最南部のクレタ島（四国の約半分の面積）のクノッソスを中心に、ミノア人による海洋文明（クレタ文明）が成長しました。クノッソスには行政、作業場、食糧貯蔵庫、神殿などの多様な機能を果たす一五〇〇室もある壮麗な王宮が建てられており、人口も約八万人に及んだのではないかと考えられています。

歴史の読み方

地中海東岸は、シリアと東地中海が互いに結びつく陸と海の経済の中心として、想像以上にパワフルだったことの理解が大切です。

【世界史を変えた大津波】前一六二八年にエーゲ海南部のティーラ島（島の守護聖人「セイント・イリニ」に由来してサントリーニ島とも呼ばれる）付近の巨大な海底火山の爆発で約六一立方キロもの熔岩が噴出し、島の大部分が吹っ飛んだ。規模の大きさで過去五〇〇〇年の間に起こった噴火の二指に入るティーラ島の噴火による大地震と一五〇メートルの高さに及ぶ大津波で、その南に位置するクレタ島は壊滅的打撃を受け、クレタ文明は急速に衰亡。また、クレタ文明を引き継いだミケーネ文明も、前一二〇〇年頃の「海の民」の略奪で滅亡した。ギリシャの哲学者プラトンはティーラ島の噴火にヒントを得て、一夜で大西洋に沈んだ高度文明のアトランティスの話（アトランティス伝説）を創作している。

フェニキア人とギリシャ人による交易の活発化

ミケーネ文明が衰退した後の東地中海では、前一一世紀以降に平地が少ない沿海部のレバノン地方（地中海の東岸）でフェニキア人の活動が活発になります。フェニキア人はティルス、シドンなどの港市を中心に、レバノン杉（ヒマラヤ杉の一種）により船首を馬頭で装飾した船を造り、地中海中央部に連なる島々を結んで**「地中海のハイウェイ」となる東西航路を開発**しました。

【古代地中海の雑貨商】 フエニキア人は経済上の要地に植民市を築き、世界初の雑貨商ともいうべき多様な交易を行い、西アジアの文明を地中海に広めた。多数の民族との交易はフェニキア人に、繁雑な象形文字、楔形文字に変わる二二の子音からなる「アルファベット」の考案を促した。アルファベットは、やがてギリシャ人、ラテン人に受け継がれ、東・西ヨーロッパの文字となる。フェニキア人が北アフリカのチュニジアに建設した植民市カルタゴは、長い間、西地中海開発の

■アケメネス朝とローマ帝国

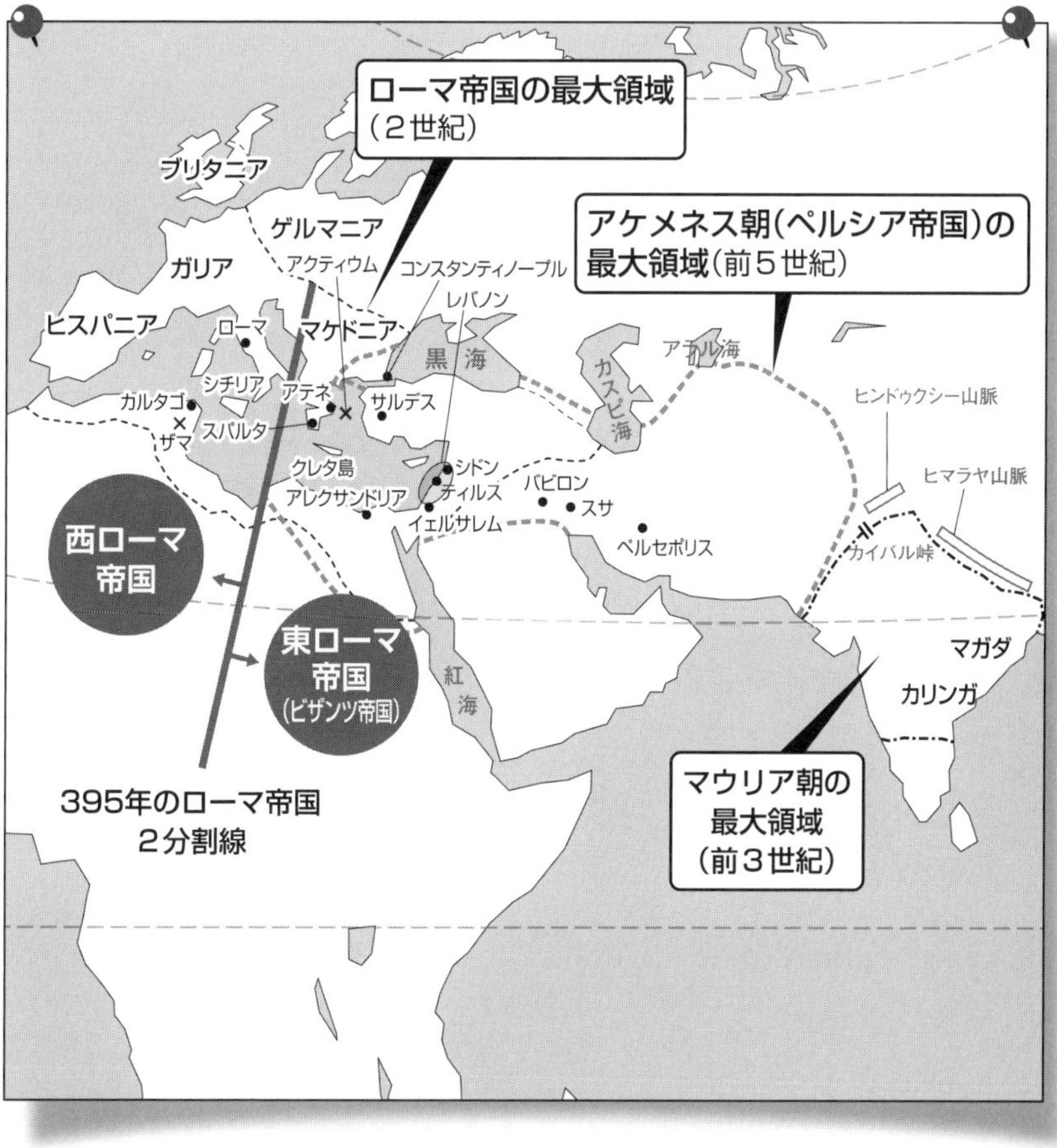

拠点になった。

フェニキア人の影響を受け、やがてエーゲ海（多島海、瀬戸内海の約九・八倍）のギリシャ人の商業活動が活発になりました。前八世紀以後、多くの都市国家（ポリス）が形成されることになります。

ポリスは一般的に人口数百人から数千人と小規模で、人口が増加すると移住が行われ、植民市が建設されました。**アテネの哲学者プラトンは、海に沿って誕生した多数のポリスを、池の周りに集まるカエルになぞらえています。**ギリシャの年間降水量は日本の四分の一以下で農業は不振であり、商業に頼らざるを得ませんでした。最盛期のアテネの市民一五万人に対して奴隷が一〇万人もいたということは、どうみても自給自足の農業社会ではありません。アテネは焼き物、武具生産、鉱山経営の比重の高いポリスでした。

ギリシャ人は、共通する言語と四年に一度開催されるオリンピアの祭典（近代オリンピックのモデル）で結束を強めました。

歴史の読み方

世界最大の「内海」である地中海を大経済圏として統合したのがフェニキア人です。アレクサンドロス三世は東地中海を「ギリシャ人の海」に変えるとともに、中心をエジプトのアレクサンドリア（前三三二年建設）に移し、ローマ帝国はカルタゴとアレクサンドリアを征服して、中心をローマに移しました。歴史的には地中海を一つの経済世界にまとめあげたフェニキア人の商業活動が、ローマ帝国の基盤になっています。

「ペルシア戦争」は海の世界と陸の世界の戦い

前五世紀初、エーゲ海・黒海を経由して黒海北部の遊牧スキタイ人を攻撃する際に小アジアのギリシャ人都市の反乱を受けたアケメネス朝（ペルシア帝国）は、帝国の面子を維持するために、「ポリス世界」に数度にわたって進攻しました（**ペルシア戦争**、前五〇〇－前四四九）。いうなれば、**陸の帝国の「海の世界」への攻撃**です。

ギリシャの諸ポリスは、アテネを先頭に重装歩兵による密集戦法でペルシア人と戦い、まず「マラトンの戦い」（前四九〇）でペルシア軍を撃退します。その一〇年後、二〇万から三十数万人の軍勢からなる本格的なペルシア軍の遠征が行われ、諸ポリスはほぼペルシア軍に蹂躙《じゅうりん》されてしまいます。アテネもペルシア軍に占領され、郊外のオリーブの木は切り倒され、木造の神殿は焼き払われました。

【アテネの奇跡的勝利】 アテネの名将テミストクレス（前五二八頃－前四六二頃）は戦闘に参加できるアテネ市民を三七〇隻の軍船に乗せ、ペルシア軍に最後の決戦を挑んだ。二倍の軍船からなるペルシアの大艦隊と、サラミス島とアテネの間のサラミス湾で戦ったが（サラミスの海戦、前四八〇年）、テミストクレスの巧みな戦法と海流をよく知るアテネのガレー船の機動力により、奇跡的にアテネ軍が勝利した。アテネ側は四〇隻、ペルシア側は軍船の半分を失ったとされる。ギリシャ人は海洋世界の自立を守ったのである。

内戦で衰退していくギリシャのポリス世界

ペルシア戦争後、アテネはペルシアの進攻に備え、約二〇〇のポリスが参加する軍事同盟（デロス同盟）を組織して勢力を拡大します。最盛期の指導者ペリクレス（前四九五頃－前四二九）は、同盟基金を流用してアテネに大理石づくりのパルテノンの神殿を建て、船のこぎ手として活躍した無産市民に手当を与えて「民主政治」を実現しました。

しかしアテネが諸ポリスを高圧的に支配するようになると、一部のポリスはスパルタの下にペロポネソス同盟を組んで対抗。前五世紀後半、**アテネとスパルタの間でポリス世界を二分する「ペロポネソス戦争」（前四三一－前四〇四）が戦われます。**

ペロポネソス戦争では疫病の流行、衆愚政治などがたたり、アテネが敗北。それ以後、ギリシャ世界では戦乱が相次ぎ、衰退に向かいます。前四世紀後半になると、ギリシャの諸ポリスは北方のマケドニアに制圧され（カイロネイアの戦い、前三三八年）、その支配下に入りました。

アレクサンドロスの世界大帝国への野望

前三三四年、ギリシャ北方の辺境マケドニアの若き王アレクサンドロス三世（大王、位前三三六－前三二三）は、ギリシャとの連合軍を率いてペルシア帝国への遠征に向かいます。大哲学者アリストテレスを家庭教師として育ったアレクサンドロスは、アケメネス朝を滅ぼし世界の覇者になるという野望に燃えていました。

アレクサンドロスは、遠征の過程でフェニキア人の中心都市ティルスを徹底的に破壊し、東地中海の主導権をギリシャ人のものにします。前三三一年に「アルベラの戦い」でペルシア王ダレイオス三世の軍を破り、ナイル川の水位が低下して飢饉が続いていたエジプトで「ペルシアからの解放者」として大歓迎され、ファラオの称号を与えられます。

エジプトの豊富な穀物がアレクサンドロス軍に勢いをつけ、前三三〇年に、ペルシア帝国を滅ぼします。それ以後の三〇〇年間が、**「ヘレニズム時代」**ということになります。

前三三二年、エジプトのナイル河口にアレクサンドロスが築いた計画都市アレクサンドリアは、ギリシャ人の新たな大交易拠点となり、「ないものは雪だけ」と言われるほど繁栄しました。

【「やってみなければわからない」の典型】ユーラシア西部の歴史を転換させたアレクサンドロス三世の東方遠征（前三三四－前三二四）は、歩兵約三万人、騎兵約五〇〇〇人の規模の軍隊で試みられたが、軍が持参した食糧はわずかに三〇日分だけだったとも言われる。軍隊には商人、貧民、奴隷がつき従い、「都市の行進」と呼ばれるような状態だった。東方遠征は無謀な行動に見えたが、予想以上にペルシア帝国の崩壊が進んでいた。エジプトがアレクサンドロスを解放者として迎えた事実が象徴的に示すように、諸民族の離反が続いてペルシア帝国が倒され、世界史は大きく転換することになった。

歴史の読み方

地中海、ペルシア帝国が転換期にあったことが、アレクサンドロスの無謀な遠征を成功に導きました。世界史は時に、無謀な企てから動きました。

周縁部から始まったローマ拡大への道

地中海初の帝国を築いたのが、イタリア半島中部のティベル川の渡河地点に建設された都市国家**「ローマ」**です。伝承によるとローマは、前七五三年に三つの部族集団が集住して建設されたとされています。

ローマは、第六代王セルウィウス（位前五七八?‐前五三五?）の時にケントゥリア（百人隊）が組織され、財産を持つ市民に兵役義務と政治参加の権利が与えられて軍事国家としての基盤が固められました。

ローマ軍は農民の重装歩兵が中心で、騎兵はあくまで軍団の両翼を援護する補助部隊に過ぎませんでした。農民の密集・集団戦法に頼る**ローマは、ウマの機動力を利用したペルシア、インド、中華帝国とは異なる勢力拡大の道をたどる**ことになります。

ローマは、重装歩兵軍団と巧みな同盟政策でイタリア半島の諸都市を従属させ、南イタリアに築かれていたギリシャ人の植民市群（マグナ・グラエキア）を征服して、前二七二年にイタリア半島を実質的に統一します。

カルタゴとギリシャ、エジプトを破り地中海を統合！

ローマは、エジプトに次ぐ穀倉地帯のシチリア島の支配権を巡りフェニキア人の植民市カルタゴと紛争を起こしていたギリシャ人を支援し、前二六四年から前一四六年にかけて西地中海を支配するカルタゴとの間に三回に及ぶ「ポエニ戦争」を戦いました。

第二回の戦争でカルタゴの勇将ハンニバルのアルプス越えの攻撃に苦しむ状況もありましたが、カルタゴ南西の地の「ザマの戦い」で形勢を一気に逆転させます。最終的にローマは、カルタゴを完全に破壊して廃墟に変えました。その結果、ローマは鉱産資源に恵まれたイベリア半島をはじめとする西地中海の支配権を奪い、強力な海軍の創建にも成功します。

ポエニ戦争と並行して、ローマは分裂状態にあった東地中海のギリシャ人世界に戦争をしかけて支配し、前三一年になるとオクタヴィアヌス（前六三-後一四）が「アクティウムの海戦」でエジプトのクレオパトラ軍を破り、プトレマイオス朝（前三〇四-前三〇）を滅ぼします。**ローマは、戦争によりカルタゴの大商圏とアレクサンドリアの大商圏の統合に成功し、世界初の海洋帝国になった**のです。

歴史の読み方

ローマ帝国は長いスパンで見ると、ギリシャ人の商業とローマ（ラテン）人の軍事力の合作です。ギリシャ人の商業力がなければ、ローマ帝国はありえません。

【征服戦争と奴隷】 ローマ帝国は征服戦争で肥え太っていった帝国で、戦争捕虜は奴隷にされた。ローマ帝国の形成期にイタリア人口の三五パーセント以上は奴隷だったとされる。領土がギリギリまで拡大すると、領土維持のための莫大な軍事費と兵士の失業対策の公共事業に帝国財政の半分が費やされることになる。そのため帝国は、地中海周辺の農民に大きな税を課すのである。

権力を握ったカエサルの党派

地中海を制覇したローマは、地中海周辺を属州（植民地）として支配します。戦争で獲得した土地にラティフンディア（大農場）が広がって有力者は豊かになりましたが、重装歩兵としてローマの成長を担った中小農民は長期の従軍で没落し、無産市民の数がべらぼうに増加しました。

そこで護民官グラックス兄弟は、無産市民への土地の再配分と市民軍の再建をめざしますが失敗。ローマは、「内乱の一世紀」（前一三三からの約一〇〇年）と呼ばれる大混乱時代に突入します。増加する地中海の海賊、剣奴スパルタクスが指導する一〇万人の奴隷反乱（前七三－前七一）などがローマを脅かしました。

にわかの膨張に官僚制の整備が追いつかなかったローマでは、有力者が手段を問わずに属州で穀物や富を集め、それを無産市民に分配して権力を握る**「パンとサーカス」**（食糧と娯楽の提供）が一般化しました。前六〇年、元老院を押さえて政権を担おうとする閥族《ばつぞく》派のポンペイウス、平民派のカエサル（前一〇〇頃－前四四）、騎士階級のクラッススという三人の派閥ボスが第一回三頭政治を始めます。

しかし、クラッススはパルティアとの戦争であえなく戦死（83ページ）。残りの二者の権力争いが熾烈《しれつ》になります。そうした中でガリア（現在のフランス）、ブリタニア（現在のイギリスの一部）を征服したカエサルは、元老院とポンペイウスにローマに呼び戻されると、権力闘争の決定的な場面が来たと判断。「賽《さい》は投げられたり」と叫んで、当時軍団を率いて渡ることが法律で禁止されていたルビコン川（現在は位置不明）を軍を率いたまま渡り、ローマを制圧して独裁者となりました。しかし、カエサルは、前四四年に元老院のポンペイウスの像の前でブルートゥスに暗殺されてしまいます。
その後、カエサルの派閥の三人の実力者、アントニウス、オクタヴィアヌス（カエサルの養子）、レピドゥスが前四三年に第二回三頭政治を組織します。やがてクレオパトラと組んだアントニウスを倒したオクタヴィアヌスが、前二七年に元老院から「アウグストゥス」（尊厳者）の尊称を受け、独裁者カエサルの後継者としての地位を確立しました（「内乱の一世紀」の終わり）。彼は、あくまでも市民の第一人者に過ぎないという見せかけで「プリンケプス」（「第一の市民」の意味、筆頭元老院議員）を称し、事実上の皇帝政治（元首制）を始めます。

【皇帝の称号に加えられたカエサル】 ローマ帝国の成立後、皇帝は称号の一つとして、非業《ひごう》の死をとげた帝国の実質的な創始者「カエサル」（Caesar）の名を加えた。「英雄カエサル」のイメージが、神話になっていく。「皇帝」を意味するドイツ語のカイザー、ロシア語のツァーリは、いずれもローマ帝国の皇帝の称号カエサルに由来する。

軍団が支えたローマ帝国

オクタヴィアヌス（位前二七－後一四）は、ローマの伝統的な政治制度を維持しながら軍事独裁体制を築きました。ラテン語で帝国を「インペリウム」と言いますが、語源は彼の権力の源泉となったインペラトル（最高軍司令官）から来ており、軍事力による支配を意味します。属州に配備した約五〇〇〇人の軍団により、各地を統治しました。

連続的な軍事征服によって支配地を拡大した**ローマ帝国は、ラテン人（ローマ人）を政治・軍事の担い手、ギリシャ人を経済の担い手とする海洋帝国**でした。軍事征服が終わった後の「五賢帝《ごけんてい》時代」（九六－一八〇）がローマ帝国の最盛期で、その約二〇〇年間の繁栄期を**「ローマの平和」（パックス・ロマーナ）**と呼びます。

軍事征服の時代が終わると、失業対策の意味もあって延長距離約八万五〇〇〇キロに及ぶ直線の軍道がイタリア半島・ガリア・イベリア半島などにつくられ、やがてローマの陸の大動脈になります。しかし食糧の輸送は従来通り船に頼り、ローマは年間五〇万トン以上の小麦をエジプト、シチリア、北アフリカなどから受け入れました。食糧の四カ月分は、エジプトからもたらされました。

歴史の読み方

ローマは軍事征服で巨大化しますが、「経済の時代」に移る中で広域経済の体制を築けずに衰退していきます。社会変動を乗り切るのは容易なことではありません。

KEY POINT
世界史がわかる「鍵」
8

地中海の大帝国ローマの誕生

エジプト、シリアの周縁で成長したフェニキア人、ギリシャ人の商業圏を統合して成立したのが、世界初の海洋帝国ローマである。

ローマはキリスト教の帝国へ

ローマ帝国は、それ以上に征服・収奪できる土地がなくなった時に衰退期を迎えました。衰退は内紛、内乱を伴うのが常です。混乱状態となる中で、救いのない奴隷や貧民の間に野火のごとく「キリスト教」が広がっていきます。

【生活苦が育てた民衆宗教】 ローマが苛酷な支配を行った一世紀のパレスチナで、民衆の指導者イエス（前七頃／前四頃‐後三〇頃）をメシア（救世主、ギリシャ語でクリストス）とするキリスト教が成立した。海水面よりも四〇〇メートルも低い死海を中心とするパレスチナは、荒涼とした乾燥地帯である。イエスの直接の弟子、十二使徒の大多数は生活苦にあえぐ貧しい漁民だった。イエスは貧しい民衆の道徳的優位と死後の救済を説いたが、ユダヤ教司祭層の憎しみをかい、反逆者としてローマ総督に訴えられ、三〇年頃イェルサレム郊外のゴルゴダの丘で処刑された。弟子たちはイエスの「復活」を信じ、イエスをメシアとする信仰が生まれた。「キリスト教」である。

信徒たちはイエスの言行録の「福音書」を中心とする『新約聖書』を編纂し、皇帝崇拝を拒否する危険な宗教として弾圧を受けながら、下層民衆の間にキリスト教を広めていった。

ローマから地中海周辺への市民の移住が進む中で、二一二年、カラカラ帝の勅令により属州の全自由民に市民権が与えられました。その結果、都市ローマの地位が相対的に低下することになり、属州の軍団がそれぞれ皇帝を擁立して戦い合うようになります。それが、約五〇年間に二六人の皇帝が入れ替わった「軍人皇帝時代」（二三五－二八四）です。混乱の中で、ローマ帝国は急速に衰退していきます。

戦争と征服の時代が終わり、戦争捕虜（奴隷とされた）の流入が減少したことから、労働力不足を補うために結婚を認められた解放奴隷と没落した自由民などがコロヌス（土地付小作人）となり、自給自足的農業が広まったことも帝国の分裂を助長しました。

三世紀末になると、軍人皇帝のひとりディオクレティアヌス帝（位二八四－三〇五）が帝国を四分し、軍隊と官僚による専制支配（ドミナトゥス）を始めます。次のコンスタンティヌス帝（位三〇六－三三七）は、荒廃したローマを放棄して帝都を黒海への入り口に位置するコンスタンティノープル（「コンスタンティヌスの町」の意味）に移し、**三一三年に制定した「ミラノ勅令」で下層民衆の間に浸透していたキリスト教を公認し、帝国の祭儀に組み入れました。**

【教義が整わなかったキリスト教】 下層民の宗教として弾圧を受けてきたキリスト教は、地域ごとに分断されており、教義が確立されていなかった。一つの宗教としてまとまっていなかったのである。そこでコンスタンティヌス帝は、三二五年にローマ帝国各地から三〇〇人の司教を集めて小アジアのニケーアで公会議を開催してイエスを神とするアタナシウス派（神・キリスト・聖霊を一つとする三位一体説）を正統とし、イエスを人間とするアリウス派を異端とする決定を下した。ローマ帝国はアタナシウス派と結びついたのである。

三九二年、テオドシウス帝（位三七九－三九五）はキリスト教を国教とし、広大な帝国内で他の宗教の信仰を禁止します。その結果、キリスト教はローマ帝国の権威に裏打ちされた唯一の宗教となりました。しかし、**三九五年、テオドシウス帝の死に際して帝国は地中海の真ん中当たりで東の東ローマ帝国と西の西ローマ帝国に二分**され、以後統一されることはありませんでした（87ページ図）。

東地中海で生き残る東のローマ帝国

四世紀後半、アジア系遊牧民のフン族が西進して黒海北岸に入り、これに圧迫された西ゴート族が三七五年に西ヨーロッパへと移動を開始します。それがきっかけとなって、ゲルマン諸族がローマ帝国西部に続々と移住しました。**「ゲルマン民族の大移動」**です。

ゲルマン民族の進出でローマ帝国の軍事費はかさみ、歳入の五割から七割を占めるようになります。帝国が質の悪い貨幣を鋳造することで財政危機に対応したため、インフレが進行して経済が衰退に向かいました。

四七六年、ローマ帝国の東西統一をめざしたゲルマン人の傭兵隊長オドアケル（四三四頃-四九三）が、結果として西ローマ帝国を滅ぼします。ローマを支えてきた送水網や穀物供給路は衰え、六世紀には、かつて人口一〇〇万を数えた帝都ローマは、三万人にまで人口を減少させてしまいます。

コンスタンティノープルを都とする**ビザンツ帝国**（東ローマ帝国、三九五-一四五三）は、軍の主力をフン族やゲルマン人の傭兵による騎馬軍団に移し、ウマの時代に対応することで、かつてのローマ帝国の倍以上、千年もの長期間の存続に成功します。

六世紀のユスティニアヌス帝（位五二七-五六五）は、一時ゲルマン諸族を征服し、地中海周辺の旧ローマ帝国領の回復に成功。帝は、コンスタンティノープルに壮麗なセント・ソフィア大聖堂を建設し、キリスト教の守護者であることを誇示しました。しかし、六世紀中頃にペストがエジプト、パレスチナを経てコンスタンティノープルに伝播（ユスティニアヌスも感染したため「ユスティニアヌスのペスト」と呼ばれる）。人口の約半分が死亡し、ユスティニアヌスの地中海統一の野望は果たせずに終わりました。輝かしい歴史からの暗転です。

六世紀末になると、ビザンツ帝国はササン朝（83ページ）との激しい争いをくり返し、七世紀中頃にこうした状況を利用したイスラーム勢力の軍事征服（大征服運動）によりエジプト、シリアを失ってしまいます。

歴史の読み方

地中海を制覇したローマ帝国も、最終的には東地中海の商業を基盤とする状態（ビザンツ帝国）に戻りました。そこで砂漠の商業民との争いが再燃。アラビア半島の遊牧民が、かつてのアレクサンドロスのような大征服運動により新たな帝国（イスラーム帝国）を形成することになります。歴史の舞台の転換です。

4 世界初の湿潤地帯の帝国

THE AGE OF
EMPIRES RISING
IN VARIOUS REGIONS

遊牧民アーリヤ人がつくったカースト制

ヒマラヤ山脈などの巨大な山塊によりユーラシアから隔てられた、日本列島の約一二倍の面積を持つインド亜大陸では、ユーラシアの歴史から隔絶された状態が続きました（105

ページ図)。**インド世界の中心が大乾燥地帯の一部のインダス川流域から、東の湿潤なガンジス川流域に移ってコメに依存するようになった**ことで、その傾向は一層顕著になりました。

インドは、モンスーン(季節風)の影響で雨季と乾季が循環する北部と、南部の乾燥したデカン高原に分かれます。

一度アフガニスタンから標高一〇七〇メートルのカイバル峠を通ってインドのパンジャブ(五河)地方に侵入した人々は、豊かな半島部にそのまま滞留することになり、インド亜大陸では複雑な社会の形成が進みました。白人の遊牧民アーリヤ人は、インダス文明の担い手のドラヴィダ人を征服し、人種・民族差別を体制化したのです。

【バラモンの優位】 征服民、白人のアーリヤ人がインダス文明の担い手だった肌の色の黒い先住民のドラヴィダ人(現タミル人)を支配し、バラモン(司祭)・クシャトリア(武人・貴族)・ヴァイシャ(庶民)・シュードラ(奴隷)からなる、後に「カースト」と呼ばれる身分秩序がつくり出された。ちなみにカーストは「血統」を意味するポルトガル語に由来する後世の呼び方であり、古代インドでは「ヴァルナ」(「色」)を意味し、肌の色の違いによる身分制度)と呼ばれていた。アーリヤ人は自然現象に神性を認め、司祭のバラモンが神々をコントロールできるとして、神々への賛歌(『ヴェーダ』)や祭礼を中心とするバラモン教という固有の信仰を維持した。

コメ社会の帝国、マウリア朝

インド亜大陸で最も肥沃なのは、湿潤なガンジス川の流域です。自然環境の変化でインダス文明が崩壊した後、前一〇〇〇年頃になるとアーリヤ人のパンジャブ地方からガンジス川流域への移住が始まり、鉄製の斧を使って多雨地帯の密林が切り拓かれました。インドの歴史は、中心が西の乾燥地帯から東の湿潤地帯へと移動し、コメ作に依存するようになります。

ガンジス川の中流域には、前六世紀頃にはコーサラ、マガダなどの都市国家が成長。前六世紀から前五世紀にかけて、仏教とジャイナ教が誕生します。仏教の創始者ガウタマ・シッダールタは、雨季と乾季の気象の循環を無限に続く苦しみの「輪廻」としてとらえ、そこから解脱するための修養法を説き出しました。

歴史の読み方

中華世界の江南とインド世界のガンジス川流域は、古代の世界史で最初に文明化したコメ地域として注目されます。

ガンジス川中流域のマガダ国（現在のビハール州に位置）は、肥沃な農地と豊かな鉱産資源に恵まれて急激な成長をとげました。マガダ国の武将チャンドラグプタ（位前三一七

■マウリア朝と東南アジア世界

頃－前二九六頃）は、アレクサンドロスの北インド進攻が不発に終わると、アレクサンドロスの侵入に備えて組織されていた六〇万の歩兵、三万の騎兵、九〇〇〇の象軍、数千の戦車という卓越した軍事力を動かして北インド一帯を統一し、**「マウリア朝」**（前三一七頃－前一八〇）を創建します（105ページ図）。

　同朝の第三代王アショーカ（位前二六八頃－前二三二頃）は、ベンガル湾に面した強国カリンガ国を多大な犠牲を払って征服し、南インド・ビルマとつながる大領域の支配に成功しました。**マウリア朝が、インド半島にできた最初の帝国です。**

［アショーカ王と仏教］　カリンガ国との戦いで戦争の悲惨さを体験したアショーカ王は仏教に帰《き》依《え》し、「すべての民はわが子」とし、仏法（ダルマ）を利用する統治を行った。軍事力ではなく、理念により世界帝国を治めようとした珍しい王だったのである。

　アショーカは帝国の四つの行政区に王族出身の総督を派遣したが、現地出身者の長官に統治を任せ、四～五年ごとに中央から監察官を派遣して監督した。また、仏教の伝道使節をインド各地、中央アジア、スリランカ、ビルマなどに派遣し、取締官を派遣して仏教のダルマ（仏法）に基づく政治支配の実施状況を調査させたほか、各地に磨崖法勅《まがいほうちょく》やダルマを記した石柱を設け、布教に努めた。

　アショーカは、子のマヒンダをスリランカに派遣して布教の基礎を築きました。しかしマウリア朝はこうした緩やかな支配が災いし、アショーカ王の死後約半世紀で滅亡してしまいます。

KEY POINT
世界史がわかる「鍵」
9

世界史から離れていったインドの帝国

インド世界の中心が湿潤地帯のガンジス川流域に移動し、最初の帝国マウリア朝が成立。インドは早々に「大乾燥地帯の世界史」から距離を置くことになった。

インドでは「八百万の神」が体系化された

ガンジス川流域では、マウリヤ朝の滅亡後、混乱が続き、中央アジアから北インドにトルコ系遊牧民のクシャーナ朝、南インドのデカン高原にドラヴィダ系のサータヴァーハナ朝が成立します。四世紀初めになると、ガンジス川流域が再度強盛になって**「グプタ朝」**(三二〇頃–五五〇頃)が建てられます。

グプタ朝では、伝統的なバラモン教を中心とする庶民信仰と仏教などが混ざりあい、宇宙万物の輪廻を説く**「ヒンドゥー教」**の下で八百万《やおよろず》の神が体系化されました。

歴史の読み方

ヨーロッパがキリスト教世界、東アジアが儒教世界と呼ばれるように、インドはヒンドゥー教の世界です。ヒンドゥー教がインド、タイ、カンボジアなどの文明の理解への入り口になります。

【ビシュヌ神とシヴァ神】ヒンドゥー教は八百万の神々からなる多神教だったが、信仰の中心に天地創造の三神を据え、創造神「ブラフマー」により万物が創造され、維持神である太陽神「ビシュヌ」により維持され、破壊神「シヴァ」により破壊・再生されると説いた。しかし一度宇宙ができ上がってしまうと創造神の必要がなくなるためにブラフマー信仰は衰え、ビシュヌ神とシヴァ神を中心に神々が体系化された。ヒンドゥー教徒の生活規範としての『マヌ法典』がまとめられ、シヴァ神、ビシュヌ神の物語として宗教的に解釈される民族叙事詩『ラーマーヤナ』、『マハーバーラタ』も完成する。インドという多様な社会は、ヒンドゥー教の中に集約されているといえる。

輪廻からの解脱を説く「仏教」は、思索的で民衆との結びつきが弱く、仏教の創始者ブッダ（仏陀）はやがてビシュヌ神の化身とされて、ヒンドゥー教に吸収されていきました。グプタ朝では壮大な宇宙観、自然観を説明する学問が発達し、「空」から零（ゼロ）の観念が考え出されます。ゼロは、やがて数詞として数字の位どりの中に組み込まれました。世界中に広がったアラビア数字も、実はインドが起源なのです。

グプタ朝は、中央アジアから侵入した遊牧民エフタルに西の地域を奪われて衰退し、五五〇年には滅亡しました。**インドでは、その後要塞を中心とする軍事都市が各地に築かれ、諸勢力が抗争をくり返す戦乱・分裂の時代に入ります。**

インド世界の辺境地として栄えた東南アジア

ガンジス文明は、乾燥したデカン高原を中心にインド中央部を支配したサータヴァーハナ朝（アーンドラ朝、前一世紀‐後三世紀）により、積極的に南インドに移植されました。インド商人は、クローブ、シナモンなどの香辛料、沈香《じんこう》などの香木《こうぼく》、金などを求めてベンガル湾を渡り、ガンジス流域と同じ気候帯に属する東南アジア各地に交易拠点を設けました。**インド商人の活動により、インド洋とベンガル湾の交易が活性化し、インドの文字によって結びつく広域世界が成立します。**古代、東南アジアはインドの辺境だったのです。

インド商人は、ベンガル湾からマレー半島のクラ地峡（マレー半島の最狭部の地域）を経由してタイランド湾に入り、メコン川の下流域（現在のカンボジア）にプノム（扶南、一世紀‐七世紀）、ベトナム南部にチャンパー（二世紀末‐一七世紀）を建国しました。神奈川県の面積とほぼ同じトンレサップ湖という巨大な湖が乾季のため池の役割を果たしたために、プノムは東南アジアで最も恵まれた農業地帯になったのです。

やや遅れてマラッカ海峡を通過するルートが拓かれると、海峡周辺のマレー人の諸都市は七世紀にスマトラ島のパレンバンを中心に連合してシュリーヴィジャヤ（三仏斉）を建て、マラッカ海峡の交易を支配しました。八世紀になると、同朝と血縁関係にあったシャイレーンドラ朝（八世紀半ば－九世紀前半）がジャワ島北西部に進出し、さらに香料の産地のモルッカ諸島にまで交易圏を広げます。シャイレーンドラ朝の繁栄は、ジャワ島中部に同朝が建造した大乗仏教の石造大ストゥーパのボロブドゥール遺跡により知ることができます。

インドシナ半島では、メコン川下流域のカンボジアにクメール人が大農業社会をつくりあげ、一二世紀のアンコール朝が最盛期でした。アンコール朝（八〇二頃－一四三二）により造営されたヒンドゥー教遺跡のアンコール・ワット、都市遺跡アンコール・トムはアジアが誇る壮麗な古代遺跡です。

歴史の読み方

インドと東南アジアの関係は、中国と朝鮮・日本の東アジアの関係と類似しており、文字と多くの言葉がインドから来ています。ただ文明の交流が盛んな東南アジアではイスラーム文明、ヨーロッパ文明がその上に重なっており、その点で東アジアとは大きく異なっています。

5 独自の内陸帝国を形成した中華帝国

THE AGE OF
EMPIRES RISING
IN VARIOUS REGIONS

「周」の後、五〇〇年超の大混乱時代

中国では殷代からウマに引かせる車輪の大きな戦車が使われ、周代には、天子は一万両、大諸侯は千両の戦車を備えると規定されるほどでした。周が衰退すると**「春秋戦国時代」**という五〇〇年以上の長期にわたる「戦争の時代」が続くことになります。**「天命」を巡り激しいトーナメントがくり返されたた**のです。

春秋時代（前七七〇－前四〇三）末期には、約一四五〇度の温度に熱して鉄鉱石を溶かし鋳型《いがた》に流し込んでつくる鉄器の製法が江南の呉《ご》で発明されました。鉄器は北方にも伝播し、鉄製の鋤《すき》や牛による大規模灌漑が進みます。

戦国時代（前四〇三－前二二一）末期になると、国の規模が飛躍的に拡大しました。それは、「戦国の七雄」のうちの秦《しん》・楚《そ》・趙《ちょう》の三国の人口が五〇〇万人に近く、斉《せい》・燕《えん》・韓《かん》・魏《ぎ》の四国の人口が二〇〇万人から三〇〇万人くらいだったと推定されていることから理解

されます。「戦国の七雄」と呼ばれる七大国は、数十万から一〇〇万の歩兵を養うほどの軍事大国だったのです。

東アジア最初の帝国を組織した始皇帝

「戦国の七雄」の六国を併合し、前二二一年、秦王の政《せい》が天下（世界）を統一しました。**「秦《しん》」**帝国（前二二一－前二〇六）の成立です。煌々《こうごう》しい（皇）天の神（帝）という意味の「皇帝」の称号が設けられ、政は始皇帝《しこうてい》（位前二二一－前二一〇）と称しました。都は咸陽《かんよう》です。

始皇帝は、一方的に民衆を酷使しました。彼は、七〇万人余の民衆を動員し、三六年の歳月を費やして神である自分のための巨大な陵墓《りょうぼ》（始皇帝陵《りょう》）を築きます。**皇帝にとって民衆は絶対的権力者に奉仕するだけの存在だった**のです。

【帝国の根幹になった郡県制】 秦帝国は広大な空間を皇帝の直轄地とし、中央から官吏を派遣する人為的な郡県制により部族を超える国家をつくった。同じ帝国だが、アケメネス朝（ペルシア帝国）と違い遊牧色が薄い。秦は陰陽五行説では「水」徳の王朝であるとされて「六」の数が尊ばれたため、帝国の全土は三六（後に四八）の郡に分けられ、その下に千数百の県が設けられた。首都から派遣された官僚が漢字で書かれた文書により支配と徴税に当たった。帝国の基礎単位と

■中華世界の支配基盤をつくった秦帝国

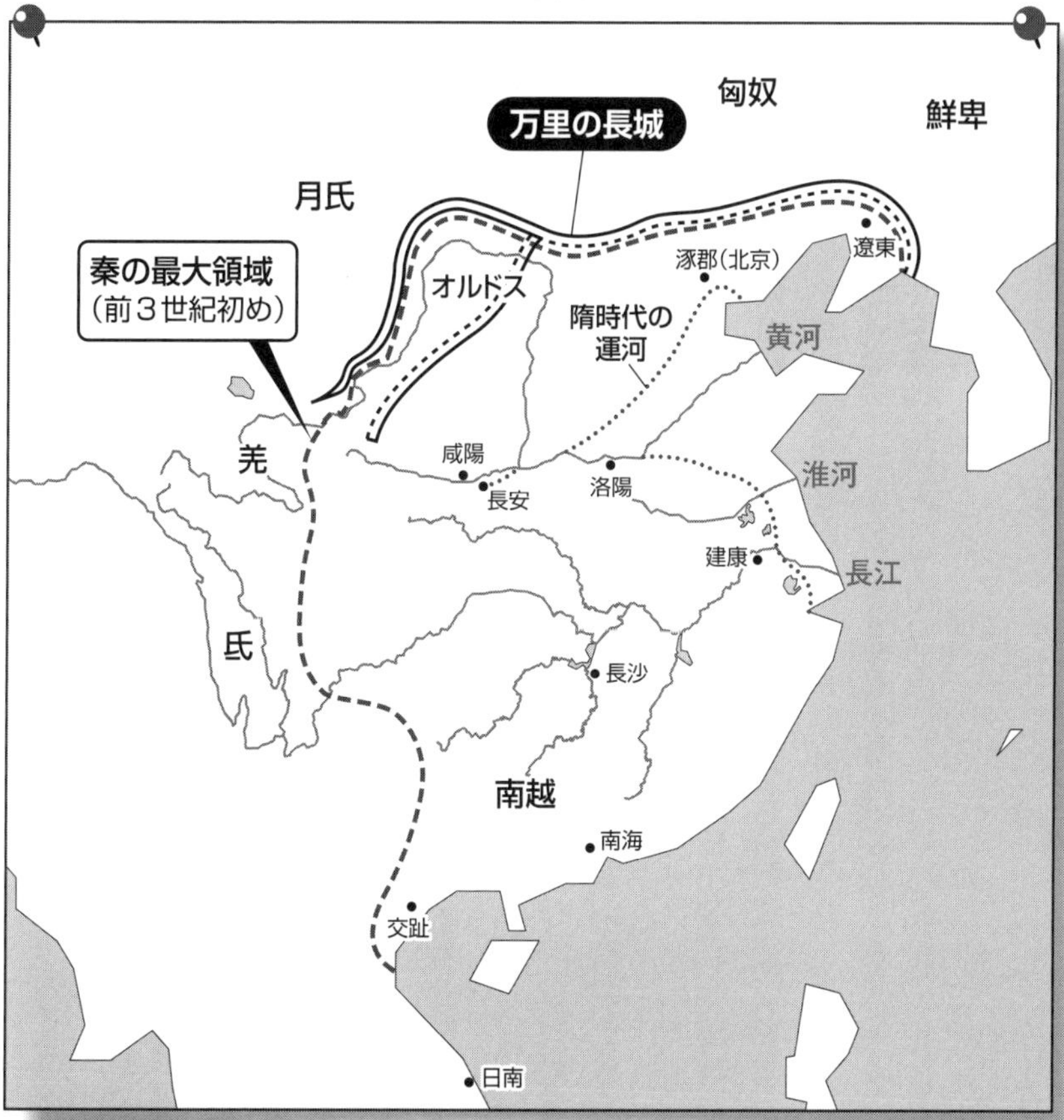

なった県は、「首都に懸かる」の意味であり、官僚が地方の有力者の協力の下で税の徴収や治安の維持に当たった。郡は数県を合わせた行政単位だったが、郡と軍が同音であることからわかるように、中央から派遣された軍団が管轄する範囲であった。文字通り単に県が集まったものとする説もある。

広域を結びつけたのが、幹線道路網でした。首都と各地の大都市、北方の軍事拠点を結んだ馳道《ちどう》という幅七〇メートルの幹線道路は、総延長七五〇〇キロに及び、一定間隔で宿駅が設けられました。この立派な道路が全土を結んで皇帝の行幸《ぎょうこう》、官僚の往来、非常時における軍隊の移動に用いられ、馬車が速やかに走れるように深い轍《わだち》がつけてありました。現在風に言えば、高速道路網でしょうか。

歴史の読み方

中華帝国では、唯一神（天帝）による絶対的な支配がイメージされ、支配機構の肥大化、民衆の無権利状態が当然とみなされてきました。

壮大な「万里の長城」はなぜつくられたのか

中華帝国の大きな課題は、荒れる黄河の治水とモンゴル高原からの遊牧民の侵入の阻止でした。
中央にゴビ砂漠があるモンゴル高原は緩やかに中国に向かって傾斜しており、遊牧民の侵入を妨げる障害物は何もありませんでした。「天高くウマ肥ゆる秋」の収穫期に遊牧民の略奪がくり返されたのです。乾燥した広大な境界地域に軍隊を常駐させておくのも大変です。そこで始皇帝は、戦国時代に諸国ですでにつくられていた長城を高さ二メールの一つながりの**「万里《ばんり》の長城」**としました。

歴史の読み方

現在から見ると壮大な無駄使いのように見える「万里の長城」が、中華帝国の存在価値を問う重要な装置だったことをイメージする必要があります。それだけ遊牧民の脅威が深刻だったということです。

【農耕地帯の防壁―万里の長城】 当時は大地は方形をなしていて一辺が万里（無限に長い）と考えられていた。その北の一辺に沿って建設されたことから、「万里の長城」という名称がつけられたが、建設と維持に莫大なコストがかかった。モンゴル高原の騎馬軍団との戦いは、地政学的に運命づけられた最大の課題だったが、「万里の長城」により帝国は農耕地帯に閉じこもる道を選択したのである。

秦では、皇帝の意志に法《のっと》るとする法家《ほうか》思想に基づき、その意志を明文化した法律が全国規模で施行され、文字・通貨・度量衡なども統一されました。しかし、「民」を手段とみなす秦は、民衆の疲弊もかえりみずに大土木工事と戦争をくり返し、その生活を破綻させます。そのため、始皇帝の死後間もなく約九〇〇人の農民が陳勝《ちんしょう》・呉広《ごこう》に率いられて反乱に立ち上がると、それをきっかけに諸勢力が蜂起し、秦帝国はわずか一五年であっけなく滅亡してしまいました。

四〇〇年続いた漢帝国

その後、楚《そ》の貴族、項羽《こうう》の勢力と沛《はい》の農民、劉邦《りゅうほう》の勢力の間で激しい戦いが行われ、最終的に勝利した劉邦（高祖《こうそ》）の下で**「漢《かん》」帝国**が樹立されます。

漢帝国（前漢 前二〇二－後八、後漢 後二五－二二〇年に分かれている）では、皇帝の直轄領と諸侯が支配するなかば自立した領域からなる郡国制が実施され、封建制によって周辺部を帝国の直接支配から切り離しました。緩やかな連邦制がとられたのです。

「前漢」の最盛期の武帝《ぶてい》（位前一四一－前八七）は、騎馬遊牧民の匈奴との戦争に没頭しました。武帝は匈奴によりモンゴル高原から追われてバクトリア地方に移住した遊牧民、大月氏《だいげっし》との提携のために張騫《ちょうけん》を使節として派遣します。交渉は失敗に終わりますが、張騫によりパルティア（安息《あんそく》、83ページ）の存在、シルクロードが通る西域情報などが明らかにされました。武帝はシルクロードにつながる河西回廊《かせいかいろう》を開き、南越《なんえつ》、朝鮮北部（楽浪《らくろう》郡などの四郡設置）をも征服します。しかし、晩年になると財政が逼迫《ひっぱく》。そこで、塩・鉄・酒の専売により民衆に過剰な負担が強いられ、その没落を招きました。地方では豪族が力を強めます。

前漢から帝位を奪った外戚《がいせき》の王莽《おうもう》は**「新《しん》」**（八－二三）を建国しましたが、その復古的な政治はすぐに破綻し、やがて漢の復興を求める「赤眉《せきび》の乱」（一八－二七）により滅びました。

その後、劉秀《りゅうしゅう》（光武帝《こうぶてい》、位二五－五七）により建国された**「後漢《ごかん》」**（二五－二二〇）では、反乱で荒廃していた渭水《いすい》盆地の長安《ちょうあん》が放棄され、黄河中流域の洛陽《らくよう》を首都とします。

豪族の台頭で分裂状態にあった後漢では、儒教教育により官僚制度が補強されました。また班超《はんちょう》（三二－一〇二）が西域都護《さいいきとご》としてオアシス諸国家を支配して以来、**シルクロード**（絹の道、171ページ図）交易が盛んになり、天竺《てんじく》（インド）、大秦《たいしん》（ローマ）などに関する情報もかなり詳しく伝えられるようになります。

遊牧民の「中原」への進出で変わる東アジア

漢帝国は地方に豪族が台頭し、中央では宦官《かんがん》、外戚、官僚（党人）が権力を争う中で、統治機能が麻痺状態に陥って二二〇年に滅亡しました。その後、華北の魏《ぎ》・江南の呉《ご》・四川の蜀《しょく》の三国が全国支配を巡って争い合う**「三国時代」**に入ります。それが、魏の曹操《そうそう》（一五五－二二〇）、呉の孫権《そんけん》（一八二－二五二）、蜀の劉備《りゅうび》（一六一－二二三）、その軍師、諸葛亮《しょかつりょう》（一八一－二三四）などが活躍する『三国志』の時代です。

三国時代は、下克上により魏を滅ぼした司馬炎《しばえん》（武帝《ぶてい》、位二六五－二九〇）が建国した晋《しん》（西晋、二六五－三一六）が二八〇年に中国を統一したことで終わりましたが、間もなく武帝《ぶてい》が死んで恵帝《けいてい》（位二九〇－三〇六）が即位すると、外戚が権勢をふるい、各地の諸王の下で力を持っていた胡騎《こき》（騎馬遊牧兵）が激しく争い合う「八王《はちおう》の乱」（二九一－三〇六）が起こります。

そうした中で、匈奴《きょうど》の支配者、劉聡《りゅうそう》は代々漢室と姻戚《いんせき》関係にあったことを口実に洛陽を占領、西晋を滅ぼしました。それを契機に、匈奴、鮮卑《せんぴ》などの「五胡《ごこ》」が、黄河中流域に次々に国を建てることになります（**五胡十六国《ごこじゅうろっこく》時代**、三〇四－四三九）。

歴史の読み方

遊牧民が広く中華世界に進出し、漢人の大規模な移住が進んだこの時代は、仏教の伝入に代表される文明交流、中華世界の遊牧化、江南の開拓、東アジア地域の交流が大規模に進んだ注目すべき時代で、日本への影響も大です。

【東アジアの大混乱時代】騎馬による戦闘技術の普及は、戦車と歩兵を主軸とする在来の戦法を変え、ウマと馬具、ズボン、革製の長靴、胡床《こしょう》（折り畳み式の椅子）などの遊牧民族の風俗・習慣（胡風文化）が東アジアに広がった。また西域に広がっていた「大乗仏教」も四世紀のクチャ出身の僧、仏図澄《ぶっとちょう》、鳩摩羅什《くまらじゅう》などの活躍で遊牧民の間に広まり、中国に根を下ろした。仏教に対抗して、中国の伝統的な信仰を統合した「道教」が寇謙之《こうけんし》（三六三－四四八）により創始される。北の乾燥地帯が遊牧民に占拠されると、農耕民の長江流域、朝鮮半島、日本列島への移住が進んだ。湿潤地帯の江南の開発が進み、江南には建康《けんこう》（現南京）を都とする東晋《とうしん》が建国された。中華世界は、遊牧色の強い北朝、コメに依拠する豊かな南朝に二分される。この時期、日本列島も「古墳時代」と呼ばれる激動の時代に入る。

約一四〇年続いた五胡十六国時代の後、華北を統一した鮮卑系の北魏（三八六－五三四）の第六代皇帝、孝文帝《こうぶんてい》（位四七一－四九九）が**漢化（中国化）政策をとったことにより遊牧民の漢人化が進み、一回り大きな中国社会が出現することになります。**遊牧色の強い新しい漢人社会の出現です。江南のコメ地帯には、漢人の王朝が続き、華北、江南に王朝が建つ**「南北朝時代」**になります。

朝鮮半島北部では、ツングース系の高句麗《こうくり》（前一世紀頃－六六八）が三一三年に中国人の支配拠点であった楽浪郡《らくろうぐん》を滅ぼして自立し、黄河流域の騎馬戦術や仏教を朝鮮半島、日本列島に伝えました（古墳時代）。国家形成の動きは、やがて騎馬戦術の伝播とともに朝鮮半島南部、日本列島に伝播し、百済《くだら》、新羅《しらぎ》、遅れて大和《やまと》王朝が誕生することになります。仏教も新文化として、漢字、儒教、道教とともに朝鮮半島から日本列島に伝播しました。

農民や奴婢《ぬひ》を引き連れた華北豪族の江南への移住が頻繁になされ、黄河流域の文化の江南への移植が進んで貴族文化、仏教文化が栄えます。

内陸帝国を安定させた大運河

二百数十年間続いた混乱時代（南北朝時代）を終わらせ、遊牧民が支配していた淮河《わいが》以北の黄河流域のムギ地帯と以南の長江流域のコメ地帯を統一し、各地の豪族の力をそいで農地を皇帝の所有とする均田制《きんでんせい》で中華帝国を再建したのが**「隋《ずい》」**（五八一－六一八）の文《ぶん》帝《てい》（楊堅《ようけん》、位五八一－六〇四）です。隋と次の唐をひとまとめにして隋唐《ずいとう》帝国と呼びますが、ともに遊牧色の強い帝国です。

隋は、六世紀末から七世紀初頭にかけて**黄河流域と長江流域を結ぶ世界最長の一九〇〇キロにも及ぶ大運河を完成させ、南北を結合する経済の大動脈にしました。**生産量の多いコメが中華帝国を支える装置が整います。

第二代の煬帝《ようだい》（位六〇四－六一八）は江南支配を強化し、南北の物流を活発にするために女性を含む一〇〇万人の農民を動員して大運河を建設しました。穀倉地帯の江南・政治と軍事の中心の長安・軍事の中心の涿《たく》郡（現在の北京）を結ぶ総延長二五〇〇キロのY字形の大運河を完成させたのです（113ページ図）。その結果、江南で収穫された膨大な量のコメの華北へのスムーズな輸送と、大軍隊の短期間での移動が可能になりました。

唐は遊牧世界にまで進出した大帝国となる

李淵《りえん》（高祖《こうそ》、位六一八－六二六）と李世民《りせいみん》（太宗《たいそう》、位六二六－六四九）が体制を築いた**「唐」帝国**（六一八－九〇七）は、土地・人民を公有化して強大化し、第二代の太宗が「天可汗」（テングリ・カカン）としてトルコ系遊牧民の突厥《とっけつ》を服属させ、**農耕世界のみならず中央アジアの遊牧世界をも支配**しました。

唐では隋をひきついで、全土の農地と人民を皇帝の所有とする均田制がしかれます。農民は土地を皇帝から貸し与えられる代わりに、租税にあたる租庸調《そようちょう》を負担させられ、府兵制により折衝府が設置された地方の六〇万人の農民に兵役が課されました。

歴史の読み方

土地の公有化（均田制）が強大な権力を生み出しました。民衆の側から見ると、均田制は苛酷な制度です。

【皇帝権を強めた均田制】 騎馬遊牧民の軍事支配の流れをついだ、皇帝が土地と人民を所有する均田制は権力者にとってはこの上ない制度で、朝鮮半島、日本列島にも移植されたが、豪族の力が強かったため失敗に終わった。

欲望と野心で崩壊していく唐

帝国はどこでも、皇帝の「公」と「私」が混同されていました。絶対的権力者は、思いのままに政治を私物化できたのです。そのために皇帝が節制を欠いたり、貪欲であったり、無能であったりすると体制は動揺し、最悪の場合には農民反乱などにより崩壊の憂き目をみることになります。

唐の最盛期（開元《かいげん》の治《ち》）を生み出した第六代皇帝・玄宗《げんそう》の統治期も、晩年になると農地が不足し、軍事面でも、農民たちが徴兵を嫌って逃亡するようになり、均田体制が衰亡の兆しを見せるようになります。国境地帯では警備の兵として異民族が雇われるようになり（募兵）、それを監視するために、中央から節度使《せつどし》という役人が派遣されました。

悪い時には、悪いことが重なります。長年連れ添った皇后に先立たれた玄宗が心の空白を埋めるために若い楊貴妃《ようきひ》（七一九－七五六）に狂い、自制心を失いました。寵愛《ちょうあい》を受けた楊貴妃とその一族が思うがままに振る舞うようになります。皇帝が許しさえすれば、当時は大抵のことはできたのです。

そうした状況に反発したのが、ソグド系の野心的な節度使、安禄山《あんろくざん》（七〇五－七五七）でした。彼が楊氏一族に対する反感を利用して起こした「安史《あんし》の乱」（七五五－七六三）により、巨大帝国は崩壊への道をころげ落ちることになります。蜂起軍により首都の長安は占領され、華北の秩序が崩れ、節度使は軍閥として各地に割拠するようになります。

混乱の中で有力地主による土地の私有化が進みました。今で言うならば、国有財産の分け取りです。かつての均田農民が、有力者の小作人（佃戸《でんこ》）になりました。そのため節度使が分立する華北からの税収が見込めなくなり、唐の財政は江南からのコメ、塩の専売収入に依存するようになります。とくに塩の販売収入の比重が大きくなりました。唐の変質です。

九世紀後半になると、帝国の塩の独占販売を侵して巨利をあげる塩の密売商人が力を強めます。そうした一人、黄巣《こうそう》（？－八八四）の指導する反乱軍が流賊化して全土を荒らし回ると（黄巣の乱、八七五－八八四）、社会の荒廃が一挙に進みました。九〇七年、節度使・朱全忠《しゅぜんちゅう》（八五二－九一二）が唐を倒し、後梁《こうりょう》を建国します。それにつれて各地に節度使が自立。軍事勢力が乱立する**「五代十国時代《ごだいじっこくじだい》」**（九〇七－九七九）に移行します。

歴史の読み方

租《そ》（収穫物にかける税）による収入から塩税による収入への国家歳入の移行は、そのまま農業帝国の弱体化を示しています。所得税と消費税は異なる系譜の徴税法です。

【根づかなかった武人社会】 儒教では親からもらった身体を傷つける武人が「孝」に反するとし

て卑《いや》しまれた。その上に軍閥の節度使も官僚として体面を保ったために、部下の武人との関係は私的なものとし、一代限りだった。日本のように私的な主従関係が世襲化され、武人が「武士」として階層化され、土地の支配権が世襲される封建制度は育たなかったのである。日本と中国、韓国の歴史は、この点でまったく方向を異にする。

安史の乱後の約二〇〇年に及ぶ大混乱時代（五代十国）にピリオドを打った「宋《そう》」（九六〇‐一二七九）は、精鋭軍を首都に集中して節度使を無力化し、科挙により選抜された文人官僚の統治（文治主義）によって君主独裁体制を再編していきます（162ページ）。

歴史の読み方

中華世界では、武人の軍事力より宗教的権威と伝統・慣習に基づく官僚の権力のほうが大きかったことを理解する必要があります。中華の官尊民卑は、想像を絶するものがあります。

KEY POINT
世界史がわかる「鍵」
10

遊牧民が中華世界に浸透

遊牧民が黄河中流域を占領した「南北朝時代」に中華世界は一挙に拡張し、湿潤な江南の開発が進んだ。秦・漢帝国と比べると隋・唐帝国は極めて遊牧色が強い世界だ。

第4章

ユーラシアが一体化して起きた文明の大交流

EURASIAN INTEGRATION AND GREAT CROSS-CULTURAL INTERACTION

1 騎馬遊牧民が生み出すユーラシアの時代

EURASIAN INTEGRATION AND GREAT CROSS-CULTURAL INTERACTION

ユーラシア世界統合への流れ

「四つの帝国が分立する時代」から「ユーラシアの大部分が統合される時代」への道筋を簡単に述べてみると、次のようになります。

ローマ帝国、ペルシア帝国、インド帝国、中華帝国の代表的な四つの帝国のうち、①北のヒマラヤ山脈によりユーラシアと区切られたインド帝国、②周囲をゴビ砂漠、モンゴル高原、タクラマカン砂漠、チベット高原などに囲まれた中華帝国は、それぞれガンジス川、江南というコメ地帯を内部に抱えており、地域内で人口の増加に対応できました。両帝国は、地理的条件もあって、閉ざされた帝国になっていきます。人口は多かったのですが、ユーラシアの歴史舞台の拡大にはあまりかかわらなかったのです。

それに対し、開かれた地理的環境の下で長期の対立、戦闘をくり返してきたローマ帝国とペルシア帝国は六世紀末にはともに衰退します。

そうした状況下で、アラビア半島のアラブ人が地中海南部から西アジア、中央アジアに至る広大な地域に「イスラーム帝国」を成立させ、世界史の舞台を転換させました。**イスラーム帝国の下で、ユーラシア規模の商業ネットワークが成長し、文明の東西交流が一気に進みます。**

騎馬遊牧民抜きに世界史は語れない

七世紀から一四世紀にかけて、遊牧民の「飛び地」とも言うべきアラビア半島から「本丸」の中央アジアの大草原へと、ウマを使う騎馬遊牧民によるスーパー帝国形成の動きが連《つら》なっていきます。

戦争、格差の拡大、内乱などで海と陸の二つの帝国が動揺したことが、アラブ遊牧民に絶好のチャンスを与えました。

歩兵を中心とする鈍重な帝国の軍隊と、装甲車のように高速で自由自在に走り、遠くから矢を射かける騎馬遊牧民の集団戦をイメージすると、騎馬遊牧民がユーラシアを支配する時代が到来した理由を、簡単にイメージできます。遊牧という生活形態は今では過去のものになってしまっていますが、**かつては乾燥地帯の北半部は遊牧世界であり、ウマを操る遊牧民が軍事上の圧倒的な優位にあった**のです。

歴史の読み方

騎馬遊牧民の征服活動が、ユーラシアの歴史の舞台を広域空間に広げ、世界史を新たな段階にもっていきます。大空間の一体化が、東西文明の交流の前提です。

【四〜五世紀の激動】 三世紀、五世紀は寒冷期であり、生活条件の悪化が遊牧民の移動を誘発した。この時期の動きをざっと見ておこう。三七五年の黒海北岸へのフン族の進出による東ゴート族の移住、約六万人の西ゴート族のローマ領内への移住をきっかけにゲルマン民族大移動（100ページ）が起こり、帝国西部にはゲルマン諸国が分立。四七六年には西ローマ帝国が滅ぼされた。中央アジアの騎馬遊牧民エフタルは五世紀から六世紀にかけて南下し、一時シルクロード地帯、イラン高原に勢力圏を広げササン朝を衰退させた。また西北インドにも侵入してグプタ朝（三二〇頃－五五〇頃）を滅亡させている。

中華世界でも西晋で起こった八王の乱（二九〇－三〇六）の混乱に乗じて、騎馬軍団として活躍した匈奴が西晋を滅ぼして漢（前趙）を建国。五胡（五つの遊牧民）が中華世界の中央部に一三の遊牧国家を成立させた。このように遊牧民はユーラシアの広い地域を変容させたのである。これらはすべて、スーパー帝国形成の露払いの動きだった。

約七〇〇年間続いたユーラシア帝国

騎馬遊牧民の活躍は、七世紀にビザンツ帝国、ササン朝を倒して地中海・大乾燥地帯を統合したアラビア半島のアラブ遊牧民以降に本格化します。彼らが樹立したイスラーム帝国は、それまで世界史に存在したことのないユーラシア規模のスーパー帝国（ユーラシア帝国）へと成長しました。

以後、**ユーラシア帝国は、アラブ人↓トルコ人↓モンゴル人と担い手を替えながら、七世紀から一四世紀までのほぼ七〇〇年間続く**ことになります。それに注目し、騎馬遊牧民によるユーラシア帝国の時代を「遊牧民の爆発の時代」と名づけたのが、イギリスの歴史家アーノルド・トインビーです。

歴史の読み方

ローマ帝国、ササン朝、グプタ朝、西晋に大きな影響を及ぼした四～五世紀の遊牧民の活動は、七世紀から一四世紀まで続く遊牧民の活動の前段とみなすことができます。それぞれの帝国の衰退と周辺の遊牧民の活性化は連動しています。

東西の交流が世界史を動かしていく！

スーパー帝国の下で、ユーラシア規模の文明交流が進んだことが世界を変えました。イスラーム帝国を担ったアラブ人、トルコ人の時代にはインド文明がイスラーム世界に伝わり、さらにインド文明、イスラーム文明が地中海へと伝えられました。

トルコ人の帝国と中華帝国を統合したモンゴル帝国の時代には、イスラーム世界、地中海に中国文明が伝えられ、大航海時代を誘発する大きなエネルギーになりました。

ユーラシア諸地域の多くがユーラシア帝国の一部分に組み込まれ、**かつての帝国や農業社会の歴史は一時的に後景に退きます。**農業帝国の文明が、陸のグローバル文明の一部分に組み込まれたのです。

この時代は、ユーラシアの動きをトータルに見ることが必要になります。農耕社会に視点を固定する歴史では、中国史に典型的に見られるように、騎馬遊牧民がつくり出したダイナミズムが弱められ、消し去られてしまうからです。

歴史の読み方

ユーラシア規模の遊牧帝国が文明の東西交流の場となり、ユーラシア諸地域の文明を組み替えたことを理解することが大切になります。

KEY POINT
世界史がわかる「鍵」
11

ユーラシア帝国の誕生

イスラーム商人と結んだアラブ遊牧民は、地中海・西アジア・中央アジアを統合。七世紀から一四世紀にかけて最初のユーラシア帝国、ユーラシア商圏を形成する。トルコ人の帝国を経て、一三～四世紀にはモンゴル帝国がユーラシアの大部分を支配する。

2 世界史をリードしたイスラームの大征服運動

EURASIAN INTEGRATION AND GREAT CROSS-CULTURAL INTERACTION

イスラーム帝国が注目される理由

国際商人と結びついた遊牧民がユーラシアをリードするようになる時代のきっかけが、七世紀後半から八世紀前半に行われたアラブ遊牧民の軍事征服と移住（大征服運動）でした。

ウマとヒトコブラクダを使った征服により出現したイスラーム帝国は、地中海・西アジア・中央アジアからなる大乾燥地帯を支配するスーパー帝国となります。

イスラーム勢力はササン朝を倒し、ビザンツ帝国（東ローマ帝国）からもシリア、エジプトを奪い取り、世界史に新時代をもたらしました。「陸の帝国」（ペルシア帝国）と「海の帝国」（ローマ帝国）の約六〇〇年間の抗争にピリオドを打ったのです。

ここから**世界史は、七世紀半ばから一三世紀まで続く「パックス・イスラミカ」（イスラームの平和）の時代に入っていきます。**イスラーム帝国の成立は、ユーラシアの大乾燥地帯における古代史の完結、そしてユーラシア規模の「世界史の始まり」とみなすことができます。イスラーム帝国により「世界史が成立する」という説も、そこに根拠があります。

歴史の読み方

イスラーム教団の成立だけではなく、ビザンツ帝国、ササン朝の崩壊が、イスラーム帝国の興隆の背景にあります。

イスラーム教はこうして生まれた

誰も予期できないとんでもない出来事から、時代の転換が始まります。それは、今も変わらないはずです。とんでもない出来事の上に多くの出来事が積み重なって、歴史の新たなトレンドが形成されていくのです。新しい動きが途中でぽしゃってしまうことが圧倒的に多いのは、言うまでもないことなのですが——。

遊牧民の爆発の時代は、七世紀に「酷暑」と「渇き」が支配する不毛の地、アラビア半島から始まります。地政学的に見れば、ペルシア帝国とビザンツ帝国の領域の南に位置するアラビア半島からそうした動きが出てきても、まったくおかしくはありません（137ページ図）。

時代の転換をもたらしたキー・パーソンは、アラビア半島の中心都市メッカに生まれた砂漠の商人ムハンマド（五七〇頃－六三二）でした。出生の半年前に交易先で父親が病死。六歳の時に母親が死亡して孤児となった人物が、晩年に世界史の流れを変えることになるのです。

【黒隕石が育てた宗教都市メッカ】ムハンマドの活動の場となった都市が、メッカだった（137ページ図）。昔、赤く燃えた巨大な隕石《いんせき》（直径三〇センチ）が落ちてきたメッカは、その神秘性のために天国とつながる土地としてアラブ遊牧民のパワー・スポットとされ、黒い隕石（ズハル）を祭るカーバ神殿を中心にアラビア半島で随一の宗教都市となった。約二〇〇人の成員からなる遊牧部族がカーバ神殿にそれぞれの神（約三六〇に及んだ）を祭ったことから、祭礼の際には賑やかな市が立った。

しかしメッカは、長い間アラビア半島西岸（ヒジャーズ地方）のローカルな都市に過ぎなかった。ところがペルシア帝国（ササン朝）とビザンツ帝国（東ローマ帝国）が戦争を激化させて、双方の軍が首都のコンスタンティノープルとクテシフォンを相互に攻撃しあう六世紀末になると、アラビア半島西海岸のヒジャーズ地方に商業ルートが延び、メッカは新興商業都市として成長。シリアのダマスクスとアラビア半島南部のイェーメン地方を結ぶ中継都市になったのである。

ムハンマドの人生は、シリアとの交易で信頼を得た富裕な商人の未亡人ハディージャとの結婚で大きく変わりました。貧しさから逃れることができたのです。

先進的なシリアに商売に出掛け、ユダヤ教などの一神教に接したムハンマドは、当然のことながら新たな世界観、人生観を持つことになります。経済的に繁栄する一方で急速に格差が拡大するメッカに失望したムハンマドは、四〇歳過ぎてから郊外のヒラー山の洞窟で瞑想生活をくり返すようになり、大天使ガブリエル（アラビア語ではジブリール）から神アッラーの預言者（カリスマ）であるというお告げを受けます。

彼は多神教信仰の中心地メッカで、最後の審判が迫っていると説いて回り、唯一神アッラーへの帰依を訴えます（**イスラーム教**）。アラビア語で神の意志を伝える、「最後の審判」の直前につかわされた「最後の預言者」と称したのです。

しかしメッカは先に述べたようにアラブ遊牧民の多神教信仰の中心であり、一〇年間布教でも信者は一〇〇人にも達しませんでした。そうこうするうちにムハンマドと信徒への迫害の動きが強まり、それを避けるため、ヤスリブ（メディナ。メディナは「預言者の町」の意味）へと移住（ヒジュラ、聖遷、六二二年）します。そうしたヒジュラがなされた六二二年が、イスラーム暦の紀元元年ということになっています。

【遊牧民の顔役になったムハンマド】メディナでは、武力集団でもあるムハンマドの教団（ウンマ）が、部族抗争に明け暮れていた二〇〇人程度からなる多くの遊牧部族に新たな秩序をもたらす集団として認知されるようになり、ムハンマドは部族長にメディナ憲章を認めさせることで教団の周りに遊牧部族を結集させた。相互に争い合う遊牧部族に平和をもたらす「調停者」として力を発揮したのである。

六三〇年、メディナで急激に勢力を伸ばし、一万人の遊牧部族軍を組織したムハンマドはメッカを無血占領し、カーバ神殿に祭られていた約三六〇の部族神の偶像を破壊し、アラビア半島の遊牧民を唯一神アッラーの下にまとめあげます。しかし、そのわずか二年後の六三二年、ムハンマドは急死し、メディナに埋葬されました。ムハンマドの生涯は、多数の遊牧部族に分裂していたアラブ人をイスラーム教団の下にまとめあげ、アラブ人の膨張の基盤を築いたところで終わったのです。

世界史を変動させたイスラームの「大征服運動」

ムハンマドが急死すると、教団幹部は教団の混乱と分裂を乗り越えるために、幹部の中から**「カリフ」**（神の使徒、ムハンマドの後継者）を選んで教団の指導を委ね、ムハンマドが語った神の言葉を集めた一一四章からなる「神の言葉」集とも言うべき『コーラン』を編纂して信徒の生活のより所にしました。

それはムハンマドが「最後の預言者」と称したためになされた仕様がない措置だったの

です。しかしすべての生活規範を『コーラン』に求める社会が、ムハンマド時代の革新性を失っていくのは当然のことです。

イスラーム教団の首脳部が話し合いによりカリフを選んだ第四代カリフまでの時代を、「正統カリフ時代」と言います。正統カリフ時代には、ムハンマドの死による遊牧民の離反を押さえ、外部の異教徒との戦いによる利権を与えて教団に引きつける目的で、弱体化していたビザンツ帝国とササン朝（ペルシア帝国）へのラクダとウマを使った**「大征服運動」**が組織されました。

砂漠という地の利をフルに生かした両帝国への攻撃は「ジハード」（聖戦）と呼ばれました。

歴史の読み方

『コーラン』は、ムハンマドが最後の預言者と称していたために、生活のより所として必要になりました。イスラーム教徒の判断の基準、生活の規範です。

【民族移動だった大征服運動】 商人が主導したアラブ人の遠征は、暑熱のアラビア半島からのアラブ遊牧民の民族移動だった。遠征はカリフの許可を得た部族が、進出の拠点になる軍事都市（ミスル）から周辺を攻撃する形をとった。戦利品の五分の一はカリフに送られ、残りは遠征軍が分

■イスラーム帝国の拡大（7～10世紀）

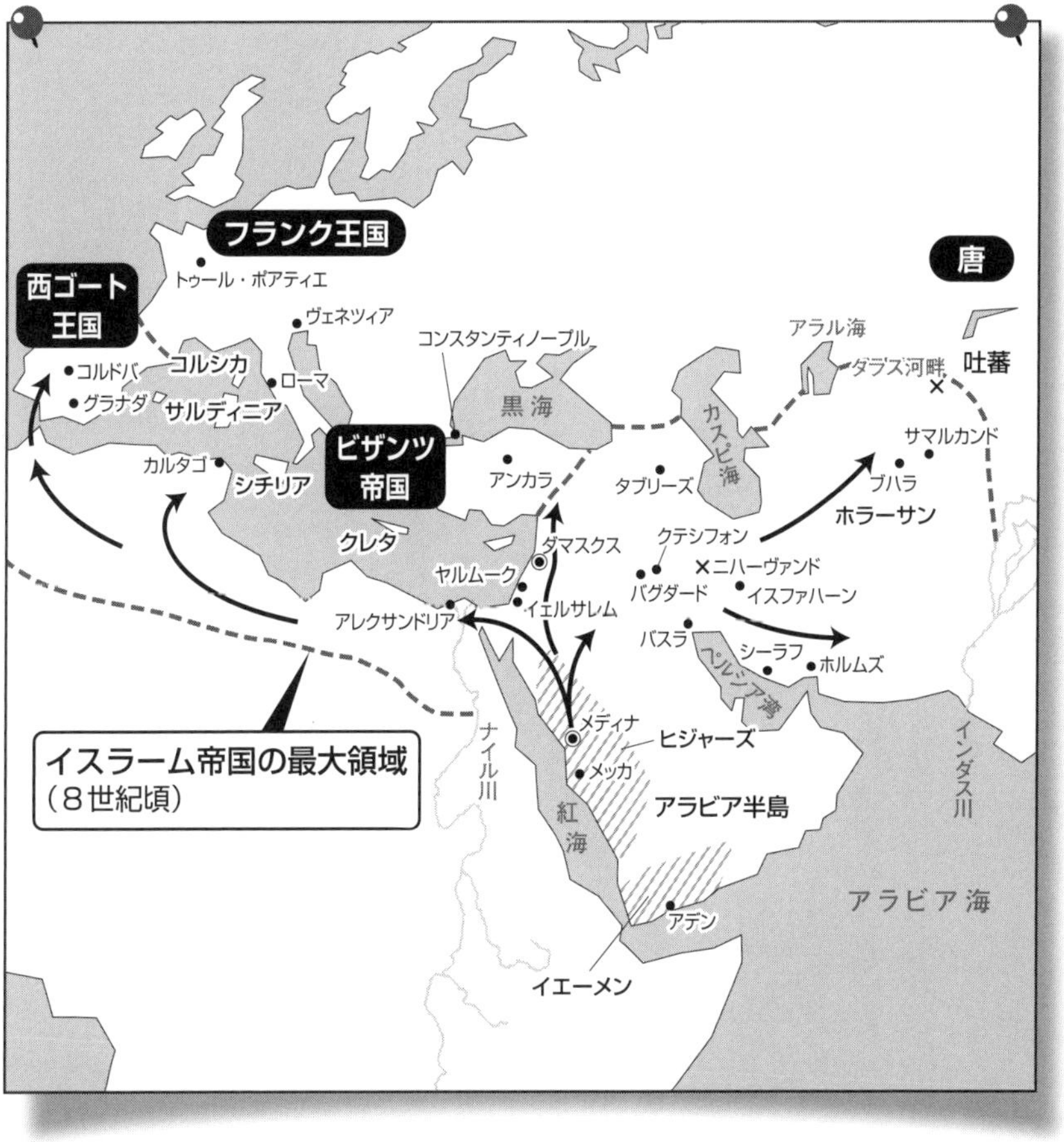

配した。大征服運動の過程で兵士と家族の一三〇万人が、アラビア半島から北の農耕地帯に移住したとされる。

最初に遠征の目的地とされたのは、イスラーム商人と結びつきが強いラクダを使う砂漠の商業の中心都市シリアのダマスクスでした。イスラーム軍は、六三六年、二〇万人とも言われるビザンツ帝国軍を「ヤルムークの戦い」で破り、シリアを手に入れます。知らせを聞いたビザンツ皇帝が、「シリアよさらば。敵にとってなんとすばらしい国であることか」と嘆息をもらしたと言い伝えられています。

ビザンツ帝国は、一〇年後の六四六年に穀倉地帯のエジプトも奪われてしまいます。すでに弱体化していたササン朝も、六四二年の「ニハーヴァンドの戦い」に敗れ、イスラーム帝国に併合されました。

歴史の読み方

大征服運動で、古くからラクダを使う砂漠の商業の拠点だったダマスクスを征服。砂漠の商業のネットワークを支配したことから、イスラーム帝国の発展が始まります。

KEY POINT
世界史がわかる「鍵」
12

大征服運動の後に大商圏が誕生

アラブの大征服運動でビザンツ帝国、ペルシア帝国（ササン朝）の領域がほぼ統合され、大乾燥地帯が一つの帝国・一つの商圏となった。

イスラームの膨張と西ヨーロッパ世界の誕生

イスラーム帝国の成立は、周辺の地中海、西アジア、中央アジアに大きな影響を与えました。ビザンツ帝国は東方から伝播した石油を使う火炎剤「ギリシャ火」の威力により辛くも独立を維持しましたが、イスラーム勢力による地中海支配は西方のキリスト教世界の再編を促しました。

地中海周辺から勢力を後退させたローマ教会は、フランク王国と提携し、アルプス以北のヨーロッパに、新たな中心を築こうとします。教皇と皇帝からなる後の西ヨーロッパ世界の形成は、イスラーム勢力による古代地中海世界（3章－3）の解体の余波と見なすことができるのです。

【カシワとヨーロッパ】もともとローマ帝国の辺境地域だった西ヨーロッパ（現在のフランス・ドイツ周辺）は、寒冷で森が大半を占める開発の遅れた地域だった。手つかずの原生林が広がり、ムギの収穫量もせいぜい播種量《はしゅ》（種をまいた量）の二、三倍というように極めて低かった。ローマ人が先住民のケルト人を、「森の人」と呼んだのもそのためである。西ヨーロッパでは森が神々の住まう神域として敬われ、神々は聖なるカシワの木に宿ると考えられていた。ちなみにカシワは面白い木で、新しい葉が生えるまで古い葉が残った。そのために日本では一族の繁栄のシンボルとされ、子供の日にカシワ餅が食べられている。

四世紀以降、バルト海の周辺を原住地とするゲルマン人がケルト人を追って移動し、西ヨーロッパの各地に国を建てましたが、その中で最も有力なのが「フランク王国」でした。七世紀後半から八世紀にかけて、イスラーム教徒の大征服運動の一環としてシチリア島、サルディニア島、コルシカ島などの地中海の主要な島々が占領され、キリスト教徒は寒冷なアルプス以北に中心地を移動させざるを得なくなります。**イスラーム教徒の進出により起こされたキリスト教勢力の後退が、現在につながる西ヨーロッパ世界の形成を促したのです。**

この時、ローマ教皇レオ三世（位七九五－八一六）は、ビザンツ皇帝の保護下にあったコンスタンティノープルの教会から主導権を奪うために、八〇〇年にフランク王国のカール大帝（位七六八－八一四）に四七六年から中絶していた西ローマ帝国（101ページ）の「皇帝の冠」を与え、ローマ教会の後ろ盾としようとします。「ゲルマン人のローマ帝国」の誕生です。

しかし、フランク王国の首都アーヘンの人口は、同時期のバグダードの人口一五〇万人に対してわずかに三〇〇〇人という田舎でした。ローマ帝国の後継者と自認するビザンツ帝国皇帝は、もちろんゲルマン人の皇帝を認めませんでした。

歴史の読み方

世界史は連動して動きます。イスラーム勢力の地中海の征服が西ヨーロッパ世界形成の背景になっていることを知っておくことが必要です。ヨーロッパ中心の西洋史では、そうした関係が見落とされてしまいます。

【西欧社会誕生の背景】 ベルギーの歴史家アンリ・ピレンヌ（一八六二－一九三五）は、「ムハンマドなくしてシャルルマーニュ（カール大帝）なし」という名言で、西ヨーロッパ世界の形成を世界史的視野から簡潔に論じている。イスラーム世界の大征服運動で地中海が「イスラームの海」に変わったことが、キリスト教世界の中心をアルプス以北の寒冷地に移したのである。八世紀後半から一四世紀までは、短期の寒冷期がいくつかあったものの、概して温暖期だったことが西欧の中心の北方への移動を可能にした。

カール大帝は、征服民にキリスト教への改宗を命じ、キリスト教世界の拡大に尽力しました。しかし、ゲルマン世界の分割相続制によりフランク王国は早期に分裂し、八四三年の「ヴェルダン条約」、八七〇年の「メルセン条約」で、現在のフランス（西フランク）、ドイツ（東フランク）、イタリア（中フランク、ロタール）に分かれます。

分裂後、東フランクのオットー一世（位九三六－九七三）が九六二年に新たに教皇から加冠されて**「神聖ローマ帝国」**（九六二－一八〇六）皇帝になりました。神聖ローマ帝国は、ナポレオンにより解体される一八〇六年まで続くことになります。

また、西ヨーロッパでは、ノルマン人（ヴァイキング）、アジア系遊牧民族のマジャール人やイスラーム教徒の進攻、各地の領主の対立などで混乱が続きました。そのために**領主は相互に私的な主従関係を結んで領地を守らなければならず、国王・諸侯・騎士からなるフューダリズム（封建制度）が成長**することになります。

歴史の読み方

再建されたローマ帝国、「神聖ローマ帝国」が一九世紀の初めまで、ローマ帝国の権威を引き継ぐ帝国として、ヨーロッパの秩序づくりに利用されました。

「叙任権闘争」が重要視された理由　一一世紀から一二世紀にかけて、ヨーロッパではローマ帝国の権威を引き継ぐ「教皇」と「皇帝」が、ヨーロッパ世界の主導権争いをした。教皇は、聖職叙任権《じょにんけん》を握ることで教会組織を支配し、聖職者の階層制を利用して権力を確立しようとしたのである。当時の領主は領地内の教会を私物化していたが、教皇は専門職である聖職者の人事権を握ることにより全ヨーロッパに支配権を伸ばそうとした。一〇七七年、教皇グレゴリウス七世（位一〇七三‐八五）に破門された神聖ローマ皇帝ハインリヒ四世（位一〇五六‐一一〇六）が北イタリアのカノッサ城外の雪の中で許しを請うた「カノッサの屈辱」で一時教皇が優位に立った。

3 ユーラシア規模の大商圏が成立

EURASIAN INTEGRATION AND GREAT CROSS-CULTURAL INTERACTION

二大派閥、「スンナ派」と「シーア派」とは

ムハンマドが説いたアッラーの前での信徒の平等という建前は、アラブ人の大征服運動が生み出した社会格差、部族対立、アラブ人と被征服民族の対立によって揺らぎ、スンナ派とシーア派の対立が激化しました。

［スンナ派とシーア派］ 代々のカリフを正統と認めるスンナ派（スンナは「慣行」といった意味）

はアラブ人の特権的地位、有力部族の利権を擁護したが、イスラーム教創設時の信徒の平等を重んじる人々は、第四代カリフでムハンマドの従兄弟のアリーの子孫の下に結集してムハンマドの時代への回帰を実現しようとした。このアリーとその子孫のみをムハンマドの後継者とみなす分派がシーア派（アリーを支持する「派」の意味）である。両勢力の間で武力衝突が起こり、妥協を図ったアリーは過激派に暗殺され、結局スンナ派の有力者、シリア総督のムアーウィヤが権力を掌握。カリフの地位を自分の一族の間でたらい回しにして、東地中海と砂漠の商業との結びつきが強い「ウマイヤ朝」（六六一－七五〇）を開いた。有力部族の教団に対する勝利である。

正統カリフ時代（136ページ）の後、スンナ派が開いたのがシリアのダマスクスを首都とするウマイヤ朝です。ウマイヤ朝では、被征服民に苛酷なジズヤ（人頭税）・ハラージュ（地租）を課し、都市に居住するアラブ人には高額の年金を支払いました。ウマイヤ朝は都市部に住む大衆の不満を和らげるために、うま味のある大征服運動を再開します。

東は西北インド、西はアフリカ北岸、そしてイベリア半島が、新たに領域に加わりました。さらに一回り大きな大帝国になることになります。

帝国の中心がシリア（ダマスクス）からイラク（バグダード）に移った理由

そうした中で先祖にムハンマドの叔父を持つアッバース家が、過激なシーア派や非アラブ系の改宗者の支持を得てウマイヤ朝を倒し、新たに**「アッバース朝」**を創始します。

アッバース朝（七五〇‐一二五八）は、過激なシーア派を弾圧して多数派を占めるスンナ派と手を組み、三万人のペルシア人のホラーサン地方の軍隊に依存して政権を維持します。そうしたことから**アラブ人の征服王朝（ウマイヤ朝）はイスラーム教徒を対等に扱うイスラーム帝国に変質し（アッバース革命）、アラブ人とペルシア人の間の提携が進みました。**

イスラーム帝国の中心をシリアからイラクに移すことは、ペルシア人との共治体制を打ち立てるために必要だったのです。

しかし、この決断は大きな経済効果を呼び起こしました。イラン高原からアフガニスタンを経て中央アジアに至る陸上の交易圏（シルクロード、草原の道）、ペルシア湾とつながるインド洋交易圏が、新たに地中海、西アジアの伝統的商業圏と結びついたのです（171ページ図）。**ユーラシア規模のイスラーム商圏の出現です。**

イラン人との提携を重視したアッバース朝の第二代カリフのマンスールは、ティグリス川西岸に人工の首都バグダードを新たに建設しました。アッバース朝の下で、ユーラシア各地の文明の交流が進み、中国の製紙法、アラビア数字、代数学、医学、錬金術、複式簿記などが、ヨーロッパに大きな影響を与えることになります。

歴史の読み方

首都がシリアのダマスクス（東地中海と砂漠の交易の中心）から東のバグダードに移動したことで、旧来の商業圏とシルクロード、草原の道、海の道の結合が一挙に進み、ユーラシア商業圏が成立しました。

【香水と蒸留酒】 イスラーム文明では人工的に金、銀をつくる錬金術《れんきんじゅつ》の実験がくり返され、副産物として花の香りの成分を取り出す水蒸気蒸留《じょうりゅう》法、アルコール製造技術が開発された。香水、西のウィスキー、ブランデー、東の焼酎は、イスラームの蒸留器により作成が可能になったと言われている。

【産業革命以前の最大都市バグダード】 新都バグダードは、人工的に造られた三重の城壁に囲まれた円形の砦《とりで》で、砦にはモスク、カリフの宮殿、軍隊の宿営地が設けられていた。しかし、経済のセンターとしても設計されており、砦の四つの門からは、ホラーサン道、バスラ道、クーファ道、シリア道という幹線道路が伸び、地中海、アラビア半島、西・中央アジア、インド洋の各地につながっていた。そうしたこともあって砦の周辺に多くの民衆が集まり住むようになり、バグダードの円城の周辺は「三万のモスク、一万の公衆浴場」がある人口一五〇万の「産業革命以前の最大の都市」に成長し、ユーラシア経済のセンターになった。しかし、後にモンゴル人の征服により、バグダードは破壊されてしまう。

『千夜一夜物語』で有名な、**アッバース朝の最盛期の第五代カリフ、ハールーン・アッラシード（位七八六 - 八〇九）の時代になると、バグダードはユーラシアの経済センターの地位を不動のものにします。**『千夜一夜物語』には、様々な職業の人々でごったがえすバグダードの情景が描写されていますが、「ハールーン・アッラシードの御名と光栄とが、中央アジアの丘々から北欧の森の奥まで、またマグレブ（北アフリカ）およびアンダルス（イベリア半島）からシナ（中国）、韃靼《だったん》（タタール、遊牧世界）の辺境に至るまで鳴り渡った時代」という記述もなされています。

歴史の読み方

都市の規模は、都市に付属する商業ネットワークの大きさに比例します。バグダードが産業革命以前の最大の都市になった理由は、ユーラシア規模の大商業ネットワークのセンターだったことにあります。

結びつくペルシア湾・インド・中国南部

八世紀後半、都がペルシア湾の奥のバグダードに移されるとインド洋の航路の開発が一挙に進み、ローマ帝国の時代の地中海をしのぐことになります。

モンスーン（季節風、38ページ図）を利用した航路が、東アフリカ沿岸部のスワヒリ地方からモルジブ諸島を経由してインド半島に結びつき、さらに航路が東に延びてベンガル湾、南シナ海、東シナ海が、イスラーム商圏に組みこまれました。**ユーラシア大陸の南縁部の海域が、東西につながった**のです。

ダウという帆船によるイスラーム商人の「大航海時代」が始まり、日本海の約七五・五倍もの広大なインド洋が**イスラームの海に変わりました。**地中海とアジア・東アフリカの大海域が連動する時代の始まりです。インドの米、綿花、サトウキビ、レモンなどの農作物が地中海にもたらされたのも、ダウによる交易が活発化した結果です。

中国への直行航路も拓かれました。唐（六一八－九〇七）の絹、陶磁器は利ザヤが大きく、航海に成功すれば一獲千金も夢ではないという「チャイナ・ドリーム」が、片道一年、往復二年の行程でペルシア湾のバスラ、シーラフなどの港と中国のカンフー（広州）を結ぶ直行航路を定期化させたのです。

歴史の読み方

唐が衰退する七世紀後半は、イスラーム帝国の形成期に当たります。シルクロードが「タラス河畔の戦い」（七五一）で唐を破ったアッバース朝の支配下に移ったこともありますが、ペルシア湾と広州湾をつなぐイスラーム商人の定期航路が開発されたことが商品と文明の大規模な交流を生み出しました。東アジアの海の商業圏は、一貫して南シナ海から拓けていきます。

【黄金の倭国】 唐に渡ったイスラーム商人の情報に基づき、アッバース帝国の役人イブン・フルダーズベは、倭国《わこく》（日本）の存在を知り、「シーンの東にワクワク（倭国の中国語読みに由来）の地がある。この地には豊富な黄金があるので、その住民は飼い犬の鎖や猿の首輪を黄金でつくり、黄金（の糸）で織った衣服を持ってきて売るほどである。またワクワクでは良質の黒檀がとれる」と記している。遣唐使の一行が滞在費として陸奥で産出された砂金を大量に持参したことが長安で評判になり、「黄金の国」倭国の情報が生まれたと考えられる。ワクワク伝説が、後のモンゴル帝国の時代のジパング伝説の前身になっている。

4 イスラーム帝国を乗っ取ったトルコ人

EURASIAN INTEGRATION AND GREAT CROSS-CULTURAL INTERACTION

トルコ人がイスラーム世界の中心になる

アッバース朝で格差が拡大してシーア派の反乱が広がる中で、中央アジアの遊牧トルコ人がイスラーム世界への進出の動きを強め、一一世紀にアッバース朝を〝乗っ取り〟ます。

中央アジアの騎馬遊牧民が、世界史をリードする時代の始まりです。

【人身売買で集められた傭兵】 都市の安逸な生活に浸りきってしまったアラブ人から、武力で大帝国を築き上げた時の気概と実力はとうの昔に失なわれており、遊牧トルコ人に戦争を委ねるようになった。嫌な仕事は、人を雇ってさせればよいという考えが広まるのは、いつの時代も同じである。大草原から素朴で勇敢な遊牧トルコ人の青年をマムルーク（軍事奴隷）として買い集め、アッバース朝の支配層に供給したのは、中央アジアのシルクロード商人だった。強力なパワーを持つ遊牧民の青年が、最も利益の多い商品として、イスラーム帝国に供給されたのである。こうしたトルコ人の進出によって、アッバース朝の空気は一変することになる。

九四六年、カスピ海南岸の山岳地帯から勢力を伸ばしたシーア派は、イランにブワイフ朝（九三二－一〇六二）を建て、やがてバグダードを占領しました（九四六）。弱小勢力出身のブワイフ朝がカリフ（135ページ）を支配するようになると、各地の武装勢力が相互に争い合うようになり、アッバース朝は戦国時代の様相を呈することになります。

そうした中で、トルコ系セルジューク族がスンナ派の擁護者として帝国に進出し、一〇五五年にはバグダードを攻略してブワイフ朝を滅ぼします。その結果、イスラーム帝国はトルコ人の帝国に変わり、中央アジアの大草原の民が、世界史を動かす時代に入ります。

セルジューク朝（一〇三八－一一九四）を起こしたトゥグリル・ベク（位一〇三八－六三）は、カリフから**「スルタン」**（アラビア語で「権力」の意味、王朝の支配者）の称号を得て支配者になり、宗教面を主導するアラブ人のカリフと支配を分け合いました。セルジューク朝が遊牧トルコ人に各地の徴税権を与えたことで、アッバース朝の支配は名目だけで、トルコ人の帝国に姿を変えたのです。

歴史の読み方

トルコ人がイスラーム世界の新たな覇者となり、ユーラシアの各地を結ぶ東西八〇〇〇キロの大草原が世界史の変動のエネルギー源になったことで、ユーラシアの一体化の動きが加速しました。

新興トルコ人は、イスラーム帝国を乗っ取ったにとどまらず、その勢力は周辺の東地中海、アフガニスタン・北インドにまで及びました。一三世紀初頭には、マムルークにより北インドにデリーを都とするイスラーム王朝（奴隷王朝）が樹立されます。トルコ人の北インド支配の波は、征服王朝のムガル帝国（180ページ）に引き継がれることになります。

東地中海ではビザンツ帝国がトルコ人の攻撃で危機に陥り、キリスト教徒が結束してトルコ人と戦う「十字軍」**（152ページ）****が始まります。**このようにトルコ人は、イスラーム帝国周辺の北インド、ビザンツ帝国領にイスラーム世界を拡大していったのです。

「十字軍」からヨーロッパの飛躍が始まる

同じ頃（一〇～一一世紀）、東地中海のエジプトでも、シーア派のファーティマ朝（九〇九－一一七一）が成立したことによりイスラーム勢力の分裂・動揺が広まり、イタリア諸都市がイスラーム教徒から地中海島嶼《とうしょ》部の奪回を始めました。

そうした時期に、先に述べたように小アジアのビザンツ帝国領に対するジハード（聖戦）が進められ、トルコ人が内陸部からビザンツ帝国の領土を蚕食します。

トルコ人は、山道や寒さに強い中央アジアのフタコブラクダを用いて小アジアに進攻。ビザンツ帝国は、存亡の危機に直面することになります。

その進出を自力で抑止できなかったビザンツ皇帝に残された切り札は、西欧のキリスト教世界に支援を求めることでした。

ビザンツ皇帝から援助要請を受けたローマ教皇ウルバヌス二世（位一〇八八－九九）は、野心的な教皇でした。彼は、キリスト教世界での主導権を確立するために要請を受け入れ、ビザンツ帝国への支援を聖地イェルサレムの奪回に切り替えて、イスラーム教徒に対する聖戦を組織します。**「十字軍」**（一〇九六－一二九一）の派遣です。

［武装巡礼だった十字軍］ 十字軍は十字の印しをつけ、イエスの十字架の道行き（受難）を追体験することで自らの罪を償おうとする武装した人々の聖地への巡礼でもあった。兵士たちは、ビザンツ帝国を救って恩を売ろうなどとは考えていなかったのである。十字軍は重装騎兵の一騎打ちで戦ったが、イスラーム側は軽装備の騎兵の集団戦で対抗した。

十字軍は、一〇九五年の「クレルモン公会議」で遠征軍の派遣が決議されて以後、一〇九六年から一二九一年のアッコン陥落まで、数回にわたってキリスト教の軍団によってなされたシリア、パレスチナ、エジプトへの軍事遠征を指します。

第一回十字軍は、イスラーム世界の分裂と混乱、セルジューク朝とエジプトのファーティマ朝の対立を利用してイェルサレムの占領に成功しましたが、イスラーム側が結束を強めた第二回以後は失敗をくり返すことになります。

しかし**十字軍は文明が栄えた先進地域、イスラーム世界への遠征だったため、遠征を通じてイスラームの世界文明が西ヨーロッパ世界に移植されました。**そうした現象を「一二世紀のルネサンス」と呼ぶこともあります。ヨーロッパの文明的飛躍は、十字軍をきっかけとする東西交流から始まったのです。

歴史の読み方

十字軍は、当時の世界文明だったイスラーム文明がヨーロッパ文明に組み込まれる契機になりました。ヨーロッパの国際化の始まりです。

西欧は一一世紀にやっと普通の農業社会になった

十字軍期の西ヨーロッパでは、重量有輪犂《じゅうりょうゆうりんすき》という農具の普及がきっかけになり、**「農業革命」**が起こりました。重い犂《すき》を引くためにウマやウシが新たに農耕に利用されることで広い畑が耕されるようになり、現在につながる西ヨーロッパの農村の景観が現れることになります。高緯度に位置し、寒冷なヨーロッパが、やっとのことで世界史の仲間入りすることができるようになるのです。

【西欧の中世農業革命】 農業革命による変化を要約すると、①従来の木製の無輪犂に代わる鉄製有輪犂（重量有輪犂、ゲルマン犂）の採用による深耕の開始。その結果、粘土質の土壌の深耕が可能になった。②重い鉄製の犂を引くための牛馬の繋駕《けいが》法（つなぎ方）の改良とウシとウマの農耕への利用。③水車・風車による製粉の普及。④三年に一度農地を休ませる三圃制《さんぽせい》の実施。⑤散村から集村への変化、などとなる。

農業革命の結果、それまで播種量《はしゅ》（種をまいた量）の二倍から三倍に過ぎなかったムギの収穫量が、それまでの倍になります。西ヨーロッパは、やっと一一世紀になって年貢がとれる普通の農耕社会に姿を変えたのです。食糧の増産でヨーロッパの人口は、一気に増加します。大規模に原生林が伐採され、畑が生み出されました。**畑をつくるための森林の伐採が、「大開墾運動」です。**

暗い森が後退し、人々の活動の場が広がりますが、そうした動きは一一世紀以降の気候の温暖化により拍車がかけられたとも言われています。一〇〇〇年頃に三六〇〇万人以下とされていたヨーロッパの人口が、一三〇〇年頃になると約八〇〇〇万人に増加したと推測されています。

歴史の読み方

高緯度の寒冷地帯にあるヨーロッパが現在のような農業社会に姿を変えたのは、一一世紀以降のことです。かつての「西洋史」のように、一貫してヨーロッパを世界史の中心に据えるのは無理があります。

【中世都市の成長】一一世紀中頃の中部ヨーロッパ（現在のドイツ）には約四〇の司教都市、約二〇の修道院都市、約六〇の王領都市の計一二〇の都市が形成された。農業生産力の増大が商品経済を成長させ、都市が未成熟だった西ヨーロッパでも、一一世紀頃から次第に農村市場町、中小都市がつくられ、商業が成長をみる。しかし、当時の「道路」（街道の平均幅は三・六メートル、アルプス越えの道路は二・七メートル、山道は一・五メートル）は舗装されておらず、雨や雪解けの後は泥沼のようになった。商人は主に、河川を利用して商品を運んだのである。

大開墾運動により森が後退すると、司教座都市などでは石造りの教会を長い歳月をかけて建造する動きが広がります。一三世紀には、巨大な石材を空に向けて積み上げ、天井の高い巨大なうす暗い空間とステンドグラスからなるゴシック教会が各地に出現しました。深遠な森に代わる信仰の場が、都市に造られたのです。

KEY POINT

世界史がわかる「鍵」

13

一二世紀に革新を果たした西欧

中世の「農業革命」とトルコ人の地中海進出に対抗した「十字軍」により、西欧は経済的・文明的革新を果たした。

5 烈風のモンゴル高原から始まるユーラシア統合の動き

EURASIAN INTEGRATION AND GREAT CROSS-CULTURAL INTERACTION

カリスマ的支配者・チンギスの登場

大乾燥地帯のイスラーム帝国の支配権を奪い取ったトルコ人（150ページ）は、一三世紀になると権力争い、財産相続がからむ内紛で力を弱めました。

そうした時期に、冬の極寒・乾燥・烈風に悩まされ続け、アラビア半島に匹敵する苛酷な自然環境の下にあったモンゴル高原の遊牧民が、ユーラシア統合の新たな動きを引き起こします。苛酷な環境から脱するためのモンゴル人（匈奴）の征服活動は、中華帝国に万里の長城を築かせるほど旺盛だったのですが、一気にそれが強まったのです。

モンゴル人は、イスラーム商人とトルコ人に刺激されてユーラシア進出の意欲を燃やし、**中央アジアの大草原を中心にイスラーム世界と東アジア世界の二大農耕地帯を征服することで、空前絶後の大帝国をつくりあげました。**

モンゴル人の大乾燥地帯進出の動きは、経験に富み、広い視野とカリスマ性を兼ね備えたチンギスというキー・パーソンにより導かれました。指導者の決断とカリスマ性が歴史を大きく転換させることはままあることです。指導者の積極性が社会変化のトレンドと合致すれば、予想だにできないことが起こるものです。

女真人《じょしん》（満州人）の金が支配していたモンゴル高原では、モンゴル人のエネルギーを消耗させる目的で、部族間の対立が煽られていました。

一二〇六年、幼時に父親を毒殺されて苦難の人生を送ってきたテムジンが、幾多の戦闘を勝ち抜いた末、四〇歳を過ぎてからクリルタイ（部族長の「集会」）でハーン（王）としての地位を認められます。

彼は名をチンギス・ハーン（位一二〇六－一二二七）と改め、久方ぶりにモンゴル人の統一を実現します。チンギスは、苦難の人生により鍛えられた練達の指導者として、世界史に姿を現わすのです。

【神の化身チンギス】モンゴル人は神を「永遠の青空」（漢語では蒼天《そうてん》）と呼んだが、「光の神」を意味するチンギスもそれにちなんだ呼び名であり、部族のシャーマン（巫師《ふし》）により与えられた。シャーマンは馬に乗って天に昇り、蒼天の神からチンギスを世界の覇者にするとの言葉を受けたと告げた。権威は、権力を強化する。チンギスは、神に選ばれた者と称することにより、絶対的な支配権を手にしたのである。

チンギスは、戦いをくり返しながら部族を統合。その過程で、伝統的な部族社会を解体し、金の軍事制度に倣《なら》って十進法による人工的部族として再編しました。「千戸制」です。軍団の中核の千戸長はチンギスの腹心の部下であり、チンギスとともに狩猟などを行う側近の近衛軍ケシクティ（「恩寵」の意味）の中から選ばれました。

千戸制により一〇万の騎馬軍団を手足のように操るようになったチンギスは、乾燥と冷温と烈風に苦しむモンゴル高原を再生させる使命を強く自覚していました。一一七〇年代から一二六〇年代にかけて、モンゴル高原は地球の寒冷化がもたらす低温に苦しめられていたのです。チンギスは、シルクロード・草原の道の商業を管理下に置き、商人から税を取りたてることで、経済的困難から脱出しようとします。

歴史の読み方

モンゴル帝国は、千戸制による統制のとれた騎馬軍団とイスラーム商人の地理的・経済的知識が組み合わされ、さらにトルコ人の帝国と中華帝国の衰退というチャンスを生かして形成されました。

【西征のきっかけは「オトラル事件」】 チンギスは、一二一八年、西アジアを支配するトルコ系の新興国ホラズム朝（一〇七七‐一二三一）との通商を促進するために、四五〇人のイスラーム商人からなる通商使節団を派遣する。ところが使節団がオトラルというオアシス都市に入った時に、同地の総督にスパイの嫌疑《けんぎ》をかけられて殺害され、商品が奪われる事件が起こった。それが、チンギスの指導者としての面子《めんつ》を潰《つぶ》したのである。政治的指導者、とくにカリスマ性を売りにする指導者にとって、「面子」は財産である。潰された面子は立つようにしなければならない。それは昔も今も同じである。

一二一八年、オトラル事件が起きたことで、チンギスはホラズム朝との平和共存策を捨て、軍事征服に切り換えざるを得なくなりました。

成り行きとは、恐ろしいものです。やがてチンギスの軍はオトラルを占領して廃墟に変え、チンギスは自らの面子を潰した総督を捕らえると目に溶かした銀を流しこんで殺害します。

余勢をかったモンゴル軍はホラズム朝を滅ぼし、スーパー帝国の土台を築くことになります。しかし、チンギスの人生は、ホラズム朝と東トルキスタン（旧「西域」）の西夏（一〇三八－一二二七）を倒したところで終わりました。スーパー帝国の創業者は、ユーラシアの大部分を支配する壮大な帝国の姿を目にすることなく世を去ったのです。資本主義の現在でも、そうした企業の創業者は沢山います。歴史は、後に続く出来事の累積により評価が定まります。持続するトレンドがつくり出せるかどうかがカギを握るのです。

中華帝国の「宋」が危機に陥った背景

モンゴル帝国が史上類を見ない大帝国にまで成長できた理由は、中華帝国とトルコ人が支配したイスラーム帝国をともに征服、統合したことにあります。

モンゴル帝国の成立をもって世界史の成立とみなす見方もありますが、**ユーラシア帝国形成の動きはイスラーム帝国から始まり、モンゴル帝国の成立によってユーラシアの大部分の地域に及んだと見るとわかりやすい**と思います。その長い過程で、アラブ人、トルコ人、モンゴル人というように担い手が変わったのです。

チンギスが台頭した時期に、西アジアのトルコ人は権力争いの激化で力を弱めており、東アジアでも遊牧勢力の段階的進出で中華世界の動揺が強まっていました。

モンゴル帝国がずば抜けたスーパー帝国になれた理由は、とくに地政学的優位を生かして、中華帝国を飲み込んだことにあります。そこで、中華帝国の衰勢を見ていくことが必要となります。その過程は、以下のようになります。

宋は、約七〇年続いた五代十国時代を終わらせます。しかし宋（九六〇－一二七九）は、モンゴル系のキタイ（契丹《きったん》）人の遼《りょう》（九一六－一一二五）の圧力を受け、次いで東北部の女真人の金《きん》（一一一五－一二三四）の圧力を受けて、ジリジリと北方の領土を奪われ、南の長江流域に中心を移動させました（これが南宋です）。

前期の北宋（九六〇－一一二七）の時代は、見た目には華々しい経済発展の時代です。干ばつに強く、成長が早く収穫量が多い占城《せんじょう》（チャンパー）米がヴェトナム南部から移植され、大量のコメが人口の増加を支えるようになりました。一〇〇〇年頃に六〇〇〇万人だった人口が、一一〇〇年には一億人、一二〇〇年には一億一五〇〇万人へと増加したのです。

江南のコメへの依存が高まったことで、唐《とう》帝国まで西の内陸部に片寄っていた首都が、大運河地帯に移ります。宋《そう》の首都、開封《かいほう》は大運河と黄河の接点に建設されました。開封は四つの運河が街を貫いており、食糧、燃料の石炭などの諸物資が地方から大量に運び込まれる商業都市でもありました。

【世界初の紙幣】 経済規模の急激な拡大は銅不足を招き、内陸部の四川《しせん》では鉄銭が使われるようになった。しかし鉄は重くて持ち運びに不便である。そこで金融業者が鉄銭を預かり、引換券として「交子《こうし》」を発行した。政府がその発行権をとりあげたことで、「交子」は世界初の紙幣となる。

経済の繁栄は、社会を軟弱にしました。社会の中心がコメ地帯に移り、国境を守る兵のなり手が不足します。もともと節度使あがりだった趙匡胤《ちょうきょういん》（太祖《たいそ》、位九六〇－九七六）が「**宋**」を建国すると、唐末以来地方で跋扈《ばっこ》していた節度使をおさえるために精鋭軍を皇帝の軍（禁軍《きんぐん》）として再編し、首都の開封に集めました。

開封には一〇万余の禁軍が駐屯し、人口の一〇人に一人は軍人でした。兵士の家族を加えると、開封の総人口の半分近くが兵士とその家族で占められたと言います。しかし、軍事的だったのは首都だけで、国境の防備はまったく手薄でした。内戦で勝ちあがった趙は、「内」しか見えなかったのです。

【内を優先し外をおろそかにした宋】 節度使という軍閥をおさえるために精鋭軍を首都に集中させる宋の軍事政策は、遊牧民が台頭する時代に明らかに逆行していた。そうした中で契丹（キタイ）人がモンゴル高原に建てた遼（九一六－一一二五）は、五代十国時代に北京・大同《だいどう》付近の、万里の長城よりも南の「燕雲十六州《えんうんじゅうろくしゅう》」を獲得していた。その結果、騎馬遊牧民の軍が常時、万里の長城以南（長城の内側）に駐屯することになる。宋は一〇〇四年以降、遼に毎年、二〇万匹《ひき》の絹・一〇万両の銀を提供し平和を購《あがな》った。国内事情を優先して、平和をお金で買おうとしたのである。

宋の第二代皇帝の太宗《たいそう》（位九七六－九九七）は、唐末以来の貴族層の没落に対応するために、科挙《かきょ》制を実施しました。儒学の経典を修めて選抜試験に合格した文官に権威を与え、行政を委ねたのです（文治主義）。しかし、皇帝の手足となる特権官僚（士大夫《したいふ》）は政治を私物化し、ワイロが日常茶飯になる社会を成長させていきます。天帝と天子につながる特権層と民衆の間に大きな溝が広がってしまいます。

歴史の読み方

科挙の実施は外戚《がいせき》、宦官《かんがん》、家柄、縁故《えんこ》などによる人材の登用から、試験による官僚の登用に切り替えたという点では一定の進歩でしたが、官僚の特権が儒学の修得により合理化され、ワイロ政治が長期持続することになります。

【官僚の特権を打破できなかった王安石】 軍事費の膨張、遼への進貢《しんこう》の負担、行政費の増加で破綻状態に陥った財政を再建するために、第六代皇帝、神宗《しんそう》（位一〇六七－八五）は王安石《おうあんせき》（一〇二一－八六）を登用した。宰相に抜擢された王安石は、小農民への低利融資の青苗法《せいびょうほう》、中小商人を支援する市易法《しえきほう》などによる庶民の負担の軽減を図る改革（新法《しんぽう》）に乗り出すが、特権維持に汲々《きゅうきゅう》とする保守官僚（旧法党《きゅうほうとう》）の反対により失敗に終わった。地域と時代を超えて、支配層の視野の狭さと私欲の追求は国を滅ぼすことになる。

失われた中華民族の誇り

宋は一一二五年になると、遼の支配下から自立した満州の女真人《じょしん》が建てた金《きん》と協力して遼を滅ぼしますが、その後、間もなく金軍により皇帝・皇族・貴族が北方に連行される「靖康《せいこう》の変《へん》」（一一二六－二七）で宋が滅亡。開封を含む淮河《わいが》以北の土地は、金に占領されます。南の江南に逃れた宋の最後の皇帝の九男、高宗《こうそう》は「南宋《なんそう》」（一一二七－一一七九）を創建（都は臨安〈杭州〉）。南宋は、一一四二年の和約で金の淮河以北の領有を認め、**自ら金の臣下に成り下がり**ます（171ページ図）。

【「愛国者」と「売国奴」】「民族」の存亡の危機に際して、宋の軍事的実力を顧みず闇雲に勇ましく金と戦うことを主張した将軍が岳飛《がくひ》であり、勝ち目のない戦は滅亡につながるとして和約を主張した現実路線の宰相が秦檜《しんかい》だった。ナショナリズムはただただ勇ましい人物を好むようで、岳飛は民族の英雄になり、結果的に南宋を救った秦檜は「売国奴」として卑しめられた。かつての南宋の首都、杭州《こうしゅう》（当時は臨安《りんあん》）は西湖《せいこ》という景勝の地で有名だが、その湖畔の廟《びょう》には大仏のように巨大な岳飛の塑像《そぞう》が祭られており、目立たない片隅に鎖につながれ跪《ひざまず》いた秦檜の像が置かれており、ナショナリズム高揚のための施設になっている。歴史の評価には、こうした政治的なものが多いので注意する必要がある。

金との間の屈辱的な和約で南宋は辛くも存続しますが、金の臣下として扱われ中華民族のプライドはボロボロに傷つけられました。中華帝国と北方遊牧民の関係が逆転し、農耕民が完全に従属する状態になったのです。金が淮河以北の広大なムギ作地帯を占領したことで、一〇〇万人以上の難民が江南に逃れ、中国の経済の中心が完全に江南のコメ地帯に移りました。危機的状態の下で、中華帝国はコメ帝国に変貌をとげたのです。

南宋の沿海地域では海外貿易が進み、大型外洋船「ジャンク」が建造されて東南アジア、インド周辺海域での商業が盛んになりました。南宋の商人は南インドにまで進出し、イスラーム商人の商業圏と共存するアジアの「第二の大航海時代」を生み出します。

磁器（china）が、絹に代わり中国の代表的な輸出商品となり、銅銭とともに海外に輸出されました。銅銭は、日本を含む東アジアから東南アジアで通貨として使われるようになります。南宋は、国家収入の二割を対外貿易で捻出しました。

一二三四年に金を滅ぼしたモンゴル帝国は、圧倒的な軍事力により一二七九年、南宋を征服し、完全に全中国を飲み込んでしまいました。その結果、本格的なスーパー帝国が出現することになります。

歴史の読み方

江南のコメ地帯が中心になることで、それまで遊牧民との戦争を優先させてきた帝国の軍事体制が崩れたことが、北方の遊牧民に中華帝国が征服され続ける大きな原因になりました。

KEY POINT
世界史がわかる「鍵」
14

中華世界の弱体化で世界帝国が出現

中華世界では宋代に江南の比重が一挙に高まり経済が成長。文官が統括する官僚国家に移行した反動で、騎馬遊牧民の進出を許した。モンゴル帝国は、イスラーム帝国に加えて中華帝国を統合することでスーパー帝国になる。

大草原から離れなかったモンゴル人

軽い革の鎧《よろい》を身にまとい、弓・剣で武装した騎兵が集団的に戦うモンゴル人の勇猛さは、ユーラシア世界を震撼《しんかん》させました。戦闘が積み重ねられる中で、モンゴル帝国の支配領域は急速に拡大します。そうした大領域を結ぶ要は、もちろんモンゴル高原を中心とする中央アジアの大草原でした。

モンゴルの二〇万人の騎馬軍団を支える六〇万頭のウマが帝国の原動力になりましたが、それほど多くのウマを飼える牧場は中華帝国にもイスラーム帝国にもありませんでした。結局、ウマはモンゴル高原で飼われ続けます。**モンゴル高原が、一時的に中華世界、イスラーム世界、ロシア、ヨーロッパをつなげる要となり、世界史を動かすことになります。**

第二代大ハーンのオゴタイ・ハーン（位一二二九－四一）はモンゴル高原に首都カラコ

ルムを建設し、バトゥ（一二〇七－五五）を派遣してロシアのキエフ公国（九－一三世紀）を征服させました。その後、バトゥはポーランドに侵入して「ワールシュタットの戦い」（リーグニッツの戦い、一二四一年）でドイツ・ポーランド諸侯連合軍を破ります。オゴタイはまた、中国の北半部を支配していた金を、一二三四年に征服しました。

【バグダードの壊滅と時代の転換】 第四代大ハーンのモンケ・ハーン（位一二五一－五九）の時期には、弟のフラグが指揮する一〇万人のモンゴル騎馬軍団が西アジアの大農耕地帯を支配するアッバース朝を滅ぼし、カリフと三人の子供を革袋に入れて馬に踏み殺させ、バグダードを徹底的に略奪・破壊した。アラブの歴史家はバグダード陥落に至る過程で八〇万人が殺害されたと記しており、フラグ自身もフランスのルイ九世（位一二二六－七〇）宛の書簡で、二〇万人を殺害したと述べている。イスラームの時代からモンゴルの時代への転換は、膨大な犠牲者を生み出した。

イスラームの時代からモンゴルの時代へ

このようにして、モンゴル人の騎馬軍団は、イスラーム帝国がユーラシアの秩序の中心になる時代（「パックス・イスラミカ」の時代）を終わらせ、**「パックス・モンゴリカ」**の時代に転換させました。

第五代大ハーンのフビライ（位一二六〇－九四）は、一二七九年、辛くも余命を保っていた南宋を滅ぼし、中華世界全体を**「元《げん》」**（一二七一－一三六八）としてモンゴル帝国に組み入れます。

フビライはモンゴル高原から中国への入り口に帝都の大都《だいと》（トルコ語でカンバリク、現在の北京）を築き、**色目人《しきもくじん》（主にイスラーム教徒の商人）の助けを得て、漢人《かんじん》（金の支配地の住民）、南人《なんじん》（南宋の支配地の住民）を高圧的に支配**しました。

しかし、遊牧を続けて経済的に恵まれなかった草原の三ハーン国（オゴタイ・ハーン国、チャガタイ・ハーン国、キプチャク・ハーン国）は、連合してフビライ・ハーンの即位に反対します。それが、約四〇年間続く「ハイドゥの乱」（一二六六－一三〇一）です。この反乱は、帝国内部の農耕地帯と遊牧地帯の格差が引き起こした紛争でしたが、それがモンゴル帝国が内部から崩壊する大きな要因になります。

歴史の読み方

巨大な商業都市バグダードのネットワークが組み替えられることで、「パックス・イスラミカ」の時代が「パックス・モンゴリカ」の時代に変わりました。グローバリズムという世界経済システムの大転換は、現在違うかたちで進行中です。

陸と海を連動させたモンゴル経済

「草原の道」と「海の道」を結びつける**「ユーラシアの円環ネットワーク」**を支配したモンゴル帝国は、大ネットワークの維持に欠かせない、商人、ラクダ使い、職人、通訳などを優遇して大商圏の拡充に努めました。

モンゴル人は、砂漠、草原を含むユーラシアの広い領域で駅伝制を整備し、それを世界帝国の既存の道路網に結びつけ、馬・ロバ・ラクダ・食糧・飲料水などを商人に提供しました。またモンゴル政府は、「パイザ」（牌子）と呼ばれる金製・銀製・木製の通行証を発行し、それを携行する者には帝国のどこにおいても宿泊の便宜を図りました。

【銀をユーラシアで循環させたフビライ】 元を建国したフビライは「交鈔《こうしょう》」という紙幣を流通させて銀を回収するだけでなく、国庫収入の八割を占める塩の専売でも銀を介在させる塩引《えんいん》制度を実施した。つまり儲けの多い塩を政府から購入しようとする商人は、銀で「塩引」という手形を購入することを求められたのである。フビライは集めた膨大な銀を部下や一族のモンゴル人に下賜《かし》。銀はイスラーム商人からの物資の購入に当てられた。当時、経済規模が急激に膨張したイスラーム社会は深刻な銀不足に悩まされていたが、中国の銀が循環することで通貨不足がいくぶん解消されたのである。

西のイル・ハーン国（一二五八－一三五三）の都は、「草原の道」に沿ったカスピ海の西のタブリーズ、東の元の都はモンゴル高原から中国への入り口に位置する大都（現在の北京）に定められ、この二つの大都市を中心にしてユーラシアの商業路が「草原の道」を幹線として再編されました。

■13世紀に出現したモンゴル人のスーパー帝国

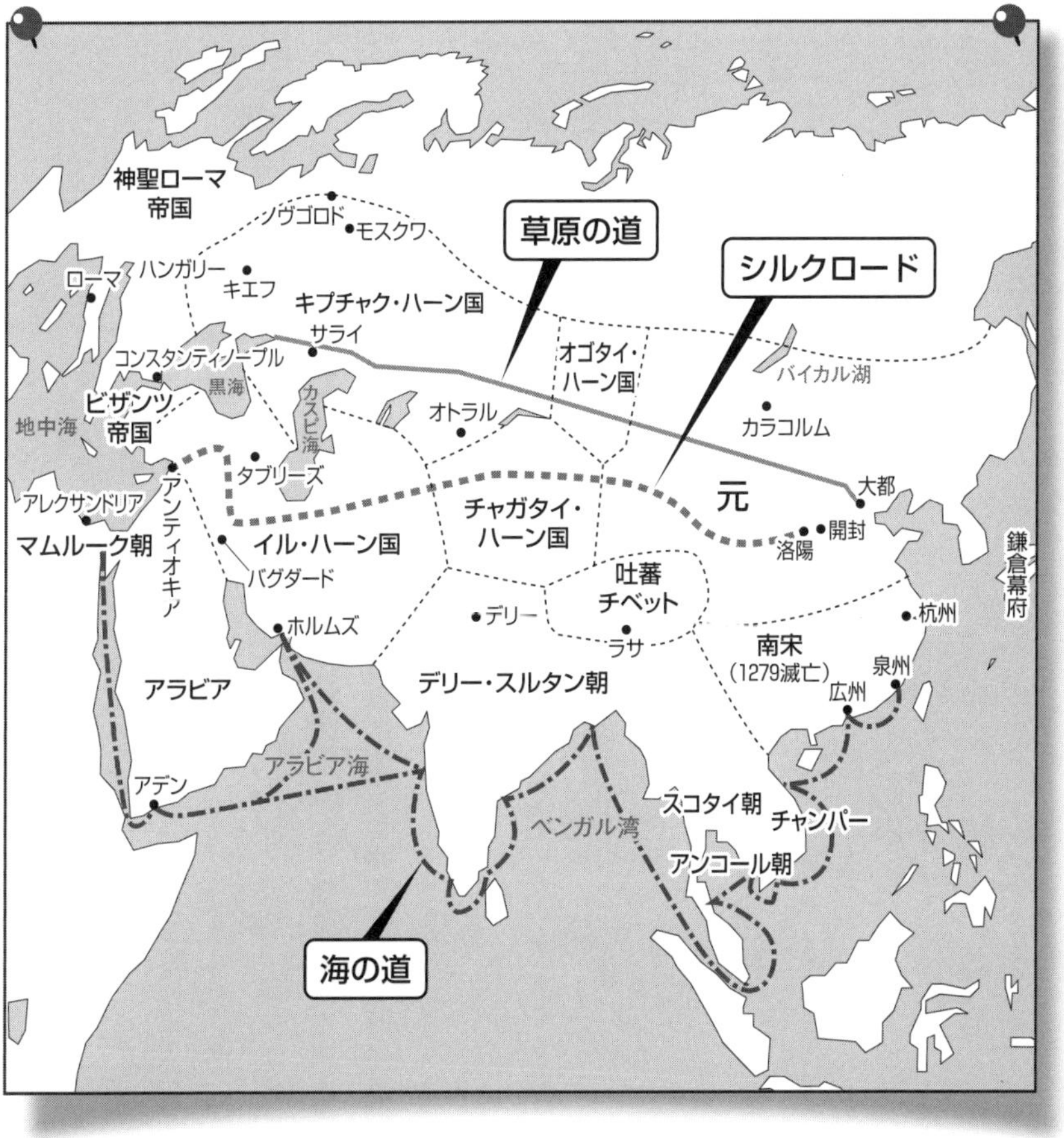

諸国の船が自由に往来する「海の道」の拠点は、ペルシア湾口の港ホルムズと台湾海峡に面した福建《ふっけん》の泉州《せんしゅう》になり、ユーラシアの陸と海のネットワークが相互に結びついて成長をとげました。

歴史の読み方

元とイル・ハーン国は、銀により結びつくユーラシア規模の商業圏（円環ネットワーク）をつくり上げましたが、帝国の倒壊により短期間しか続きませんでした。

モンゴル帝国の陸・海の大商業ネットワークは、中国・イスラーム世界・ヨーロッパの文明交流をいまだかつてないほどに大規模化しました。距離的に遠く隔たっているためになじみが浅かった**中国文明が、幅広く地中海・ヨーロッパに伝えられ、それが刺激になってヨーロッパ文明は一段の成長をとげます。**

東西交流が終わらせた遊牧民の時代

皮肉にも「遊牧民の爆発の時代」を終了させたのが、モンゴル帝国の大領域を舞台に行われた東西文明の大交流でした。宋の火薬・羅針盤・活版印刷術が、ヨーロッパ社会の飛躍をもたらします。

火薬の西伝が鉄砲、大砲の発明、普及をもたらして農耕民の軍事力を強め、遊牧民の覇権の時代を終わらせました。また羅針盤がヨーロッパの海の時代につながり、活版印刷術が知的勃興につながります。なんとも皮肉な話ではないでしょうか。

【不老不死の薬と火薬】 道教の錬丹術《れんたんじゅつ》書が、「火薬の君は硝石《しょうせき》であり、硫黄《いおう》と木炭は臣下である」と述べているように、硝石・硫黄・木炭を調合する黒色火薬の主原料は、硝石（硝酸カリウム、saltpeter）だった。不老不死の薬をつくろうとする試行錯誤の中で、硝石は中国で発見された。爆発とは、急激な燃焼を指す。硝石が、一定以上の割合で硫黄、木炭と混合されると、爆発を起こした。例えば、硝石の比率が四分の三を占めると、火薬は急激な燃焼によりおおよそ三〇〇〇倍の体積の気体となった。それが爆発である。爆発に決定的な役割を果たす硝石は、砂漠などの乾燥地帯の岩石、土壌の表面から得られた。硝石は、ペルシア語では「中国の塩」、アラビア語では「中国の雪」と呼ばれたことからもわかるように、中国で発見されたのである。

火薬の製法は、一三世紀中頃までにヨーロッパに伝えられたとも、チンギス・ハーンの孫のバトゥ軍がロシアに遠征し、ハンガリーを経てポーランドに進攻した時に伝えられたとも、十字軍の遠征の際にイスラーム世界から伝えられたとも言い伝えられています。

火薬を使う大砲はヨーロッパで急速に広まり、重装備の騎士による個人戦という中世ヨーロッパの戦闘法が大きく変化して、騎士が没落しました。織田信長が鉄砲隊を組織して、戦国時代の戦争の仕方を一変させたことに類似しています。

ヨーロッパ人は、東方からもたらされた火薬を活用し、鉄砲、大砲に改良を加えます。一四世紀初め、薄い鉄板を円筒形にしたり、鍛鉄《たんてつ》を樽《たる》のように束ねて鉄のタガで固めたりした不格好な大砲がつくられ、石などが砲弾として発射されました。無骨な大砲は耐久性に欠け、発射中に砲身が破裂するような事件がたびたび起こったため、最初はあまり役に立ちませんでした。命中率も極めて低く、せいぜい敵を驚かせるくらいの力しかなかったのです。しかし一五世紀になると、割れにくい青銅や黄銅で大砲が大量に鋳造されるようになり、砲弾も石の約三倍もの威力がある鋳鉄製に変わりました。

フランス王シャルル八世（位一四八三－九八）の時代には、大砲を台車に乗せて移動させる砲兵隊が誕生します。大砲が、戦争の主役の座についたのです。やがて、大砲を小型化した鉄砲も登場。大砲、鉄砲という火器が、遊牧民によるユーラシア帝国の時代を終わらせることになります。

歴史の読み方

モンゴル帝国の時代の大規模な文明交流により火薬が西伝し、鉄砲、大砲が普及することで遊牧民の時代が終焉。羅針盤がヨーロッパに伝えられて大航海時代が始まることになります。ＩＴ技術などもそうですが、世界を根底から変える技術には乗り遅れないことが肝要です。

第5章

再編されていく ユーラシア

THE TRANSFORMATION OF EURASIA

1 挫折に終わったユーラシア帝国の再統一

THE TRANSFORMATION OF EURASIA

スーパー帝国の空中分解

モンゴル帝国はユーラシアの広域秩序をつくり上げたものの、一五〇年ほどで分裂、崩壊してしまいます。元は「紅巾《こうきん》の乱」で衰退し、イル・ハーン国はイスラーム化し、キプチャク・ハーン国はロシア人に滅ぼされ、草原のオゴタイ・ハーン国、チャガタイ・ハーン国は分裂していきます。「小さな世界」は、スーパー帝国が空中分解すると、各地で伝統的な帝国が再編される方向に進みました。

大航海時代以降、「小さな世界」に大西洋を中心とするパワフルな「大きな世界」が加わりますが、「小さな世界」では伝統社会が変形しながら根強く残り、「大きな世界」とのせめぎ合いを続けることになります。現在も、それは継続中です。

【中華思想と勘合貿易】 モンゴル帝国の崩壊期には、新たなスーパー帝国を出現させようとする動きと各地に帝国を再建しようとする動きが交錯していたが、元を倒した「明《みん》」が海禁政策をとって民間商人の海外貿易を禁止。モンゴル商圏で勢いを強めていた中国商人がユーラシアの広域経済圏から離脱することで、ユーラシア経済は停滞してしまう。明は、政治主導の朝貢《ちょうこう》貿易（勘《かん》合《ごう》貿易）で、伝統的な中華秩序（華夷《かい》秩序）に戻る。明が離脱することで、ユーラシアの一体化のトレンドが崩れ去ったのである。

崩壊したモンゴル帝国復興運動の「核」になったのが、シルクロードの中心でもある西トルキスタン（ソグド地方）に建てられたトルコ系の**「ティムール帝国」**（一三七〇－一五〇七）でした。しかしティムールは中央・西アジアの統合に手間取ってしまい、明への遠征を決意した時には、すでに老いと病いに身体が蝕《むしば》まれていました。

それでも一四〇四年、病を押して二〇万人の軍勢を率いて明に向かいますが、すでに偉業をなしとげるタイミングは失われていました。ティムールは自らの帝国領を出ないうちに、熱病で世を去ります。モンゴル帝国再建の試みは、あっけない幕切れとなったのです。

歴史の読み方

ユーラシア規模の大商業圏の崩壊の決定打が、明の海禁と朝貢貿易への復帰でした。政治の介入・突出は、現在でも経済に変調をきたします。

【運を逃したティムール】 人生は有限であり、運が八割とも言われる。ローマ神話の「運」の女神フォルトゥナ（英語のfortuneの語源）は、チャンスは後からはつかめないことを表すために前髪しかないとされるが、ティムールも前髪をつかみそこなったのである。そのように考えると、「いつかそのうち」はやらないことと同義になる。

ティムールの死後、ユーラシア世界の分裂は決定的となり、東地中海のオスマン帝国、イラン高原のサファヴィー朝、インドのムガル帝国と東アジアの明帝国の四大帝国が分立することになりました。

KEY POINT
世界史がわかる「鍵」
15

世界帝国の時代から並立時代へ

モンゴル帝国の崩壊後、ティムールの死で挫折した帝国再建の夢は、明が海禁によりユーラシア経済から離脱したことで完全に崩れ、帝国が並立する時代に戻った。その間にヨーロッパが、宗教改革、大航海時代により「大きな世界」を出現させる。

中央アジアを二分する清とロシア

ユーラシアの歴史を動かしてきた大乾燥地帯では、トルコ人が東地中海・西アジアの「オスマン帝国」とインド半島の「ムガル帝国」を建てます。アラブ人はトルコ人のオスマン帝国の支配下に置かれました。**大乾燥地帯では、トルコ人が優位を維持した**のです。

他方、中華帝国は、モンゴル人を内に抱え込んだ「清《しん》」(一六一六-一九一二)の時代に、中華帝国拡張の障害になっていたチベット、タリム盆地、内モンゴルを支配下に組み入れ、初めてユーラシアと結びつく大勢力に変わります。ある面では清が、モンゴル帝国の遺産を引き継いだとも言えます。

同じように遊牧トルコ人を「コサック」と呼ばれる武装集団として抱え込んだロシア帝国も、カザフ草原、西トルキスタンなどの中央アジア西部を支配しました。つまり清とロシアの二大帝国が、モンゴル人、トルコ人を圧倒して中央アジアを東・西に二分することになったのです。ロシアは基本的にはヨーロッパの国ではなくアジアの帝国です。

歴史の読み方

一九世紀後半から二〇世紀初頭の国際政治の主要なプレイヤーになるのはロシア、清(中国)、オスマンの三大勢力で、それと対抗するのがヨーロッパのイギリス、ドイツという新興勢力です。現在でも、ロシア、中国、中東は色々な面で、国際政治のカギを握り続けています。

2 大きく二つに分裂したイスラーム世界

THE TRANSFORMATION OF EURASIA

インドでよみがえった「モンゴル」帝国

ティムールの野望がついえた後、イスラーム世界は大きくトルコ人とイラン人の主導下に置かれました。ティムール帝国（177ページ）を引き継いだのが、**北インドで再建されたトルコ系の〝モンゴル帝国〟**です。ティムール帝国が滅亡した際に、アフガニスタンに逃れたティムールの直系で、母はチンギス・ハーンの血を引くというトルコ人のバーブル（一四八三－一五三〇）が、北インドに攻め込んで同地の覇権を握り、一五二六年、デリーを首都とする**「ムガル帝国」**（一五二六－一八五八）を建てました。バーブルは、数の上では数十倍のインド軍をデリーの北で打ち破ったのです。

「ムガル」は、「モンゴル」が訛《なま》った呼び名です。モンゴル帝国の再興を図ったティムールの壮大な野望のなれの果てと言えます。ところがインドは多神教のヒンドゥー教世界であり、外部から侵入した一神教のイスラーム教徒が安定した帝国を築き上げることは至難の業《わざ》でした。ムガル帝国をインドに根づかせたのが、一三歳で即位した第三代のアクバル（位一五五六－一六〇五）です。アクバルは、不信仰税（ジズヤ）を廃止するとともにヒンドゥー教徒の有力勢力との和解に努め、中央集権体制を確立しました。

アクバル帝以後の約一五〇年間、ムガル帝国の統治は安定しましたが、第六代アウラングゼーブ（位一六五八－一七〇七）が全インドの支配をめざして、デカン高原以南に対する大々的な征服戦争を行い、ジズヤを復活させるなど厳格なイスラーム化政策をとったことで、一挙に帝国は分裂の方向に向かいました。苛酷な税の負担とヒンドゥー教差別への不満が広がり、各地のヒンドゥー教徒が離反したのです。内戦が広がり、戦国時代のような様相を呈するようになります。

そうした中で、イギリスとフランスの東インド会社は、インド人傭兵（セポイ）を利用する軍事集団を組織し勢力を伸ばします。一九世紀初頭になると、フランスに競り勝ったイギリス東インド会社が、インドの実質的植民地化を進めました。

歴史の読み方

ムガル帝国はトルコ人による軍事征服王朝で、一神教のイスラーム教徒が水と油の多神教信仰のヒンドゥー教徒を支配しました。不安定な社会状態をつかれてイギリスにより植民地化されますが、第二次大戦後に、インド、パキスタン、バングラデシュに分離します。

イラン人と結びつくシーア派

ティムール帝国の衰退期に、修行によりアッラーとの合一が可能だとする神秘主義教団(サファヴィー教団)の指導者イスマイールは、空白地帯となった日本の約四倍の面積を有するイラン高原に進出して**「サファヴィー朝」**(一五〇一-一七三六)を興《おこ》します。

イスマイール一世(位一五〇一-一五二四)は、「シャー」(ペルシア語で「王」の意味)と名乗り、かつてのイル・ハーン国の首都、カスピ海西岸のタブリーズを都にし、シーア派を国教にすることでペルシア人をまとめました(185ページ図)。

サファヴィー朝はシーア派信仰により、スンナ派のオスマン朝と対抗します。イラン人とシーア派の結びつきは、サファヴィー朝の下で強固になりました。

一七歳で即位した第五代シャーのアッバース一世(位一五八七-一六二九)の内政改革により、サファヴィー朝は繁栄期を迎え、テヘランの南のイスファハーンは、「世界の半分」と呼ばれるほどに繁栄します。美しいモスクや宮殿に囲まれたイマーム広場は、イスラーム芸術を代表する華麗な世界遺産です。しかし、アッバース一世の死後、オスマン朝にイラクを奪われ、一八世紀以降、サファヴィー朝は衰退していきます。

東地中海に広がったオスマン朝

モンゴル帝国の時代、小アジアでは、トルコ人のカージー（戦士）集団が、オスマン一世（位一二九九－一三二六）をかつぎ出し**「オスマン朝」**（一三世紀末－一九二二）を創建しました。

イスラーム世界とビザンツ帝国の辺境に位置するトルコ半島東部から勢力を伸ばしたオスマン帝国は、東方にティムール帝国という強敵が存在したため、もっぱら弱体化していたビザンツ帝国を蚕食《さんしょく》し、勢力を「西」に伸ばしました。

西に顔を向けたオスマン朝ですが、東方のイスラーム世界からウラマー（学者）を招いて官僚に登用し、**イスラーム法に基づく普遍国家をめざしました。**オスマン朝はイスラーム法に、より所を求めたのです。

【コンスタンティノープルの陥落】一四五三年四月、オスマン朝は、一〇万人を超える軍、三五〇隻の軍船、長さ八メートル、重さ一七トンもある巨大な大砲（ウルバンの巨砲）七〇門を動員し、ビザンツ帝国の堅固に防衛された首都、コンスタンティノープルに対して総攻撃をしかけた。五〇日あまりの攻防の結果、アジアとヨーロッパを結ぶ大商業都市コンスタンティノープルは陥落。一〇〇〇年以上続いたビザンツ帝国はあえなく滅亡した。オスマン帝国は、アジアとヨーロッパ、黒海と東地中海を結ぶ歴史的大商業都市コンスタンティノープル（イスタンブルと改称）を破壊せずに保存して帝都とし、東地中海・黒海の商業圏を支配下に収めたのである。

一六世紀前半のオスマン帝国最盛期のスルタンのスレイマン一世（位一五二〇－六六）は、ハンガリー、北アフリカのチュニジア、アルジェリアを支配下に組み入れ、帝国の支配領域は、イラク地方、アラビア半島、小アジア（アナトリア）、バルカン半島、アフリカ北岸にまで及びました。三大陸にまたがる大帝国となったのです。その領域は、かつてのアッバース朝の支配領域からイラン、西トルキスタンを除き、バルカン半島、小アジアを加えたもので、**最盛期のイスラーム帝国に匹敵する大帝国**でした。

スレイマン一世は最強の常備軍イェニチェリを整え、「三つの大陸と二つの海の支配者」として力を誇示します。歴史地図で見ると帝国の領域は、地中海・黒海・カスピ海・紅海・ペルシア湾の五つの海に接しており、オスマン帝国が大商業圏と結びついていたことが理解できます。

歴史の読み方

ローマ帝国とイスラーム帝国を統合して引き継いだオスマン帝国は、少数のトルコ人が、アラブ人、スラブ人などをイスラーム教とトルコ語で統合する国際色の強い帝国でした。それゆえ、崩壊後が大変です。

■東地中海を飲み込んだトルコ人の帝国

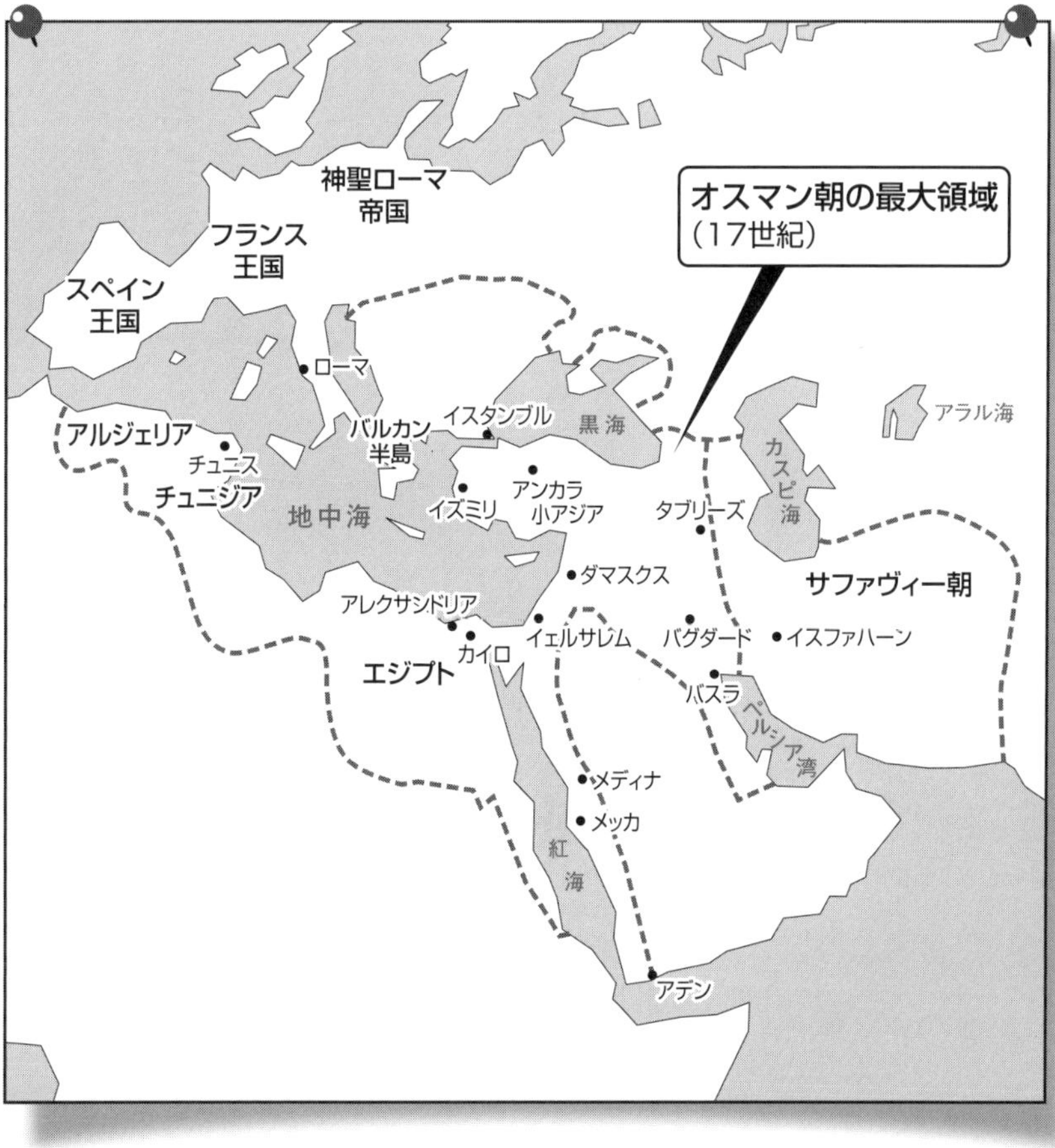

【オスマン帝国を支えたキリスト教徒】 オスマン帝国ではトルコ人が富裕化するとともに軍事力を低下させ、キリスト教世界を利用した権力強化が図られた。エジプトの支配がトルコ系の傭兵マムルークに委ねられたのに対し、帝国の中心部ではバルカン半島の貧しいキリスト教徒の子弟（スラブ人）がイスラーム教育をほどこされた後、官僚・兵士（イェニチェリ、「新しい軍隊」の意味）としてオスマン帝国を支えた。かつてイスラーム帝国を支えた騎馬遊牧民が農耕民の子弟に変わったのは、鉄砲、大砲が新たな軍事力となったためだった。スルタンがとりたててくれたことに感謝し、バルカン半島出身の兵士はスルタンのために献身的に戦ったのである。

3 史上最大の中華帝国、清の誕生

THE TRANSFORMATION OF EURASIA

中華秩序を復活させ、世界史から後退した「明」

中華世界では、明が伝統的な支配体制を回復し、次の清の下で青海、チベット、内モンゴル、東トルキスタン（西域）を征服して史上最大の中華帝国になりました。

モンゴル人支配の打倒と世直しを求めた紅巾《こうきん》軍（「紅」は、漢人のシンボル・カラー）から身を起こした貧農出身の朱元璋《しゅげんしょう》（太祖《たいそ》、洪武帝《こうぶてい》　位一三六八－九八）が、南京を拠点に**「明《みん》」**（一三六八－一六四四）を建国。「胡風」（遊牧民風の異文化）を排除するというスローガンの下に伝統的な農業帝国を復活させます。

彼は衛所制《えいしょせい》により農民を兵として動員し、六部の官吏を皇帝に直属させる皇帝独裁体制を固めました。また地方では、一〇戸の富農が一〇〇戸の農民を統制する里甲制《りこうせい》により農民を上から組織し直し、混乱を克服します。しかし、皇帝独裁と科挙による官僚制は、腐敗と縁故主義の温床となり、旧態依然《きゅうたいいぜん》とした社会が蘇っただけでした。

明は保守的な中華思想に基づき、各地の首長の使節団が明の皇帝の徳を慕ってご機嫌うかがいに訪れ、それに対して皇帝が十分な下賜を行う勘合貿易という、**政治支配を優先させる朝貢貿易で東アジア世界の再編を図った**のです。そのため、モンゴル帝国の時代にユーラシアの海の商業の一翼を担った中国商人は、世界史の舞台から後退してしまいます。

第三代の永楽帝《えいらくてい》（位一四〇二－二四）は、モンゴル人との戦いを重視して、モンゴル高原の入口の北京に遷都し、北京、南京を軸に中華帝国を再建しました。沿海部の要所には「衛所」を設けて、軍隊により「海禁」（海外渡航と貿易の禁止）を徹底させます。明が、モンゴル帝国滅亡後のユーラシアの海域を一変させたと言っても、過言ではないと思います。

朝貢体制を世界化しようとした鄭和の遠征

一六世紀半ばまでは、ユーラシア規模の商業を背景に、中国が世界最大の造船国でした。外洋船ジャンクの活発な行動により、海洋（オーシャン）帝国に脱皮できる可能性を持っていたのです。そうした状況は、永楽帝がインド洋に派遣した二〇〇隻の艦船、約二万七〇〇〇人余の乗組員からなる鄭和《ていわ》（一三七一－一四三四頃）指揮下の大艦隊の七回（永楽帝の下では六回）の壮大な航海により明らかになります。

鄭和艦隊は、マラッカ海峡に面した港マラッカとスマトラ島の港サムドラ・パセーに倉庫を設置した外は遠征基地も城塞もつくらず、従来の交易路を利用して航海しました。明は、官営貿易で香木・香料・薬材を輸入し、僻遠《へきえん》の地から朝貢使節を招致して朝貢貿易を六〇カ国に拡大します。要は朝貢体制を世界化しようとしただけだったのです。

明と周辺一五カ国の首長との間には、安定した朝貢貿易（勘合貿易）の体制が整えられました。

足利義満《あしかがよしみつ》も、明の皇帝から「日本国王」の巨大な黄金の印を与えられて、冊封《さくほう》体制（中国が周辺国の君主と君臣関係を結ぶ外交手法）の中に組み込まれます。義満は明の使節を歓待するための金閣寺を造り、首尾よく勘合貿易の許可を得たのです。

史上最大の中華帝国「清」が誕生

明が、一六四四年、「李自成《りじせい》（一六〇六－四五）の乱」という大農民反乱で滅亡すると、東北地方を統一し朝鮮・内モンゴルを服属させていた女真《じょしん》人が中国に侵入し、**「清《しん》」**（一六四四－一九一二）を樹立します。

清は、創業者のヌルハチ（位一六一六－二六）が創設した「八旗《はっき》」（八つに分けられた軍事・行政を一体化した組織）で中国を軍事征服すると、**辮髪《べんぱつ》（頭髪を一部残して剃り、その髪を伸ばして三つ編みにした女真人の髪型）を強要して「中国の女真化」**を図りました。

清は、「文字《もんじ》の獄《ごく》」と呼ばれる思想弾圧をくり返し、官僚・知識人を威圧します。他方で主要な行政ポストを偶数定員にして漢人と満人をともに採用し、漢人支配層の懐柔《かいじゅう》を図りました。

こうした清の中国支配は、康熙帝《こうきてい》（位一六六一－一七二二）、雍正帝《ようせいてい》（位一七二二－三五）、乾隆帝《けんりゅうてい》（位一七三五－九五）の三代一三〇年間に定着していきます。この時期に清は、かつて中華帝国の領域には含まれなかった台湾、チベット、内モンゴル、青海、東トルキスタン（かつての西域、新疆《しんきょう》）などを軍事征服して中央アジアの東半部を支配下に置き、やがて西半部を支配するロシア帝国との間で、中央アジアを二分します。**史上最大の「中華帝国」となった清の大領域は、現在の中華人民共和国にそのまま継承されています。**

歴史の読み方

清の領域は、そのまま中華人民共和国に引き継がれています。軍事征服により形成された多民族からなる帝国を近代的な国民国家として果たして組み立て直せるのかどうか。システムの改編が、現在の中華人民共和国の最大の試練です。

【ラマ教の最大限の利用】 清朝はモンゴル人が帰依していたチベットの「ラマ教」を国家宗教として取り入れ、ラマ教を通じてモンゴル人を巧みにコントロールした。その結果、長年、中国社会を遊牧民の侵攻から守ってきた「万里の長城」は、無用の長物と化すことになる。

清は、女真人の出身地の東北と中国では中国の伝統的な統治システムを継承しましたが、モンゴル・チベット・東トルキスタンなどの各地域では、理藩院《りはんいん》という役所が部族制を利用して支配を行いました。一種の連邦制です。また朝鮮・琉球・ヴェトナム・タイ・ビルマを従属国として支配していました。

4 「大きな世界」の準備に向かうヨーロッパ

THE TRANSFORMATION OF EURASIA

ユーラシア西岸の海域が発展し大西洋が拓かれる

ユーラシアを一体化させたモンゴル帝国の下で、辺境のヨーロッパでは地中海とバルト海がユーラシアの大商業圏と接することになります（197ページ図）。

ヴェネツィアやジェノヴァなどイタリア諸都市による海運の勃興《ぼっこう》は有名ですが、北のバルト海でも「東方植民」により南縁部にドイツ人の移住が進み、モンゴル帝国支配下にあったロシアとの毛皮交易、塩漬ニシン、穀物などの地中海との交易が進み、ブリテン島（イギリス）の羊毛を利用したフランドル地方の毛織物なども流れ込みました。

そうした中で、地中海とフランドル地方、北海、バルト海を結ぶ新たな「ユーラシア西岸回廊海域」が成長し、大西洋に進出する「大航海時代」の土台が築かれました。

とくに、モンゴル帝国の下で中国の羅針盤が伝えられ、陸地を目標とせずに大海原を航海できるようになったことが大きな変革をもたらしました。やがてユーラシア西岸の回廊海域はアフリカ西岸の海域と結びつき、「大航海時代」が始まることになります。

　モンゴル帝国の滅亡の混乱の中で、オスマン帝国がビザンツ帝国を滅ぼして東地中海を支配するようになると（183ページ）、ユーラシアの交易から弾き出されたジェノヴァなどのイタリア商人が大西洋岸へと進出するようになります。大西洋南部の良港だったポルトガルのリスボンが、イタリア商人の拠点港になります（223ページ図）。

イタリア海運都市の台頭で「ルネサンス」が開花！

　エジプトでのファーティマ朝の成立などのシーア派の台頭、トルコ人の進出が進むと、地中海のイスラーム勢力の間に混乱が広がり、イスラーム教徒は、地中海のシチリア島、サルディニア島、コルシカ島などから相次いで後退することになります。そうした中で、地中海の諸島嶼《とうしょ》奪還の中心になったイタリアで海運都市が勃興し、地中海商業の主導権を競い合うようになります。

　最初はシチリア島に近い南イタリアの小都市アマルフィー（ナポリの南東四〇キロの街）が勃興し、次いでトスカナ地方のピサが台頭しました。一〇九六年、第一回十字軍に最も多数の海船を提供したのはピサです。

　しかし、一二〇二年の第四回十字軍を背後で操ったヴェネツィアが、コンスタンティノープルを支配下に置き（「ラテン帝国」を建設）、次いで亡命政権を支援してビザンツ帝国を復興させたジェノヴァが勢力を伸ばしてコンスタンティノープル、東地中海の交易を支配するようになります。
　イスタンブルのアジア側の丘の上に今も残る巨大なガラタ塔は、ジェノヴァ商人がイスタンブルの経済を牛耳《ぎゅうじ》った時期の遺物です。ヴェネツィアはアレクサンドリアで、ジェノヴァは黒海北岸のカッファなどの植民市から「草原の道」を経由して、モンゴル帝国の陸のネットワークと結びついて利益を上げました。

【ユーラシア交易とルネサンス】 キリスト教で金を貸して利子を取ることが禁止されていた時代、金融業者は両替手数料というかたちで利子をとった。一族から二人の教皇、二人のフランス王妃を出したメディチ家は代表的な金融業者としてフィレンツェのルネサンスを主導した。都市商人がパトロンになり、イタリア諸都市が「ルネサンス」を開花させることができたのは、モンゴル帝国のユーラシア規模の大商圏との貿易で得られた莫大な利益によるところが大きかった。一四世紀の画家ジョットのフレスコ画「キリストのはりつけ」の衣装の裾の部分には元《げん》のパスパ文字が印《しる》されている。一三世紀末のジェノヴァの貿易額は、フランス王室の歳入の三倍に及んだとされる。

ルネサンスの精神となったヒューマニズム（人間主義）も、経済の成長による世俗化の進行と深くかかわっていました。 フィレンツェのダンテ（一二六五－一三二一）が政変で追放されるという逆境下にトスカナ語で書いた『神曲』、ボッカチオ（一三一三－七五）が書いた『デカメロン』は、世俗社会を再評価しています。

この時期に一切の知識、技能を備えるに至った者を、後にスイスの史家ブルクハルトは、「普遍人《ふへんじん》」（uomo universale）と呼びました。機械技術、軍事技術、土木技術に優れ、解剖学、気象学にも通じ、「モナリザ」、「最後の晩餐」などの名画を残したレオナルド・ダ・ヴィンチ（一四五二－一五一九）や、ローマのシスティーナ礼拝堂に「天地創造」、「最後の審判」の名画を残し、彫刻「ダビデ」を完成させたミケランジェロ（一四七五－一五六四）は、まさに「普遍人」でした。

イタリア・ルネサンスは、大商人、貴族をパトロンにして一三五〇年頃に始まり、一五〇〇年頃に頂点に達したとされます。

一三世紀末の北部・中部イタリアで、ヴェネツィアが人口一〇万人を数え、フィレンツェ、ジェノヴァ、ミラノなどの人口が五万人を超え、人口二万人以上の都市が二三を数えるに至ったのは、ユーラシア規模の商業で、イタリア都市が繁栄の時代に入ったことを示しています。かつての巨大なネットワークを失ったローマが、当時は人口一万七〇〇〇人の小都市に過ぎなくなったことと比べると、時代の変化が理解できると思います（97ページ）。

歴史の読み方

モンゴル商圏と連結した東地中海貿易の活性化が、イタリア諸都市に膨大な富をもたらし、東地中海の文化、芸術がよみがえってルネサンスという特異な文化現象をもたらしました。

一四世紀、教皇が没落し王権が伸びる

ローマ帝国の周縁のヨーロッパでは、ヨーロッパ帝国の形成が挫折に終わりました。ローマ帝国の権威を継承すると称する「教皇」と「皇帝」の双方が広域支配を実現できず、地理的条件もあって「国王」を中心とする中規模の国家形成が進みます。

モンゴル帝国が衰退・滅亡した一四～一五世紀の西ヨーロッパ中央部では、イタリアやフランドル（現オランダ、ベルギー）の繁栄とは異なり、十字軍の遠征に参加した諸侯・騎士の力が弱まります。他方で三部会などの**身分制議会の協力を得た「王権」が伸長し、領主の私的な主従関係による封建制が揺らいでいきます。**

一三〇九年、フランス王が、教皇を南フランスのアヴィニョンに強制移住させたこと（教皇のバビロン捕囚、一三〇九～七七）に示されるように王権が強まり、十字軍の遠征に失敗した教皇の権力は失墜していきます。農村では、一一世紀の大開墾時代（155ページ）に見られた森林の大規模伐採による畑の拡大も頭打ちになっており、気候の寒冷化はしばしば大凶作をもたらしました。

【ペストによる人口激減】 一三四〇年頃になると、モンゴル帝国の下で広がった中国の雲南地方の風土病ペスト（黒死病）が東地中海経由でイタリア半島からヨーロッパ全域に伝わり、人口の三分の一が死亡するという悲惨な状況になった。ペストは、クマネズミとノミが媒介。森の開墾によるクマネズミの生息域の拡大、都市への人口集中、気候の悪化による免疫力の低下などが爆発的流行の原因になったとされる。ペストによる労働人口の激減は、領主と農民の間に種々の紛争を生み出し、領主の力を弱めることになった。

特権層の代表からなる身分制議会の協力、都市の商人との提携により力を強めた王は、大砲の出現などによる戦争技術の変化を利用しながら支配力を拡大しました。

王の支配力が強くなると、当然のことながら国王の間の領土紛争が頻発し、戦争が相次ぐことになります。毛織物業の中心地フランドル地方、ワインの産地ギュイエンヌ地方の争奪とカペー朝の断絶に伴うフランス王位継承の紛争が原因となり、イギリス海峡を挟むイギリスとフランスの間で起こされた**「百年戦争」**（一三三九－一四五三）は、その代表例です。

【百年戦争が長期化した理由】 戦争が断続的に百年も続いた理由の一つとしてあげられるのが、当時の騎士が一年間に四〇日程度の従軍義務しかなかったことがある。

■ヨーロッパの国々（14世紀後半）

戦争は当時、大陸国のフランスに大所領を持っていたイギリス国王の優勢のうちに進みイギリスの勝利が目前にまで迫りますが、ジャンヌ・ダルク（一四一二－三一）を利用することでフランス国王が勢力を回復し、一四五三年に大陸からイギリス勢力を排除しました。この結果、イギリスは、大陸から切り離された島国に変わり、フランス王の権力が強まることになります。

その後、イギリスでは王位継承問題で有力貴族を巻き込む「バラ戦争」（一四五五－八五）が起こって貴族がつぶし合い、戦後に成立したテューダー朝（一四八五－一六〇三）の下で、イギリスでも王権が強まりました。百年戦争以後、大砲の普及により城塞を補強しても地方領主は身を守れなくなり、王権に依存するしかなくなったのです。

歴史の読み方

百年戦争によりイギリス海峡をまたいだイギリスが島国になり、フランスがヨーロッパ大陸の強国になる土台が築かれました。

キリスト教国VSイスラームの対立・レコンキスタ

七一一年に西ゴート王国を倒したイスラーム教徒の支配下にあったイベリア半島では、北部から**「レコンキスタ」（国土回復運動）**というキリスト教国によるイスラーム教徒に対する激しい戦争が展開され、一二世紀以降、半島北部からイベリア半島の奪還が進みました。

イスラーム教徒との戦いの中心になった内陸部のカスティーリャ王国（一〇三五－一四七九）は、国名を英語に直すとcastle（城、城郭）となることでわかるように、戦線の移動に伴って多くの要塞がつくられ、「城の国」と呼ばれるほどでした。

ポルトガルは、一二世紀中頃にカスティーリャから分離し、その直後に第二回十字軍を利用してリスボンを奪回するなどして、カトリック国の形成を進めました。リスボンは、ユーラシア西岸の回廊海域（191ページ）での南部の主要港市として成長をとげていきます（223ページ図）。

ヴァイキングの海はドイツ商人の海に変わった

北欧でもモンゴル帝国の大商業圏と結びつくことで、かつてのヴァイキングの商業圏が息を吹き返します。

十字軍（152ページ）が始まると北欧では異教徒に対する北方十字軍が組織され、バルト海南岸ではドイツ騎士団の主導の下に、東方植民が進みました。**「ドイツ騎士団領」**は、後にドイツを統一するプロイセンにつながります。

ドイツ商人たちは、一二世紀中頃に「ゴッドランド島に往来するローマ帝国商人の連合」

を結成し、非キリスト教徒のヴァイキングに対抗するため、武装してバルト海に進出しました。それが、一三世紀にリューベックを中心とする**「ハンザ同盟」**（ハンザは「集団」の意味、一三－一七世紀）の母体になります。

一三世紀中頃以降、キエフ公国を滅ぼしたモンゴルの武将バトゥ（一二〇七－五五、168ページ）によってロシアにキプチャク・ハーン国が建国され、ロシアがモンゴル商圏の一部分に組み込まれるとバルト海もモンゴル帝国の大商圏に接続することになり、毛皮交易が活発化します。

【塩漬けニシンとハンザ同盟】ハンザ同盟は、最初は毛皮・蜂蜜・臘《ろう》・木材などの森林地帯特有の産品の取引が主であったが、やがてニシンやタラ、穀物、鉄・銅などの鉱石が商品として加えられた。一三五〇年以降、ハンザ同盟は塩漬けニシンをヨーロッパ各地に輸出し大儲けしたリューベック、ハンブルクを中心とする都市同盟の色彩を強める。最盛期には、ハンザ同盟の参加都市は、二〇〇以上に及び、独自の陸海軍を保有して国王、諸侯と戦い、北海・バルト海の商業圏を支配した。毛織物の主産地のフランドル地方も、北海・バルト海交易圏と地中海交易圏の中間に位置するという「地の利」を生かして成長をとげる。

宗教改革によって北ヨーロッパの自立と成長が始まる

バルト海交易、フランドル地方の毛織物業、商業、北海でのニシン漁と塩漬けニシンの樽詰めの製造と交易が盛んになると、北ヨーロッパの経済が成長をとげ、教皇・皇帝を中心とする古い秩序に対する不満と自立を求める動きが強まりました。

　そうした中で、華美なルネサンスの風潮にどっぷり浸かっていた教皇庁は、オスマン帝国の勃興に伴うイタリア諸都市からの収入の減少を補うために、アルプス以北の地での「免罪符《めんざいふ》」（贖宥状《しょくゆうじょう》）の発行により資金を調達しようとします。免罪符は、これを購入すれば罪が償われるとする証明書でした。

　それに対して、一五一七年、ルター（一四八三－一五四六）が「九十五か条の論題」を出して免罪符を非難。成り行きで教皇権を否定し、新しい信仰（プロテスタント）を提唱するようになります。

　フランス人のカルヴァン（一五〇九－六四）も、『キリスト教綱要』を著し、予定救済説（神に救済される人はあらかじめ決まっており、美行や寄進では変えられない、という説）を説きました。彼らは教皇を頂点とする聖職者が信仰を支配するタテ型の構造に異議を申し立て（プロテスト）、**教皇を否定して『聖書』に基づく新しいキリスト教（プロテスタント）を提唱**します。神と個人が直接結びつく、ヨコ型社会の提唱です。

　そうした動きは、フランドル地方、ドイツ、北フランス、イギリスなどにまで広まりました。それが、「宗教改革」です。折からグーテンベルクによる活版印刷術の発明により『聖書』は大量に印刷されるようになり、民間に広く普及します。

【宗教改革の意味】 プロテスタントは、「万人祭司主義」の立場に立ち、誰でもが日常生活の中で神による救済を得られるとして個々人の信仰心を根底に、勤労と倹約、節制の生活倫理を重んじ、蓄財を容認した。神に仕えるがごとく、商売に励むという精神は、まさに新たに勃興しようとする資本主義システム、「個人主義」・「民主主義」などと合致していた。しかし、それは経済的充足のみを重視するものではなく、救済（精神的充足）との総合の上に成り立っていた。プロテスタントの言説は商工業者の生き方を肯定するものだったが、同時に教皇を中心とする伝統秩序に対して、北ヨーロッパの自立を宣言する動きでもあった。

他方で、国王の宗教支配の動きも強まります。国王が、神の代理人として国を支配するとする**「王権神授説」**です。教皇から離婚の許可を得られなかったイギリス国王、ヘンリー八世（位一五〇九－四七）は、一五三四年に「首長法」（国王至上法）を制定して、イギリスの教会を国王の支配下に組み込みました。それが、「イギリス国教会」です。

一六世紀前半から一七世紀中頃まで、「オランダ独立戦争」（一五六八－一六〇九・四八）、フランスの「ユグノー戦争」（一五六二－九八）、イギリスの「ピューリタン革命」（一六四〇－六〇）、ドイツの「三十年戦争」（一六一八－四八）など、新旧二つのキリスト教がヨーロッパ規模で激しく闘いました。それが「宗教戦争」ですが、**宗教戦争の中から新しいヨーロッパが姿を現す**ことになります。

とくにユグノー戦争を終結させたブルボン朝の初代王アンリ四世が、一五九八年に出した「ナントの勅令」は、新・旧両教徒に個人としての信仰の自由を認めた点で、後の思想・信条の自由の考え方につながりました。

歴史の読み方

宗教改革は、教皇と皇帝を頂点とするローマ帝国を継承する権威から北ヨーロッパを解放する役割を果たしました。また教皇中心のタテ社会から聖書による信仰によるヨコ社会への移行は、民主主義を出現させます。封建的権威から解放されたエネルギーが、大西洋進出のエネルギーにもなったのです。

5 毛皮大国ロシアのシベリア征服とヨーロッパ化

THE TRANSFORMATION OF EURASIA

モスクワによるロシアの再建

モンゴル支配下のロシアでは、ギリシャ正教会は特別に租税を免除されて統治に利用されました。しかし正教会は他方で異民族支配に苦しむロシア人の心の支えとなり、ロシアの宗教的・文化的一元化の核になりました。皮肉にもモンゴルの支配政策が、ギリシャ正教を軸とするロシア文明の形をつくり上げる結果をもたらしたと言えます。

ヴォルガ川の水源地近くに位置する都市モスクワは、モンゴル支配の時代、キプチャク・ハーン国に従属するロシア系諸公国の一つとなり、モンゴル人に忠誠をつくしながら頭角を現し、キエフに代わる主要都市になり上がりました。

やがてモンゴル人の支配が動揺すると、モスクワ大公のイヴァン三世（位一四六二－一五〇五）は、一四八〇年にヴォルガ水系を二〇〇年間続いたモンゴルの支配から奪い返し、ロシアを支配します。

一四五三年、オスマン朝の攻撃でビザンツ帝国が滅亡（183ページ）すると、モスクワ大公国のイヴァン四世（雷帝、位一五三三－八四）はビザンツ帝国の後継国家であると主張して「ツァーリ」（皇帝）と称し、ギリシャ正教を利用して帝権を権威づけました。こうしてローマ帝国の継承を自称するモスクワが、諸地域を支配することになります。

ロシアは毛皮の産地としてシベリアを征服

毛皮を主要な財源とするモスクワのロマノフ朝（一六一三－一九一七）は、モンゴル商圏の下で需要が拡大した毛皮の不足を補うために、かつてモンゴル人の手先となっていた遊牧勢力コサックを使い、一七世紀に**わずか六〇年あまりで日本列島の三五倍の面積を持**

つシベリアを征服。カムチャッカ半島、オホーツク海にまで領土を拡大しました。

その結果、ロシアはユーラシア北部の森林地帯とその北のツンドラ地帯をほぼ掌中に収める大陸的スケールの帝国に変身します。財政の半分を毛皮の輸出に頼るロシアは、毛皮不足をシベリア征服で解決しようとしたのです。

シベリアは「毛皮の宝庫」として、ロシアの財政を支える国内植民地に変わりました。シベリアの先住民はツァーリの臣民とされ、毛皮税を納めることを義務づけられます。ロシアは、短期間でシベリアをロシア化していきます。

歴史の読み方

シベリア征服の中心になったコサックは、モンゴル帝国下の遊牧トルコ人の残存勢力です。後にロシアはコサックを利用して中央アジア、中国の東北地方に勢力圏を拡大していくことになります。

北極海航路を遺言したピョートル

一七世紀後半に即位したロマノフ朝のピョートル一世（位一六八二－一七二五）は、**海洋国家オランダ、イギリスの繁栄に憧れてロシアの西欧化と海洋進出を図りました。**しかし、ロシアがヨーロッパの仲間入りをするのは、実際には一八世紀以後です。

ピョートルは、「北方戦争」（一七〇〇－二一）でスウェーデンを破ってバルト海の覇権を握ると、ネヴァ川河口にサンクト・ペテルブルクを建設してモスクワから遷都し、中央アジアに向かっていたロシアを、西ヨーロッパ世界の仲間入りをさせようとします。

【ロシアの東アジア進出の起点】 バルト海からアジアの海は遠く離れ過ぎていたため、ロシアは当時可能と考えられていた北極海航路（北東航路）の開発をめざすとともに、シベリアの先のオホーツク海から直接アジアの海に進出しようとする。ピョートルは死の直前に、北東航路のアジア側の出口に当たる海峡の探検を進めることを遺言として命令する。ベーリング海峡、ベーリング海、アラスカを発見したお雇い外国人、デンマーク人ベーリングの北太平洋の探検は、そうした背景のもとに組織された。

一八世紀後半、近衛兵と結託して夫を暗殺して女帝になったエカチェリーナ二世（位一七六二－九六）の下でロシアは東欧の大国となり、黒海への南下を図ってオスマン帝国を脅かすようになります。

歴史の読み方

ピョートルは、オランダ、イギリスを手本にロシアの海洋進出をめざした特異な支配者です。彼の出現でロシアのヨーロッパ化が進み、その遺言によりシベリア・東アジアへの進出が進みます。

第6章

世界史の舞台を大きく拡張した大航海時代

THE AGE OF TRANSOCEANIC DISCOVERY EXPANDED THE STAGE OF WORLD HISTORY

1

資本主義を誕生させた大西洋海域

THE AGE OF TRANSOCEANIC DISCOVERY EXPANDED THE STAGE OF WORLD HISTORY

大洋が五大陸をつなぐ時代へ

一五世紀、ヨーロッパ人はユーラシア大陸から地球の表面積の七割を占める大洋へ進出し、ユーラシアの「小さな世界史」は、地球規模の「大きな世界史」に接続します。「大航海時代」と呼ばれる時代は、先に述べたユーラシア西岸の回廊海域（191ページ）から始まり、大西洋の開発が中心になりました（27ページ図）。

大航海時代以降、大西洋を中心にして南・北アメリカ大陸、アフリカ大陸が世界史に組み込まれ、地球時代に向けての転換が積み重ねられていくことになります。そして、第7章で後述するように大西洋から資本主義経済が成長をとげます。

歴史の読み方

大航海時代は、地表の七割を占める海洋が五つの大陸を結ぶ時代への転換をもたらした「世界史の分水嶺」です。世界の変化は、領土にこもる内向きの帝国に代わって、ネットワーク型の社会を成長させていきます。

KEY POINT
世界史がわかる「鍵」
16

「大きな世界史」への移行

大航海時代以降、世界史は、帝国が持続するユーラシア（小さな世界史）と、三つの大洋が五つの大陸を結ぶ空間に成立させた新経済・政治システム（大きな世界史）がせめぎ合う新たな時代に移行していく。

グローバル経済を生み出した「大洋」

地球上の海洋面積の八八パーセントは、インド洋（二〇パーセント）、大西洋（二二パーセント）、太平洋（四六パーセント）の三つの大洋（オーシャン）が占めています。そのために、世界史の海洋への膨張は、大洋が世界史のネットワークに組み込まれることを意味すると言っても過言ではありません。

世界史の転換期をどこに求めるかについては諸説ありますが、**大航海時代以降、長い時間をかけて地球の表面積の七割を占める大洋（オーシャン）と南半球が世界史の舞台に組**

み込まれていくことの意味は大きいと思います。私たちは「陸地を中心にすえた地図帳」から世界のイメージをつくっていますが、大洋を含めた地球儀で世界をイメージすると、世界史は違った色彩を帯びてきます。

【三つの大洋と七つの海】 世界の海は太平洋と大西洋をそれぞれ南北に分け、インド洋、南極海、北極海を加えて「七つの海」と呼ばれる。しかし、南極海は太平洋、大西洋、インド洋の一部であり、北極海はインド洋のわずか二割の広さで、実際は三つの大洋が海の大部分を占める。

【資本主義というシステム】 「大航海時代」に新たに世界史に組み込まれた大西洋は、南北に長く東西の幅が狭い。南・北アメリカ大陸には広大な狩猟・採集社会が広がるという特色がある。そうした大空間が、寒冷なヨーロッパ勢力により開発・改造され、移住、征服、プランテーション経営、奴隷貿易などを総合することで、資本主義という新経済システムが形成されていく。資本主義は地球規模の交易を前提にして形成された、利潤の増大と経営規模の拡張を追求する経済システムである。

従来の世界史では、資本主義、国民国家体制という新しいシステムを誕生させた大西洋世界の扱いが不十分でした。読み直しと意義づけが必要になります。

歴史の読み方

資本主義は、大西洋という海の世界から生み出された人工的なシステムです。

2 海の時代を主導したポルトガル

THE AGE OF TRANSOCEANIC DISCOVERY EXPANDED THE STAGE OF WORLD HISTORY

エンリケ航海王子がめざしたモロッコの獲得

大西洋への新時代を主導したのは、ユーラシアの西の外れに位置する人口一〇〇万余りの小国ポルトガルでした。ポルトガルは荒れ地が多いために食糧を自給できず、レコンキスタ（198ページ）を延長させてイスラーム教徒が支配するモロッコに進出しようとしました（セウタ攻略）。しかし、あえなく失敗して、大西洋岸からアフリカにアプローチすることになります。

ポルトガルのアフリカ西岸の探検は、エンリケ航海王子（一三九四－一四六〇）によって組織されました。エンリケは大西洋を視野に入れていたわけではなく、あくまでもアフリカが目的でした。イスラーム商人が西スーダンの黒人社会との間で行っていたサハラ砂漠越えの黄金貿易に海から参入し、当時アフリカ内陸部に存在すると信じられていた「聖ヨハネ（プレスター・ジョン）の国」というキリスト教の大国を捜し出して提携し、モロッコをイスラーム勢力から奪い取ろうとしたのです。

【エンリケ航海王子】 国王ジョアン一世（位一三八五 - 一四三三）の三男のエンリケは、ヨーロッパとアフリカ、地中海と大西洋の「十字路」に位置するポルトガル南西部のアルガルヴェ（アラビア語で「西部」の意味）地方の地方長官になると、騎士団の潤沢な資金によりサグレス岬（イベリア半島の西端）で航海士を養成し、アフリカ西岸の探検事業を始めた。彼は、外洋船の建造、航海用具の開発、海図、航海用の暦の作成などを行い、アフリカ西岸探検に組織的に取り組んだ。彼自身は重い船酔いに悩まされ、ほとんど船に乗ることはなかったとされ、組織者であることに徹したのである。

エンリケ航海王子は羅針盤を活用し、アフリカ沿岸のポルトラーノ（海図）をつくりながら探検を進めました。一四三四年、従者のジル・エアネスが、航海士たちの心理的障壁になっていたカナリア諸島の二四〇キロ南のボジャドール岬を越えます（223ページ図）。

エンリケはアフリカ沿岸の「海図」を秘密にして外部に出さず、アフリカ西岸貿易の独

占を図りました。

一四四七年、ポルトガルは最初のクルザード金貨を鋳造していますので、その頃までには、西スーダンの黄金貿易に参入することができていたと考えられます。

エンリケ航海王子は、一四六〇年に六六歳でサグレス岬の館で世を去るまでの四十余年間独身を通して探検事業を進め、赤道のすぐ北のギニア湾にまで航路を延ばしました。「雑貨商」と呼ばれたエンリケのベンチャー・ビジネスは、西スーダンでの黄金貿易と奴隷貿易で成功を収めたのです。

二つの大洋をつなげた喜望峰

エンリケの死後、ポルトガル王室は、大商人フェルナン・ゴメスにアフリカ西岸探検の継続を条件に、貿易独占権を与えました。ゴメスが派遣した船団は、莫大な富をポルトガルにもたらします。

一四八八年、コンゴの内陸部に聖ヨハネの国があるという情報に基づいて探索に向かったバルトロメウ・ディアス（一四五〇？－一五〇〇）が、アフリカ南部で暴風にあって漂流した後、アフリカ最南端にたどりつき、目安になる岬を「嵐の岬」と命名します。

【喜望峰への改名】「アフリカ最南端の岬発見！」の知らせを聞いたポルトガルのジョアン二世（位

一四八一－九五）は、命名された「嵐の岬」を「喜望峰」と改名する。なぜかというと、ジョアン二世はその岬を迂回すれば、イスラーム商人が活躍するインド洋の海域に到達できることを、王命でイスラーム商人に紛れ込んでインドのカリカットに旅行したコヴィリアンの報告書によりすでに知っていたからである。ちなみに喜望峰はアフリカの最南端でなく、最南端は喜望峰から東方約一六〇キロのアガラス岬になる。

喜望峰の発見は、それまでのアフリカ西岸探検をアジア航路の開発に切り替えました。

大西洋とインド洋の二つの大洋が結びつくことで、アジアと直接貿易するメドがついたのです。

ジョアン二世の皇太子が突然に死亡するという出来事があって、探検事業は一時的に頓《とん》挫《ざ》しましたが、一四九七年にヴァスコ・ダ・ガマ（一四六九？－一五二四）に率いられた四隻約一七〇人からなる船団がリスボンを出港して大西洋を縦断、喜望峰を迂回した後に北上し、アフリカ東岸のマリンディで雇ったアラブの水先案内人の手引きで、一四九八年、インドのコショウの積み出し港カリカットに至りました。イスラームの地理的知識と航海技術がガマをインドに誘い、インドへの直行航路が拓かれたのです。

ガマの航路は後のマゼランの航路のそれよりも長く、乗組員一七〇人のうち帰国できた者は六〇人以下という苛酷な航海でした。しかしガマ艦隊がもたらしたコショウは、ポルトガル王室に航海費用の六〇倍の富をもたらしました。ポルトガル王室はインド洋貿易を国営にすることにし、毎年船団を派遣します。一五〇〇年、船団を率いてインドに向かったカブラルが大西洋モンスーンに乗ってブラジルを発見します。

舷側の小型砲が築いたポルトガルの覇権

『異文化間交易の世界史』の著者フィリップ・カーティンは、一五〇〇年から一六三四年にインドに向かったポルトガル船のうちの二八パーセントが途中で難破したと記しています。「吠える四〇度」と呼ばれる偏西風が吹き荒れる喜望峰以南の海域は、当時の航海技術では帆船の航海が難しかったのです。

ポルトガルは、一五〇九年にインド北方のカンベイ湾の入り口に近いディウという港の沖合でエジプトのマムルーク朝の艦隊と戦い、舷側に据えつけた小型の大砲の威力で大打撃を与えました。それ以後、インド洋における覇権を確立します。

その後、ポルトガルは、一五一〇年、インド西岸の港ゴアを征服して拠点を築き（最盛期の一六世紀後半－一七世紀の人口は約二〇万人）、一五一一年、マラッカ海峡の要衝マラッカ王国を征服し、モルッカ諸島、東アジアに進出します。

歴史の読み方

ポルトガルのインド洋商圏は、商業力ではなく商船の舷側に備えつけられた小型の大砲により勝ちとられ、維持されました。インド洋ではイスラーム側が圧倒的な経済的優位に立っていたのです。

【ポルトガルが起こした商業革命】 ヨーロッパにアジア商品の販路を持たないポルトガルは、フランドル地方のアントウェルペン（アントワープ）にアジアから直送された商品を持ち込み、ヨーロッパ各地の商人に売りさばいた。その結果、従来のイタリア諸都市から北大西洋沿岸にヨーロッパ経済の中心が移動した。それが、「商業革命」である。

ポルトガル、東アジアの密貿易に参入

マラッカの征服後、ポルトガルは、マラッカの使節と偽って明との勘合貿易（187ページ）への参加を試みましたが、征服者であることを見抜かれてしまい失敗。そこでポルトガル船は、中国沿海を北上して密貿易に参入することになります。ポルトガル人は、明の密貿易商人と組んで、東アジア海域に進出したのです。

ポルトガル人は、一五五七年、明の地方官を買収して広州の近くのマカオに居留地を設け、東アジア交易のセンターとしました。**当時の日本は「石見《いわみ》（大森）銀山」（島根県）の開発もあって世界有数の銀産国**であり、ポルトガル人は明で購入した生糸、絹、綿糸を

九州で売って大量の銀を手に入れました。

明は、海禁という統制策により民間商人の貿易を「倭寇《わこう》」として弾圧しましたが、石見銀山や、後述するマニラ・ガレオン貿易による新大陸の銀（235ページ）、ポルトガルが持ち込む銀の流入を抑えることができませんでした。

歴史の読み方

ポルトガルは勘合貿易の衰退期に東アジアの密貿易に参入し、石見の銀を利用する日明間の貿易（明からするならば密貿易）で巨額の利益をあげました。日本は銀により、ポルトガル、オランダとの関係が深まりました。日本の近世、近代は、海の世界に牽引されていきます。

3 大西洋世界を拓いたコロンブス

THE AGE OF TRANSOCEANIC DISCOVERY EXPANDED THE STAGE OF WORLD HISTORY

ベンチャー事業だったコロンブスの探検

大航海時代は、大西洋が開発された時代と言っても過言ではありません。しかし当時の大西洋は、アジアに直結する未知の大洋とみなされていました。

大西洋の開発の先鞭をつけたキー・パーソンは、言うまでもなくコロンブスです。イタリアのジェノヴァ出身の航海士コロンブス（一四五一－一五〇六）は、フィレンツェの数学者・地理学者トスカネリの地球球形説に基づいてつくられた未知のアジアの海の海図を知り、ヨーロッパから大西洋を横断してマルコ・ポーロが伝えた黄金の島ジパングの金を獲得するというベンチャー・ビジネスの成功を確信するようになります。

【よみがえる地球球形説】当時はルネサンスの一環として、二世紀にアレクサンドリアの天文学者、地理学者プトレマイオスが考えた「世界図」が、球形の地球の一部を描いた俯瞰的世界図として普及した。天動説の立場に立つ古代のプトレマイオスの地球球形説が、世界図とともによみがえったのである。地球が球形であることを前提に、プトレマイオスが描いた世界図の裏はどうなっているのかが新たな問題になった。フィレンツェの数学者トスカネリは七〇歳を過ぎて、プトレマイオスが描かなかったヨーロッパと中国の間の海域を、マルコ・ポーロの『東方見聞録』と想像により海図化する。単なる机上の空論なのだが、トスカネリは自信満々で海図をポルトガル王室に送りつけた。コロンブスも、その世界図を目にして大きな刺激を受けたとされている。

独学で地理学を学んだこともあり、コロンブスは地球を実際の四分の三の大きさでイメージし、陸地六に対して海一というように海を圧倒的に狭く考えていました。コロンブスは「アジアへの海」の横断を極めて楽観的に考えており、喜望峰を経由するよりも西の海（大西洋）から向かうほうが、早く「黄金の島」ジパング、「中国の海」に行き着けると考えていました。新大陸（アメリカ大陸）の存在は、想定されていなかったのです。**コロンブスは、ジパングの安価な黄金を独占し、中国貿易を支配することにより巨万の富を築けるに違いないと夢想**しました。

コロンブスは、ポルトガルの航海士バルトロメウ・ディアスがアフリカ最南端の喜望峰に達したのを知ると、自分のベンチャー・ビジネスが風前の灯《ともしび》であることを自覚し、事業を保護してくれる王室への働きかけを強めます。

一四九二年、イベリア半島におけるイスラーム教徒最後の国、グラナダ王国を倒し、「レコンキスタ」（国土回復運動、七一八‐一四九二）を完成させたスペインの女王イザベル（位一四七四‐一五〇四）が、コロンブスの支援に踏み出します。

「アジアの海？」を横断してカリブに到着

一四九二年、コロンブスはにわか仕立てのサンタ・マリア号（一二七排水トン）を旗艦とする三隻の艦船（乗組員一二〇人）を率いてスペイン南部の漁港パロスを出港し、カナリア諸島で約一カ月の風待ちをした後、吹き始めた北西のモンスーンを利用して三十余日間航海し、カリブ海の「へり」に位置するバハマ諸島のグワナハニ島に到達しました（223ページ図）。

信心深いコロンブスは神の導きに感謝し、島を「サン・サルバドル」（「聖なる救済者」の意味）と名づけます。カナリア諸島からカリブ海までは地中海を往復する程度の距離であり、しかもモンスーンを利用できましたから、終わってみればコロンブスの最初の航海は簡単な航海だったと言えます。とはいえ、コロンブスが開発した大西洋往復航路は、やがて当たり前の幹線航路となり、大西洋を結びつけていきます。

【発見された「ジパング」】　カリブ海（日本海の約二・七倍）を「チナ海」（中国の近海）と誤解していたコロンブスは西インド諸島を探検し、エスパニョーラ島で先住民の首長が黄金の装身具を身につけ、島の中央部のシバオで豊富な黄金が産出されるという情報を聞きつけると、「シバオ」こそがジパングに違いないという都合のよい判断を下した。コロンブスはイザベル女王に対する報告書で、事業が成功すれば、再度のイェルサレム征服の戦いに五〇〇〇人の騎兵、五万人の歩兵を動員できる費用が得られるだろうと記している。コロンブスの時代は、今から考えると欲望と信仰が入り混じった、奇妙奇天烈な時代だったのである。

歴史の読み方

コロンブスは、カリブ海を最後まで東アジアの海と思い続け、前後四回の航海を行いました。夢を最後まで見続けたわけです。それが、スペインの新大陸支配の基礎を築きました。

一四九〇年代に爆発的に拓けた「大西洋」

コロンブスがもたらした、大西洋の先でジパングを発見したというニュースはヨーロッパを震撼させ、翌年、スペインの国を挙げた、コロンブスの第二回航海が組織されました。

四年後の一四九七年になると、イギリス国王ヘンリー七世（位一四八五－一五〇九）はヴェネチアの航海士ジョン・カボット（一四五一頃－九八頃）に北大西洋の航海を行わせ、スペイン王がコロンブスに与えたように特権を保障しました。カボットの航海は地味で小規模でしたが、ニューファンドランド島、チェサピーク湾にたどり着き、後にイギリスが北アメリカ沿岸の「先占権《せんせん》」を主張する論拠を提供しました。

一四九七年になると、ポルトガルの航海士ヴァスコ・ダ・ガマが喜望峰を迂回してインドに至る大航海に出発します。こうしてみると、**一四九〇年代の一〇年間に、大西洋が爆発的に拓かれた**ことが明らかになります。一四九〇年代は、世界史の一大転機なのです。

海に境界線を引こうとしたスペインとポルトガル

コロンブスの航海の成功により、スペイン人は黄金の夢にとりつかれてしまいます。「スペイン人の心の病を癒すものは金しかない」と言われるように、海の彼方での一獲千金を追い続けたのです。

西からジパング、中国に直航できると信じ込んだスペイン国王は、利権の海をなんとか独占しようとしました。**当時はポルトガルが航海技術、海図の作成の面で圧倒的な優位にあり、大西洋の航海をリードしていた**からです。

スペインはバレンシア出身の教皇アレクサンデル六世を仲介者にして、ポルトガルとの間に大西洋（当時はヨーロッパとアジアを直接結びつける海と考えられていた）を二分する境界線を強引に確定します。

しかし、その境界線ではポルトガルのアジア航路の中継地ブラジルがスペイン領に入ってしまうため、一四九四年、再度「トルデシリャス条約」が結ばれて境界線は西側に移動

■1490年代に拓けていく大西洋

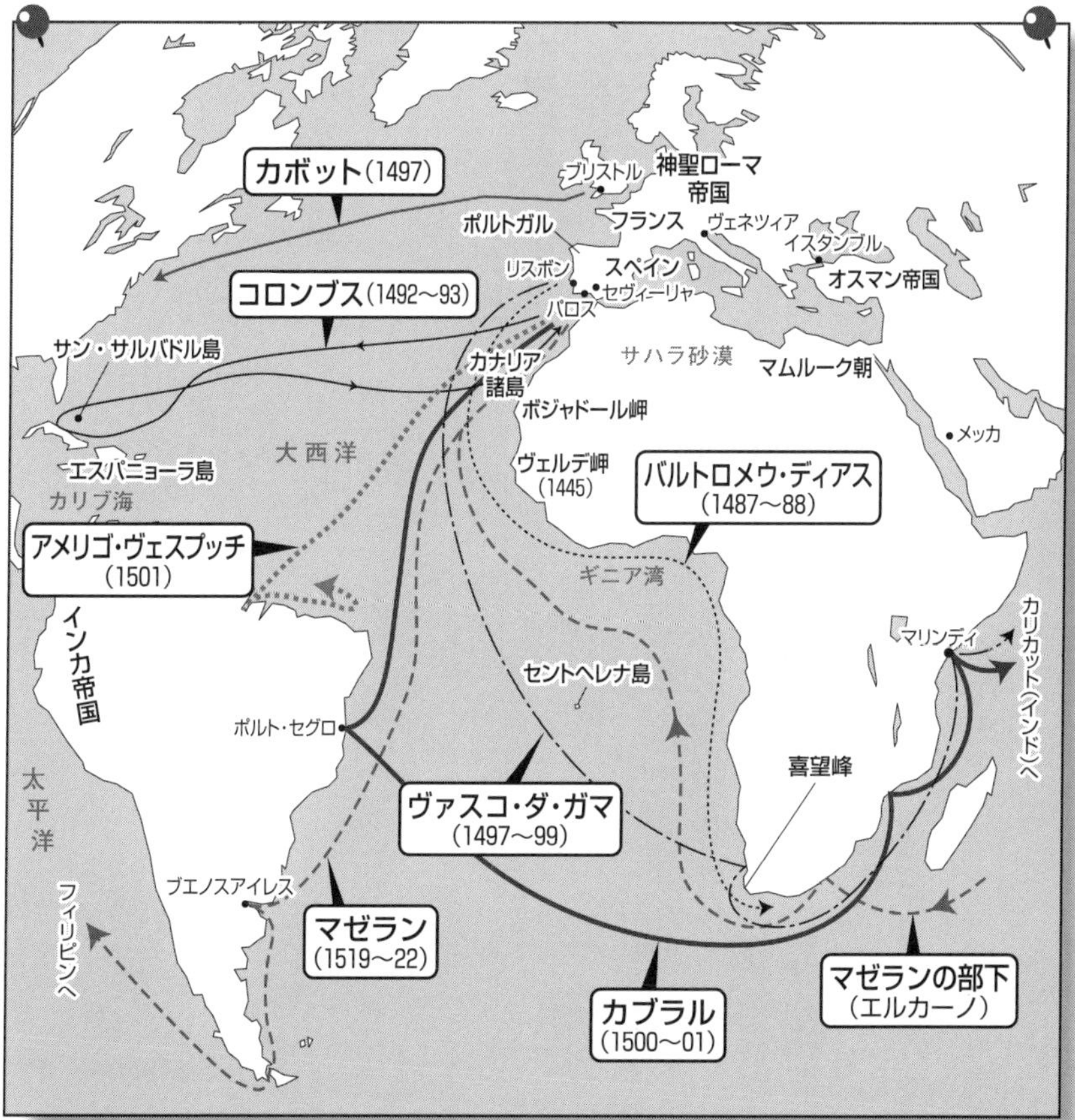

されました。後述するようにマゼランの航海により新大陸と太平洋が確認されると、両国は「サラゴサ条約」（一五二九年）を締結して「アジアの海」にもラインを引いて二分することになります。

歴史の読み方

海の世界を陸の世界と同様に勢力圏として分割しようとしたところに、スペイン、ポルトガル両国の限界が見てとれます。両国は海の世界を生かす方法を知らず、陸地と同様に扱おうとしたのです。もちろん、これは失敗しました。

香料への欲望が「太平洋」を発見させた

太平洋はアメリカ大陸の西に広がる、地球上の陸地がすべてすっぽり入ってしまうくらいの広大な海です。この太平洋が発見されることで、大西洋、新大陸、太平洋、ユーラシアという、海と大陸の位置関係が初めて明らかになりました。

マゼランは、地球の広がりを実証したキー・パーソンということになります。しかし、マゼランは大西洋とアジアを直結させる古い世界観の持ち主であり、彼の業績はヒョウタンから出た駒だったのです。

若い時に東南アジアの海域で香辛料貿易に従事していたポルトガル人のマゼラン（一四八〇頃－一五二一）は、帰国後にモロッコとの戦闘に参加して負傷し、片足が不自由になってしまいます。その後、軍で働きますが戦争で戦利品を隠匿《いんとく》したのではないかとの嫌疑をかけられて失脚。後に航海の経験を買われて、スペイン王室に雇われた航海士でした。海の世界の後発国だったスペインは、折に触れてポルトガルから優秀な船乗りをリクルートして利用したのです。

【マゼランも世界を誤認していた】 当時のスペインの通商院を牛耳っていた有力貴族は、ドイツのフッガー家の番頭と組んで、産出がモルッカ諸島に限定されているためにコショウの倍から五倍ほど利潤が大きかった戦略商品のチョウジ（clove、丁子）、ニクズク（nutmeg、肉豆く）を手に入れるための航路の開発に目をつけていた。当時は、まだコロンブス以前の世界地図が一般的で、南アメリカはアジアの一部のインディアス半島とみなされ、そこを迂回すると、簡単にモルッカ諸島に到達できると考えられていたのである。大西洋からのモルッカ諸島への航路は、アフリカ南端を迂回する航路よりもはるかに短いと考えられており、ドイツの大商人・フッガー家をスポンサーにして、スペイン王室は、東南アジアに詳しいポルトガル人のマゼランにアジア航路の開発に向かわせたのである。マゼランも、コロンブスと同様に幻の海を航海したのである。

一五一九年、マゼランは五隻の船団を率い、スペインのセヴィーリャを出港。大西洋を横断した後、南アメリカの沿岸を南下。四〇日かけて水路が入り組んだマゼラン海峡を通過し、未知の海に出ました。マゼランは平穏な海を「太平洋」と名づけ、最初は上機嫌だったのです。

ところが、すぐ先にあるはずのモルッカ諸島が行けども行けども見つからず、苛立ちを強めます。当時は知られていなかった地球の三分の一を占める大洋を航行しているのですから当然のことでした。一〇〇日を超える長い航海で食糧は尽き、船内のネズミが最高の食材となるような地獄の航海になります。壊血病が、多くの乗組員の命を奪っていきます。一五二一年三月、マゼランの船団はとてつもなく長い航海の末、気息奄々《きそくえんえん》という状態で、フィリピン群島にたどりつきました。

やがてマゼランに随行したマレー人の召し使いが、現地人と会話してアジアの海にたどりついたことを確認します。その時こそが、**太平洋、アメリカ大陸の存在と位置関係が確認され、おぼろげながらも地球の全体像が明らかにされた決定的な瞬間**だったのです。

その後、マゼランはフィリピン群島にポルトガル人と対抗する交易の拠点を築こうとしましたが、食糧を調達しようとして出向いたマクタン島での戦闘で命を落とします。

歴史は多面性を持っています。コロンブスもマゼランも、先住民から見れば侵略者だったのです。マクタン島には、マゼランと戦った首長ラプ・ラプの記念碑が建てられています。マゼランの後を継いだエルカーノ（一四七六－一五二六）は、その後モルッカ諸島で大量の香辛料を買い入れ、一隻だけになったヴィクトリア号で喜望峰を迂回し、一五二二年九月、三年ぶりでスペインに戻りました。しかし出航時に約二五〇人いた乗組員は、わずか一八人に減少していました。マゼランの航海は、現在の宇宙旅行に匹敵するような大冒険だったのです。

第二回の航海は、指揮者のエルカーノが太平洋上で命を落とし、失敗に終わりました。太平洋は広すぎてヨーロッパから商業用に利用できないことが明らかになったのです。

歴史の読み方

マゼランは、地球が球形であることを実証し、海と陸との大まかな配置を明らかにしたという点で、人類社会に多大な貢献をしました。世界観の大転換です。

KEY POINT

世界史がわかる「鍵」

17

一四九〇年代は世界史の大転機

一四九〇年代に大西洋、一五二〇年代に太平洋に航路が拓かれ、世界史の舞台が一挙に地球規模に拡大する。

4

スペイン人に改造されていくアメリカ大陸

THE AGE OF TRANSOCEANIC DISCOVERY EXPANDED THE STAGE OF WORLD HISTORY

スペインに滅ぼされたアステカとインカ

大航海時代に、アメリカ大陸の歴史はユーラシアの歴史と連結するようになりました。スペイン人は移住先のカリブ海域から大陸部への進出を始めます。本国で食いぶちがなく一旗上げようとしてやってきた働く気のないスペイン人は、非キリスト教徒の先住民を「理性のない人」と勝手に決めつけ、**「エンコミエンダ制」**という委託制度（スペイン王国がスペインからの入植者に地域の先住民を委託する制度）により、住民をカトリックへと教化する、を口実に奴隷として使役しました。

一六世紀前半、ヨーロッパ勢力に征服される直前の南・北アメリカの人口は約八〇〇〇万人以上だったと推定されていますが、スペインとポルトガル両国の人口は約八〇〇万人程度に過ぎませんでした。ヨーロッパ全体の人口も、約六〇〇〇万人程度だったと推定されています。

メキシコ高原、アンデス山脈に建設されたアステカ帝国、インカ帝国という山岳帝国を中心とする新大陸は、決してヨーロッパに見劣りしなかったのです。

［トウモロコシが育てた山岳帝国］ メキシコのアステカ帝国も、ペルーのインカ帝国も二〇〇〇メートルから三〇〇〇メートルの高山地帯に築かれ、傾斜地でも栽培できるトウモロコシを主穀とし、ジャガイモ、サツマイモなどで補う文明だった。ユーラシアの平地の灌漑農業とは、まったく色合いが違ったのである。しかし、高山地帯中心の帝国は領域の拡大に限界があった。またアメリカ大陸では車輪が発明されておらず、ユーラシアでの主要な輸送手段のウマも存在しなかった。ウマにあたる動物としてはリャマがいるにはいたが、リャマは二〇キロ程度しか背に載せることができず、大人は乗れなかった。

アステカ帝国（一二世紀頃－一五二一）、インカ帝国（一二〇〇頃－一五三三）は、徒歩で結びつけられる高地の帝国でしたので、その規模はどうしても小さくならざるを得ませんでした。ウマと鉄砲という驚異的な武器を持ったスペインの「コンキスタドール」（征服者）の軍に遭遇したアステカ、インカ両帝国は、天然痘《てんねんとう》の蔓延もあって侵入者を過大に評価し恐怖を増幅させていきます。**「遊牧民の爆発の時代」にヨーロッパを脅かしたウマ、その後に開発された大砲、鉄砲が、新大陸の巨大帝国を倒壊させた**のです。

一五一九年から二二年にかけて、スペイン人のコルテス（一四八五頃－一五四七）は、五五〇人の兵士、一四門の大砲、一六頭の馬を率いてメキシコ高原のアステカ帝国に侵入しました。アステカ人は、大砲・馬に対する恐怖心から、帝国から追放された白い肌をした水の神・農業神ケツァルコアトル（ケツァルが鳥の名、コアトルが蛇で、「羽毛が生えた蛇」の意味）という神が、「一の葦の年」（一五一九年）に戻って来るという言い伝えが、現実のものになったと考えました。

コルテスは、太陽神や水の神への生け贄《いけにえ》として多くの若者を奪われ続けた周辺諸部族の反感を巧みに利用し、短期間でアステカ帝国を征服してしまいます。ちなみに「ケツァル」というのは、エメラルド色と黄金色の尾羽根を持つ世界一美しいとされる鳥で、手塚治虫の漫画「火の鳥」のモデルになっています。征服後、コルテスは先住民（インディオ）を奴隷化し、巨万の富を築きます。

さらに一五三二年から三三年にかけて、たった一八六人の兵士、三七頭の馬を率い、一三丁の鉄砲を持ったスペイン人のピサロ（一四七八頃－一五四一）が、パナマ地峡から太平洋を南下してペルーに至り、アンデス山脈のインカ帝国に侵入しました。インカ帝国の首都は、海抜高度三四〇〇メートルのクスコです。

ピサロは、六〇〇〇名の部下を引き連れて会見に来た第一三代インカ（王、神の化身、太陽の子とされていた）のアタワルパ（位一五三二－三三）をだまし、わずかの兵力で虜

■16世紀初めにスペイン化した中部アメリカ

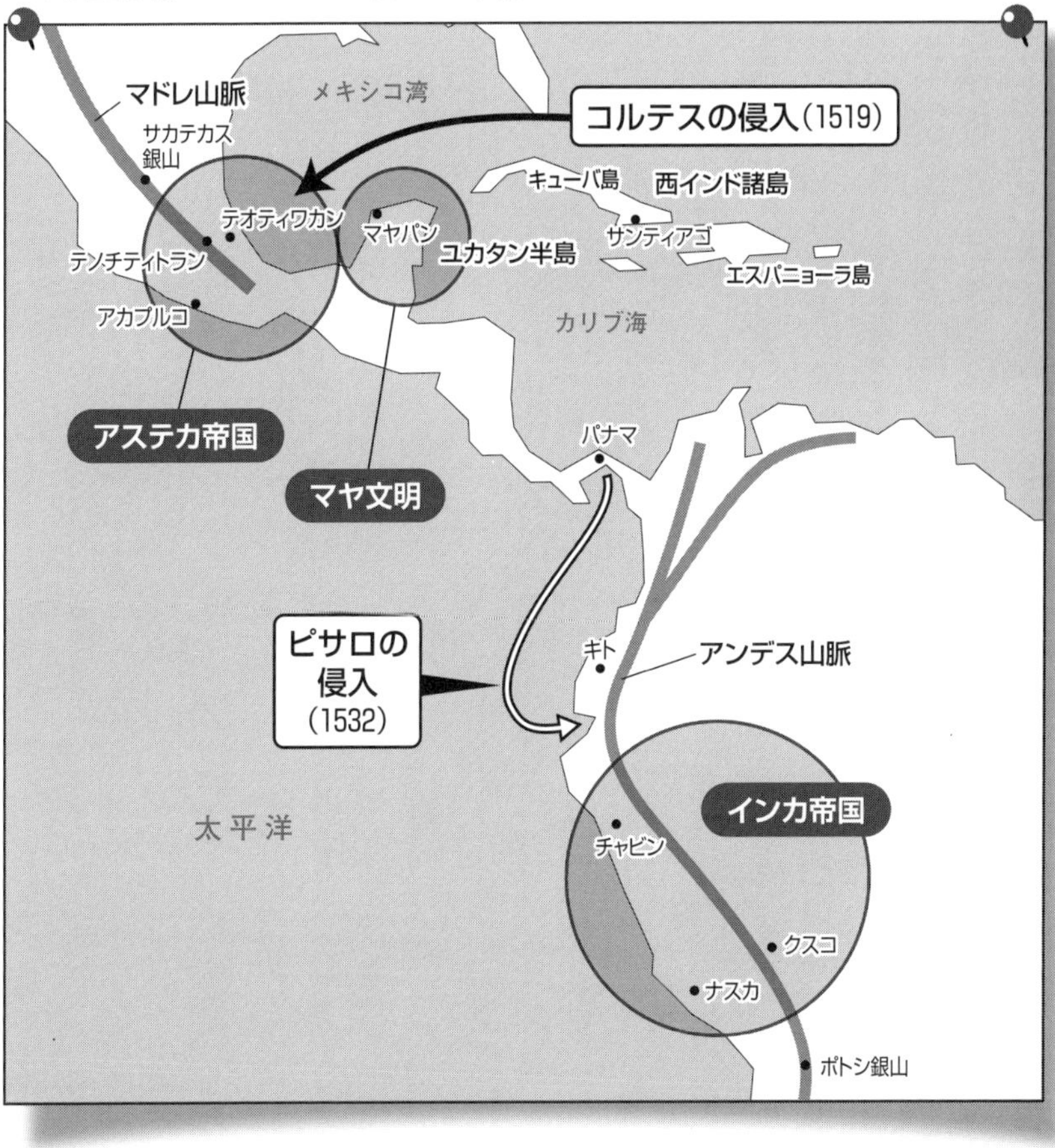

にしてしまいます。アタワルパは三万人の軍事力を持っていましたが、不意打ちにあって対応できませんでした。このようにメキシコ以南の二大帝国はスペインのものとされ、本国から派遣された国王の代理人（副王）により支配されることになります。

天然痘の猛威によりスペイン化は急速に進んだ

一六世紀の七〇余年間、ヨーロッパ人が新大陸に持ち込んだ天然痘などの疫病により、新大陸の先住民の延べ八〇〇〇万人から一億人が命を落としたとされています。スペイン人がもたらした天然痘に対して、**先住民は免疫を持たず、まったく無防備な状態にあったのです。咳で感染する天然痘は感染力が強く、恐るべき猛威をふるいました。**

アステカ帝国の記録によれば、できものがいたるところから吹き出し、「インディオ」たちは苦悶《くもん》しながら命を落としたとされます。

歴史の読み方

世界史上の最大の悲劇ともいうべき天然痘の大流行が、ラテン・アメリカのスペイン化が急速に進む一因になりました。ペスト、チフス、マラリア、黄熱病、そして現代のエボラ熱など、疫病との闘いは世界史の重要なテーマです。

「エル・ドラド伝説」で起きた新たな征服

その後、現在のコロンビアの首都ボゴダ付近に住む先住民チブチャ族の族長が、毎日金粉で身を飾り、年に一度の祭りの時に大量の金・銀器を湖の底に沈めるという噂がスペイン人の間に広がります。宝石、黄金があふれかえっている国、エル・ドラド（「黄金に覆われた者」の意味のスペイン語。「黄金郷」と訳される）の伝説です。

欲にかられたスペイン人の探検者たちは、エル・ドラドの黄金探しに奔走《ほんそう》しました。そうしたこともあり、**コロンブスが航路を開いた後の八〇年間に約一六万人のスペイン人が新大陸に移住**し、本国スペインの都市に似せた街を建設し、道路を開き、市場をつくりました。スペイン人が新大陸に建設した都市の数は、二〇〇にのぼります。

KEY POINT
世界史がわかる「鍵」
18

一六世紀、「第二ヨーロッパ」の形成

スペイン人の征服、天然痘の大流行、エンコミエンダ制による支配の下でメキシコ以南の新大陸では先住民社会が破壊され「第二のヨーロッパ」への改造が進められた。

「世界経済」を生み出した銀山の発見

一五四五年にペルーの**ポトシ銀山**、四六年以降にメキシコのサカテカス銀山が相次いで

発見され、安価な銀が大量に産出されるようになります。そうしたことから、一五四〇年代は、大西洋に航路が開拓された一四九〇年代に次ぐ、画期的な年代ということになります。やがて水銀アマルガム精錬法や水車を使った銀鉱石の砕石が普及し、安価な銀が世界中を巡ることになっていきます。

一五〇三年から一六六〇年までに約一万五〇〇〇トンにものぼる桁違いの銀が新大陸からスペインのアメリカ交易のセンター、セヴィーリャに運ばれました。ちなみに、それまでヨーロッパ最大の銀の産地、南ドイツのハルツ銀山が年間に産出する銀の量は、約三〇トンだったと言いますから、**一挙に、六倍から七倍もの銀が、新大陸からヨーロッパに流れ込んだ**ことになります。

[ヨーロッパの価格革命] 新大陸の銀の約四〇パーセントがスペイン王室の収入となり、残りはジェノヴァ商人などの手でヨーロッパ各地に再流出した。折からヨーロッパは、宗教戦争（202ページ）の時代であり、新大陸の銀は戦争の費用として浪費された。また銀の大量流入が銀価格を暴落させ、一六世紀から一七世紀前半にかけて物価が三倍から四倍に高騰したとされる。いわゆる「価格革命」である。こうした長期のインフレーションは、ヨーロッパ人の倫理観を大きく変えた。「価格革命」以前のヨーロッパでは、現在のイスラーム世界と同様に、金を貸して利子を取ることは忌むべきこととされていたが、やがて資産を守り、増やすための投資・投機が一般化

するようになる。

【東アジアのシルバーラッシュ】 一六世紀後半になると、「太平洋のコロンブス」とも言うべき、スペインの航海士ウルダネータは、モンスーン、黒潮、偏西風を利用した太平洋航路を開発。メキシコのアカプルコとフィリピンのマニラの間を大型帆船ガレオンで毎年結ぶマニラ・ガレオン貿易が開始され、新大陸で産出された安価な銀の三分の一がアジアに持ち込まれた。一七世紀前半にスペインが鋳造した銀貨は、東南アジアの新たな国際通貨となる。明の福建地方の商船は、政府の海禁政策に逆らって台湾海峡を通ってマニラに渡り、絹・陶磁器などの豊富な物産をスペインの安い銀と交換した。大量の中国の物産は、メキシコ、大西洋を経由してヨーロッパにまで流れる。当時のマニラは、スペイン商人のアジア出張所だったのである。

こうしてインド洋・太平洋・大西洋に銀の大きな流れが生まれ、東と西から新大陸の大量の銀が明帝国に流れ込むことになりました。宋代以降、経済規模が拡大する中で銅不足が深刻になり、銅銭を紙幣（交子・交鈔）に切り換えてなんとか通貨危機を乗り切ってきた中華帝国にとって、大量の銀の流入は極めて好都合でした。しかしすでに銅銭があったため、明では銀は地金として取引されます。マニラ・ガレオン貿易は、一五六五年からナポレオンが没落する一八一五年まで二五〇年間も続きました。

歴史の読み方

新大陸で産出された大量の安価な銀は、新大陸・ヨーロッパ・アジアを大西洋、太平洋で結ぶ、最初のグローバル経済を出現させました。

5 「海の時代」を本格化させた海運大国オランダ

THE AGE OF TRANSOCEANIC DISCOVERY EXPANDED THE STAGE OF WORLD HISTORY

八〇年間続いた「オランダ独立戦争」

大航海時代に大西洋世界の主導権を握っていた「太陽の沈むことのない国」スペインに、大きなダメージを与えたのがネーデルラントの独立戦争でした。**オランダはこの八〇年間の戦争を通じて、スペインから繁栄をもぎとった**のです。

新教のカルヴァン派（201ページ）の信仰がフランスからオランダに流入したのとほぼ同じ時期に、スペインのハプスブルク家はネーデルラントを領地に加えます。宗教改革の波が広がると、スペインのフェリペ二世（位一五五六 - 九八）は異端審問所を設けてカトリック信仰を強制し、諸都市に重税（一パーセントの所有税、五パーセントの土地売買税、一〇パーセントの消費税）を課すことで、民衆の不満をかいました。

スペインが派遣した一万人の軍隊は苛酷な弾圧を加え、ネーデルラントは被処刑者約八〇〇〇人、海外亡命者一万人という惨憺《さんたん》たる状況になりました。そうした中でカルヴァン派の商工業者を中心に、八〇年間もの長期にわたり断続的に続く「オランダ独立戦争」（一五六八－一六四八）が展開されます。

オランダがヨーロッパ経済を主導するのは、独立戦争の後半期です。

スペインから独立し、大西洋に進出

オランダ独立戦争に手を焼いたスペインは、南部のカトリック・北部のカルヴァン派の宗教の違いを利用する南北離間策をとり、戦争の早期終結を図りました。

カトリック勢力が強い南部一〇州（後のベルギー）は結局、スペインの懐柔策を受け入れてスペイン領にとどまります。しかしホラント州などの北部七州は、一五七九年に「ユトレヒト同盟」を結んでスペインに対して徹底抗戦を続け、一五八一年には独立を宣言。独立運動の指導者オラニエ公ウィレム（一五三三－八四）を統領とする「ネーデルラント連邦共和国」（オランダ）を成立させました。その後、「三十年戦争」を経て、一六四八年、「ウェストファリア条約」でオランダの独立が承認されます。

【オランダ人とプランテーション】オランダは人口が二〇〇万弱の小国だが、新タイプの商人・海運国家として「大きな世界史」の形成に大きな足跡を残した。高度な造船能力を背景とする海運は、ヨーロッパ経済を直接、大西洋世界とインド洋世界に結びつけ、航路の拡大と「公海の自由」の原則の確立に貢献した。またオランダ人は、植民地におけるプランテーション経営を普及させ、資本主義経済が誕生する条件を整えた。オランダでは国民の六割が首都アムステルダムなどの都市に居住しており、毛織物業、造船業、海運業、漁業を中心とする集約度の高い国だった。低地が多いために、人々は堤防をつくり、風車で絶えず水をくみ出して国土を守らなければならなかった。それがオランダ人に勤勉で節約を重んじる国民性を与えたのである。

農地に恵まれないオランダ人は、大西洋の商業で富を生み出す方法をつくり出し、商品作物を栽培するプランテーション（大規模工場生産方式をとり入れた大農場）を普及させることでヨーロッパ経済に新たな可能性を示しました。やがて他の国の人々もオランダ人にならい、プランテーション経営に乗り出します。

海は「公」の空間であるとしたオランダ

常時六〇〇隻から八〇〇隻のニシン漁船団を派遣して北海のニシン漁場を制していたオランダは、一八人から三〇人の乗組員が乗り込んで、五週間から八週間は漁を続けることが可能な大型の「バス船」を生み出しました。バス船では、船上でニシンを塩漬けにして

■スペイン領が散在していた16世紀後半のヨーロッパ

処理することができました。

イギリスが羊毛、毛織物を輸出して得る金額と同じ程度の収入をオランダはニシン漁で得ていたと言われます。やがてニシン漁船から、より積載量の多い「フライト船」と呼ばれる交易船がつくり出され、バルト海交易で大活躍します。

【ニシン漁と造船大国】 漁船の消耗度が高い荒れた海での大規模な漁業は、オランダの造船業を成長させた。オランダの造船業は、風力製材機、重い材木を動かすための大クレーンの使用など機械化・標準化されて、ヨーロッパでもずば抜けた生産能力を持ち、造船コストはイギリスの五〜六割だった。やがてオランダは、ヨーロッパの船舶の半分以上を所有するようになる。

オランダが経済成長をとげるには、スペイン、ポルトガルが独占する海洋での航路を確保する必要がありました。一六〇九年、オランダの法学者、外交官のグロティウス（一五八三 ‐ 一六四五）は『海洋自由論』を著し、貿易と公海の自由を説いて海洋に関する国際法の基礎を築きました。オランダ人は、私掠船《しりゃく》（敵国の船を攻撃して略奪する許可を持つ船）、密貿易などでスペイン、ポルトガルの海洋独占を打破していきます。

また地図職人のメルカトールが、大洋で羅針盤を使って航海するのに役立つ、方位が正確な世界地図を作成したことも、海運力に優れたオランダが世界の海を支配するのを助けました。そうした地道な積み重ねにより、海の道路（航路）で五つの大陸が結びつく「大きな世界」の形成が進んだのです。

スペインと対抗関係にあったイギリスもオランダを支援し、私掠船によりアメリカ大陸から膨大な銀を輸送するスペインの銀船団に対する攻撃をくり返しました。スペインは、一五八八年になると無敵艦隊（アルマダ）をイギリスに派遣して報復を図りますが、嵐にあい船足の早いイギリス海軍に敗北（245ページ）。大西洋の制海権を失いました。

歴史の読み方

オランダは、プランテーションの普及、「公海の自由」を原則とする海のルールづくり、の二点で世界史に大きな足跡を記しました。

アジア進出でオランダ東インド会社が活躍！

一六〇二年、オランダでは東インド会社が設立されて、喜望峰からマゼラン海峡に至る広大な地域の貿易、植民、軍事の独占権を握りました。**東インド会社は、商人たちの過当競争を避けるために総督の提案で創設された世界初の株式会社**です。株式会社は、株主に株券を購入してもらって利益が出れば配当を分配し、損失が出れば出資金の枠内で株主に損失を負ってもらうという有限責任の組織です。

【大儲けした東インド会社】 東インド会社は一六一九年、総督クーン（一五八七－一六二九）がジャワ島のバタヴィアに拠点を築き、香料諸島、セレベス島、スンダ諸島、マラッカ、シャム、セイロン島、インド東岸・西岸に支店を設け、丁字《ちょうじ》、ナツメグ、ニッケイなどの取引を独占した。会社は巨大な利益を上げ、三・五パーセントの利子の支払いが約束されていた株式の配当率が、一六〇六年には七五パーセントという驚異的な額に及んでいる。そうであるならば、投資しない手はない。六年間で、東インド会社の資本額が四・六倍にも増大したのは当然だった。

歴史の読み方

オランダの東インド会社は、世界で最初の株式会社です。やがて経済システムが変わる中で企業などの民間組織の力が強まっていきます。

ヨーロッパにおける主権国家の普及

ローマ帝国の辺境に位置する西ヨーロッパでは、集権支配の体制も官僚支配の体制も整っておらず、領主の間の土地を仲立ちとする私的な主従関係の積み重ねによる封建制度が秩序をつくり上げていました。

その後、ローマ帝国の権威を引き継ぐ皇帝とローマ教皇の間で、帝国化への道が探られます。九六二年、オットー一世（位九六二－九七三）の戴冠（142ページ）で成立した神聖ローマ帝国の皇帝がヨーロッパの「諸王の王」とされましたが、教皇領を拡大し、叙任権闘争で聖職者の任命権を手中に納めた教皇が、十字軍運動の高揚期には一時的に権限を強めました。

しかし十字軍が失敗に終わり、諸侯・騎士が没落する中で、権限を強めたのが商人と結ぶ国王でした。国王は、イギリスの模範議会、フランスの三部会、神聖ローマ帝国の帝国議会に代表されるような、聖職者・貴族・商人の代表からなる身分制議会を組織し、その協力を得て国家を統治するようになります（195ページ）。

ところが、大砲、鉄砲が登場して戦争のやり方が一変すると、傭兵軍や常備軍、官僚を利用できる国王の力が抜きん出るようになります。とくに、宗教戦争の時代に入ると、神聖ローマ帝国は形骸化し、ドイツを舞台にして戦われた最大の宗教戦争、「三十年戦争」（一六一八－四八）の講和条約、**「ウェストファリア条約」（一六四八）で国王の主権が認められ、「主権国家」が一般的になっていきます。**

【国王をオーナーとする国家】ウェストファリア条約の結果、国王がオーナーとなり、国王が発布した単一の法により統治される「主権国家」が成立した。身分制議会が廃止され、王が絶対的な権力をふるったので「絶対王政」とも呼ばれる。しかし、市民層が自覚と実力を身につけると

KEY POINT
世界史がわかる「鍵」
19

宗教戦争でできた「主権国家」

宗教戦争は、商人国家オランダを誕生させただけではなく、神聖ローマ帝国を無力化させ、ヨーロッパを主権国家体制に移行させた。

「市民革命」で国王を倒し、議会が定めた法により国家が治められる「国民国家」が登場することになる。

三十年戦争中の一六二五年、オランダ人グロティウスは「戦争と平和の法について」を発表。悲惨な戦争から人類を救済するために国際法が必要なことを説いています。

6

大西洋の覇権を海軍力で奪ったイギリス

THE AGE OF TRANSOCEANIC DISCOVERY EXPANDED THE STAGE OF WORLD HISTORY

「ピューリタン革命」と「名誉革命」で変わっていくイギリス

カトリックとプロテスタントの宗教対立が続いていたイギリスでは、エリザベス一世（位一五五八‐一六〇三）が出した「統一令」により祈祷、礼拝などの典礼が統一されて「イギリス国教会」の組織が整えられて、宗教面で国王の権威が確立されました。

イギリスは、「第一次囲い込み」（エンクロージャー。牧羊のため土地を統合して利用すること）で増産された羊毛で新大陸向けの毛織物の生産を増大させ、**一五八八年にはスペインの無敵艦隊（アルマダ）を撃破して、大西洋の制海権を握ります。**一六〇〇年には、喜望峰からマゼラン海峡に至る広い海域で貿易の独占権を持つイギリス東インド会社が創設されました。

【アルマダ海戦でスペインを破る】イギリス海軍は、イギリス上陸をめざしたスペインの一三〇隻、一万人が乗り組む艦船、陸上兵力一万九〇〇〇人をドーバー海峡で撃破した。

生涯独身を通したエリザベスが逝去《せいきょ》してテューダー朝が途絶えると、スコットランドから王権神授説（王の権力は神から与えられ、他の制約は受けない。202ページ）を振りかざすジェームズ一世（位一六〇三－二五）が王として迎えられ（スチュアート朝）、議会とよそ者の王との間の対立が激化しました。

地方で権力をふるい、徴税などの面で王政を支えてきたジェントリー（郷紳）は、議会に結集して外来の王の暴政を非難。それに対して、王が議会の武力弾圧に乗り出したことから内戦が始まりました。

内戦では、クロムウェル（一五九九－一六五八）が議会派の軍隊としてピューリタンを組織した鉄騎隊が宗教的結束力により勝利し、国王を処刑して共和政を樹立しました。よそ者の王を、ジェントリーが実力で排除したのです。それが、**「ピューリタン革命」**と呼ばれる出来事です。

歴史の読み方

ピューリタン革命は、外から迎えられた王の横暴な支配を、イングランドの在地の勢力が打ち倒した変革で、市民革命のイメージとはかなり離れています。

【英蘭戦争での勝利】 新たな独裁者となったものの議会に十分な足場を持たなかったクロムウェルは、人気を得るためにスコットランド、アイルランド、ジャマイカ島を征服して植民地にし、一六五一年には「航海法」(248ページ)を定めてオランダの中継貿易に大打撃を与えた。それが「英蘭戦争」(一六五二ー五四、六五ー六七、七二ー七四)につながる。クロムウェルこそが、経済面でオランダに遅れをとっていたイギリスを軍事力で強引に押し上げた人物と言える。オランダはスペインから独立を勝ちとったわずか四年後に、イギリスに繁栄の座を奪い取られることになる。

クロムウェルは、護国卿(政・軍の最高官職)となって議会を解散し独裁制を敷きましたが、国民の支持をつなぎとめることはできませんでした。

クロムウェルの死から二年後の一六六〇年、穏健派が支配する議会は、大陸に亡命していた王族を呼び戻して王政を復古させました。しかし、国王が協調を拒んだために議会は一六八八年に国王を廃位させ、新教徒のオランダ総督ウィリアム(ウィリアム三世、位一六八九ー一七〇二)に嫁いだ王の娘、メアリ(メアリ二世、位一六八九ー九四)と夫を新国王に決定。前国王は亡命します。この無血政変が、イギリスでは**「名誉革命」**(一六八八ー八九)と呼ばれています。

新国王は「権利の章典」を出し、議会を中心とする立憲王政の基礎を確立しました。一七一四年、王朝が断絶すると、ドイツからジョージ一世(位一七一四ー二七)が迎えられましたが、王は英語を理解できず閣議にも欠席したため、大臣の一人が内閣総理大臣として王の職務を代行しました。こうしてできたのが「**責任内閣制**」（内閣が議会に対して責任を負う）です。

台頭していく海洋帝国イギリス

バラ戦争（198ページ）後に成立したテューダー朝第二代のヘンリー八世（位一五〇九－四七、202ページ）は海軍の常備軍を創設し、一五一〇年に造られた世界最初の舷側砲を装備したメアリー・ローズ号（全長三二メートル、七八門の舷側砲）の後を継ぐ軍艦の建造に努めました。海軍は軍艦五八隻までに増強されて、海洋帝国イギリスが姿を現すことになります。

一七世紀、オランダをついで東インド会社の下で東南アジアに進出したイギリスは、一六二三年の「**アンボイナ事件**」（オランダがアンボイナ島のイギリス商館を襲撃した事件）でモルッカ諸島から追い出され、アジア貿易の中心をインドに移すことになります。

【海軍力による大西洋の制覇】 イギリスはクロムウェルの下で一六五一年に「航海法」を制定し、中継貿易とイギリスの羊毛に依存するオランダ経済に打撃を与えた。これはイギリスと植民地間の海運をイギリス船に限定し、オランダ船をイギリスの港から締め出すもので、同法に反したという口実で二〇〇隻のオランダ船の積み荷が没収された。一六五二年、イギリスはオランダ船がイギリス軍艦に敬意を払わなかったことを理由にオランダとの戦端を開く（英蘭戦争）。戦争は断続的に三回に及び、二回、三回の戦争ではオランダはフランスの大陸軍をも相手にしなければならなくなった。この一連の戦争で、一六四八年に結ばれたウエストファリア条約以後に軍備の縮小を進めていたオランダが、逆に軍備の増強を進めていたイギリス軍の大型戦艦に完敗し、フランス陸軍の侵入で国力を消耗させた。辛くも独立は維持されたものの、オランダの衰退は明らかになり、それに代わって海洋帝国イギリスと陸の大国フランスが台頭するようになる。

産業面でも**羊毛産出国のイギリスは、オランダの技術を模倣してランカシャ中心に農村毛織物業を成長させ、毛織物の主要産出国になります。**ヨーロッパの経済の中心が、イギリスに移動したのです。

商人国家オランダは自立した七州が緩く結合する連合体であり（237ページ）、「レヘント」（都市貴族）と呼ばれる大商人層が政治の実権を握っていました。レヘントは利益の追求を第一に考えて軍事費の削減に努め、利益第一で敵国のイギリス、フランスにも盛んに投資を行いました。オランダの興隆期には、そうした体質が有効でしたが、軍事対立の時代になると、それが逆にふれて、オランダは没落の憂き目を味わうことになりました。

イギリス東インド会社は、一七世紀後半にムガル帝国が強硬なイスラーム化政策の失敗で分裂状態になると、一七五七年の「プラッシーの戦い」に勝利してベンガル州の徴税権を獲得し、本格的なインドの植民地化に乗り出します。その後イギリスは、一〇〇年かけてインドを植民地に変えていきました。

歴史の読み方

英蘭戦争でオランダを追い落とし、フランスとの長期に及ぶ植民地戦争（第二次百年戦争、一六八九－一八一五）に勝利して、イギリスは海洋帝国としての地位を確立していきます。

KEY POINT
世界史がわかる「鍵」
20

蘭・英が世界のルールをつくった

「公海の自由」を主張したオランダ、自由貿易主義を掲げたイギリスが、「大きな世界」のシステムとルールをつくりあげていった。

課税問題で挫折した「大西洋帝国」

一七世紀から一八世紀にかけて、ヨーロッパ世界の膨張に伴ってヨーロッパ外での植民地戦争が相次ぎました。

イギリスでは、「海を制する者は、世界を制す」の言葉で有名なウォーター・ローリー（一五五二頃－一六一八）が処女王エリザベス一世の名をとってヴァージニアと名づけた植民地を拓いて以後、北アメリカへの植民が続けられました。
アメリカ東部の大西洋の沿岸地帯への移民により植民地を拡大したイギリスは、先住民との毛皮交易の目的でカナダ（ヌーベル・フランス植民地）からミシシッピ川河口まで広域を支配していたフランスとの間に、ビーバーの毛皮交易をめぐる勢力争いを繰り広げます。

【イギリスの大陸国家に対する優位】 ヨーロッパ大陸から離れたイギリスは、島国という点でオランダ、フランスとは一味違う「海洋国家」だった。陸上からの侵略の恐れが少ないために陸軍を拡充する必要がなく、経費を海軍につぎ込めた。その結果、イギリス海軍は、ヨーロッパで群を抜く力を持つようになる。ヨーロッパから遠く離れた植民地で戦争が行われる際に、海を通じた物資の補給が雌雄を決する要因になり、イギリスの海軍力により兵站《へいたん》線（戦場と後方支援との輸送線）を維持するという利点が生かされた。

イギリスとフランスは、北アメリカとインドで進出先が重なっていたため、一七、一八世紀に戦争をくり返しました。イギリスは、ヨーロッパでの「七年戦争」（一七五六－六三）と連動して戦われた「フレンチ・インディアン戦争」（一七五五－六三）に勝利し、一七六三年の「パリ条約」で、フランスからカナダとミシシッピー川以東のルイジアナ、スペインからはフロリダを獲得して北アメリカの覇権を確立します。その結果、イギリスは新大陸でスペインに匹敵する大植民地を持つことになりました。

七年戦争に際してヨーロッパ、北アメリカ、インドにまたがる世界規模の大戦争でフランスに勝利した**イギリスは、北アメリカ、インドで優位に立ち、オランダの後を継ぐ覇権国家になりました。**大西洋をまたぎ、北アメリカ植民地とイギリス本国からなる「イギリス第一帝国」の成立です。

しかし、戦争の際に発行した赤字国債を償還するためにイギリスが行った植民地に対する本国並み課税への猛反対が起こり、「アメリカ独立戦争」が勃発します（278ページ）。イギリスが北アメリカで覇権を確立した二〇年後の一七八三年には、一三植民地が独立。スペインの植民地に匹敵する広さを持っていたイギリスの北アメリカ植民地は失われ、カナダだけが植民地として存続することになります。イギリスは、大西洋を挟む帝国になり損ねたのです。

歴史の読み方

イギリスは国債の償還に焦るあまり、課税問題から植民地支配に失敗し、アメリカ独立戦争に敗北して、大西洋をまたぐ大帝国の建設は挫折することになります。

第7章

大西洋が育てた資本主義と国民国家

CAPITALISM AND NATION-STATE ROSE UP FROM THE ATLANTIC

1

サトウの生産から資本主義が生まれた

CAPITALISM AND NATION-STATE ROSE UP FROM THE ATLANTIC

大西洋世界で誕生した近代システム

歴史の女神が大西洋を介してヨーロッパに与えたのが、**「資本主義経済」と「国民国家」**です。それらは大西洋世界で偶然の条件が組み合わさって形成されたシステムで、そのパワフルさのゆえに、一九世紀にヨーロッパを経由して世界中に広まりました。

資本主義経済は自給自足経済とは異なり、利潤を追い求めて膨張を続ける拡張的な経済システムです。

「小さな世界史」では、経済は基本的に自給自足であり、支配地の拡大に貪欲な帝国が軍事的拡張を追い求めたことにより民衆の所得は停滞し続けました。ところが「大きな世界史」では、一八世紀後半以降に「資本主義」という、分業により広域を結びつけ、膨張を続ける経済システムが世界に広がり、民衆の所得は増大し、出生数も増加していくことになります。

【新・旧世界の経済基盤の違い】二つの世界の経済の基礎となる「畑」と「資本」の間には大きな違いがあった。働き手が増えても「畑」を拡大することは容易ではなかったが、「資本」はヒツジと同じように富の源泉を増殖させることが容易だった。初期のプランテーションや工場は、比較的簡単に経営規模を拡大できたのである。紀元前後に二億人と推定される世界人口は、一八〇〇年頃には一〇億人に至り、その後、資本主義経済の成長とともに増加して、二一世紀初頭には七〇億人に達している。

資本主義経済の形成が重要なテーマであるにもかかわらず、世界史の教科書では曖昧な記述しかなされていないのは奇妙なことです。

それは資本主義を社会の普遍的な一発展段階とみなし、ユーラシアの「小さな世界史」の枠組み、あるいはヨーロッパ史、一国史の枠組みの中で資本主義の誕生が考えられていたためかもしれません。

歴史の読み方

現在は資本主義経済の時代ですから、世界史の最も重要な課題の一つが資本主義という経済システムの誕生プロセスの説明になります。しかし、伝統的な農業社会の解体、再編で資本主義の誕生を説明するのはかなり困難です。資本主義を海が生み出した人工的経済システムと考えるとスッキリ説明できます。

【海に富を求めたオランダとイギリス】 大西洋世界での後発組であるオランダ、イギリスはアメリカ大陸に十分な土地が得られず、プランテーション経営と商業により富を拡大することが必要になった。自給自足・物々交換を基礎とするヨーロッパに視点を限定すると、資本主義経済の成り立ちは説明しにくい。資本主義経済は、大西洋世界の商品経済から生まれたのである。

現在、地球規模で広がりを見せている資本主義経済は三〇〇年余り、国民国家は二五〇年余りの歴史しか持っていません。自給自足農業の九〇〇〇年、帝国の三〇〇〇年の歴史に比べると、パワフルな新参者といったところです。経済がグローバル化している現状からして、世界史では世界規模に拡大した資本主義の成立・拡大過程の解明を、しっかり行う必要があることについては異論のないところでしょう。

ユーラシアではモンゴル帝国の崩壊後に再編された帝国の支配（178ページ）が一九世紀～二〇世紀初頭まで続くことになりますが、新興地域の大西洋世界では、**銀の時代の後、サトウキビのプランテーションが普及して大西洋の三角貿易（29ページ図、263ページ）と結びついて大規模化し、資本主義という新たな生産システムが成長**します。

他方で、一八世紀後半には北アメリカのイギリス植民地の独立戦争で「国民国家」が姿を現します。資本主義と国民国家が、世界史を「ヨーロッパの世紀」へと導いてゆきます。

カリブ海は海賊の海から砂糖の海へ

一八世紀から一九世紀にかけて、ヨーロッパ諸国のリードの下に一挙に世界の広域化が進みました。本書では紙幅が限られていることもあり、簡潔に世界史のトレンドのみを描くことにします。そのほうが、世界史全体の流れが把握しやすくなるかもしれません。

新大陸で銀の産出量が激減した一八世紀は、スペイン、ポルトガルの海洋独占の体制が緩み、オランダ・イギリス・フランスなどの諸国が、寒冷なヨーロッパとは対照的な亜熱帯、熱帯のアメリカ大陸でプランテーションを拡大する時代です。

一七世紀の後半以降、カリブ海域のサトウ、タバコ、コーヒー、アジアの木綿、紅茶などがヨーロッパに持ち込まれ、コーヒー・ハウスの普及に見られるような生活様式の変化がヨーロッパに広がりました。そうした動きが、商業とプランテーションの拡大をバックアップしたのです。

資本主義経済は、カリブ海域でのサトウキビの大量栽培から始まりました。

「銀の時代」、スペインのアメリカ大陸支配の玄関口にあたっていたカリブ海では、先住民が天然痘でほぼ絶滅したためにスペイン人の多くが大陸部に移住して防御が手薄になり、他方で移住スペイン人が運んできた家畜が野生化して繁殖しました。そうした状態を利用してバッカーニア（海賊）が島々に住み着き、カリブ海域は私掠船や海賊船の活動の場になっていました。うまくスペインの銀船を捕獲できれば、大金がころがりこんだからです。
ところが一七世紀後半になると、イギリスのジャマイカ島進出を機にサトウキビ・プランテーションが急速に拡大し、カリブ海は「サトウの海」に姿を一変させることになります。

一五八〇年にスペインがポルトガルを併合すると、ブラジルでサトウの流通と精製を牛耳《ぎゅうじ》っていたオランダ商人がブラジルから締め出され、サトウ商売の中心をカリブ海域に移したという事情もありました。

一六五五年、クロムウェル（246ページ）が派遣した軍隊がジャマイカ島を占領し、イギリス人のサトウキビ栽培が開始されます。儲かる戦略商品であるサトウキビの生産は急速に広がり、一八世紀になるとジャマイカ島はブラジルを抜いて世界最大のサトウ生産地になります。

次いで一七世紀末、スペイン領エスパニョーラ島西半部（現ハイチ）のサン・ドマングを獲得したフランスも、サトウキビのプランテーションを拡大。一八世紀には、サン・ドマングがジャマイカ島と並ぶサトウの大生産地に成長をとげます。**イギリス、フランスは、カリブ海域のサトウ生産で膨大な富を手にした**のです。

【サトウ生産を支えた奴隷貿易】 天然痘によるカリブ海での先住民の激減、ブラジルなどでの狩猟・採集社会に起因する人口不足のため、サトウキビのプランテーションは、商品としての黒人奴隷の労働力に依存せざるを得なかった。推計では一六世紀に九〇万人、一七世紀には三〇〇万人、一八世紀には七〇〇万人、一九世紀には四〇〇万人、全体で一五〇〇万人の奴隷がアフリカから新大陸に運ばれたとされる。ここから逆に、サトウキビ栽培の規模の変化を知ることもできる。全体として見るならば、サトウキビ栽培の中心の西インド諸島（231ページ図）に約四〇パーセントが送られ、ブラジルはそれよりも数パーセント低かったとされる。

ユーラシアの自給自足を原則とする経済とは異なり、新たに形成されたプランテーションは生産に従事する働き手が商品として扱われる仕組みができあがりました。**そうした仕組みができあがる背景には、天然痘による先住民の激減という偶然がありました。**

製糖施設が付設されたサトウキビのプランテーションでは、労働力となる黒人奴隷、その食糧、農場施設、農具、サトウを精製するための工場、風車などがすべて、「商品」として貨幣で購入され、製品のサトウも「商品」として売りさばかれました。サトウキビのプランテーションでは、すべてが貨幣により動かされたのです。そのような経済システムは、従来の世界にはほとんど存在しませんでした。

ちなみにヨーロッパ、アフリカ、カリブ海を結ぶ大西洋の「三角貿易」は、ヨーロッパ、新大陸、アフリカ西岸の分業関係が基礎になっていました。商品として、モノとヒトが売買される「市場経済」です。
大西洋の資本主義経済は世界帝国、遊牧帝国を支えたユーラシアよりも広い空間での大量の商品売買に基づいており、その市場が巨大だったがゆえに短期間に資本主義が拡大することが可能になったのです。

歴史の読み方

大西洋の大規模な三角貿易により、カリブ海におけるサトウ生産と商品としての奴隷（サトウ農場の働き手）の貿易を長期間持続したことが、資本主義経済の普及につながりました。三角貿易が、資本主義経済の成長を強力にサポートしたのです。

KEY POINT
世界史がわかる「鍵」
21

資本主義と国民国家の成立

サトウキビ・プランテーションの拡大が、大西洋海域で資本主義経済を成長させた。そして一八、一九世紀にはアメリカの独立を契機に国民国家が広がっていく。

資本主義を支えたサトウ、コーヒー、紅茶

カリブ海で商品として大量に生産されたサトウはヨーロッパで歓迎され、大衆的な調味

料に姿を変えました。サトウを支える空間は、その普及にともなって、広域化、複雑化します。

イギリスでは、一人当たりのサトウ消費量が一六〇〇年には年四〇〇～五〇〇グラムでしたが、一七世紀には約二キロ、一八世紀は約七キロというように激増したことが知られています。庶民の日常生活にも、調味料としてのサトウが浸透したのです。

しかし、プランテーションで過剰に生産されるサトウの販路を広げるには、需要の開発が必要でした。新たな欲望を開発して需要を増やさなければ、サトウ産業に未来はありません。そこでサトウ商人は、サトウのパートナーとして、イスラーム世界のコーヒー、中国の紅茶、新大陸のココア（チョコレート）などを選びました。**新たな商品の連鎖が生まれ、サトウをとりまく食品・嗜好品の輪が成長**しました。やがて、コーヒー、茶葉などのプランテーションも拡がっていきます。

一七世紀、最初に流行したのは、エチオピア原産のイスラーム世界の「香りの高い」飲料コーヒーでした。一六五〇年にオックスフォードでイギリス初のコーヒー・ハウスが開かれ、都市民の**「生活革命」**が引き起こされます。

一七世紀に、ロンドンのコーヒー・ハウスは三〇〇〇軒に上ります。需要が激増すると、オランダ商人やイギリス商人はアラビア半島南部の積み出し港モカで培煎《ばいせん》された豆を買い入れ、ヨーロッパに運びました。フランス、ドイツでも、コーヒー・ハウスが大流行します。コーヒー豆の取引が拡大すると、利に聡《さと》いオランダ商人は、生のコーヒー豆を手に入れ、ジャワ島、セイロン島でのコーヒー栽培を開始します。価格競争で敗れたイギリス東インド会社は、コーヒーを紅茶に切り替えざるを得なくなりました。

一七世紀の半ば以降、イギリス東インド会社はイギリス王室に大量の茶葉を献上して宣伝し、上流階級に清で生産された茶葉にカリブ海のサトウを入れ、清の磁器のカップに入れて飲むという喫茶スタイルをつくり出しました。茶葉の輸入量は一七世紀末には年平均二万ポンドでしたが、一七二一年には一〇〇万ポンドを超え、五七年には四〇〇万ポンドに達します。

しかし、紅茶販売を巡る紛争でイギリスから独立したアメリカ（278ページ）は紅茶文化圏から離脱し、薄いコーヒー（アメリカン・コーヒー）を愛飲するようになります。そこでブラジルのサンパウロ州東部でコーヒーのプランテーションが大規模に開拓されることになりました。

南アメリカ原産のカカオは、当初は王侯貴族の薬用飲料でしたが、一九世紀前半にオランダのアムステルダムでヴァン・ホーテンが余分な脂肪分を取り除く技術を発明して飲みやすくし、一九世紀中頃にイギリスの会社が多くのサトウを溶かし込む固形チョコレートの製造を開始しました。カカオ豆は、一九世紀になるとイギリスによりアフリカに移植されていきます。

このようにサトウは、ヨーロッパにコーヒー・紅茶・ココアを従えた新しい嗜好品文化を普及させました。**私たちもなじみ深いサトウとコーヒー、紅茶、ココアは、ヨーロッパ、アメリカ、アジアを結ぶヨーロッパの大商圏のシンボルだった**のです。

膨大な利益をもたらした大西洋三角貿易

サトウキビは常に成長を続けて一年半で成熟したことから、農場主（プランター）は作付け時期を移して連続的に収穫できました。しかし、サトウキビは刈り取り後に急速に甘みが落ちてしまうために、短期間に集中的に利用できる大量の労働力が必要となりました。黒人奴隷の確保がプランテーション経営に不可欠だったのです。

プランテーションでは、一〇〇人程度の労働力で年間八〇トンのサトウの生産が可能でした。一六四五年のバルバドスの一イギリス人の手紙によると、黒人奴隷は一年半働かせれば元がとれたといいます。

イギリスの港リヴァプール、フランスの港ナントなどが奴隷貿易のセンターでした。西ヨーロッパの火器、日用品、雑貨が西アフリカで奴隷と交換され、西ヨーロッパの手工業製品とともにカリブ海域、新大陸に送られ、砂糖、タバコなどの農産物と交換されました（29ページ図）。

一八世紀に、奴隷貿易を主導したのはイギリス人でした。イギリスの奴隷商人は、奴隷の大量輸送方式を開発し、安価な輸送で他国の奴隷貿易商人を引き離します。ただ、ブラジルに向けた奴隷貿易では、一貫してポルトガル商人がリードしていました。

【奴隷貿易による一〇倍の利益】 イギリスの奴隷商人は、わずか二ポンドから三ポンドで購入した奴隷を二五ポンドから三〇ポンドの値段で売却し、ほぼ一〇倍近い巨利をあげた。黒人奴隷の三分の一は輸送の途中で死亡したとされ、約三〇〇年間に一〇〇〇万人もの黒人奴隷がアフリカから連れ去られたという。しかし、奴隷貿易で働き盛りの青年を大量に奪い取られたアフリカでは、人口構成が大きく歪んでしまった。

黒人奴隷の輸送量からして、イギリスなどの奴隷商人があげた利益は、はかり知れません。その膨大な富が、イギリス経済を飛躍させる大きなエネルギーになりました。一八世紀には、イギリス・北アメリカのイギリス植民地・カリブ海域にも、イギリス植民地から食糧や木材を西インド諸島に運んでサトウや糖蜜を購入し、ラム酒をヨーロッパで売り、工業製品を購入するという第二の三角貿易も展開されました。

【喫茶店から始まった保険業】 海運が盛んになると、航海のリスクを分散させるための保険業が必要になった。一七世紀末、ロンドン港でエドワード・ロイドが開いたコーヒー・ショップには貿易商、保険業者が集まるようになり、やがてロイズという名の共同組合がつくられて海上保険の引き受けを始めた。海上保険から始まる利益の多い保険業務は、火災保険、生命保険として急速に普及する。

2 産業革命と産業都市が世界史を主導する

CAPITALISM AND NATION-STATE ROSE UP FROM THE ATLANTIC

「産業革命」で都市が歴史を主導する時代に

一八世紀後半に始まる「産業革命」は、社会を短期間で変化させたわけではなく、長い歳月をかけて世界の在り方を根底から転換させた、ゆっくりとした社会変革でした。

しかし、現在の視点からすると、化石燃料の石炭を燃焼させる蒸気機関が生み出した人工的なエネルギーと機械群を結びつける工場が、封建的支配の拠点だった都市を、巨大な生産の場に変えたことがわかります。産業都市が各地に誕生し、農地をはるかにしのぐ生産力により世界史を新しいステージに誘ったのです。産業都市が主導する時代の訪れです。

一七六〇年代になるとサトウの増産によって貿易バランスが崩れ、亜熱帯、熱帯向けのヨーロッパの新しい戦略商品が求められるようになります。当時のイギリスの輸出の半分以上を占めていた毛織物が、輸出先の気候と適合しなかったため頭打ちになってしまったのです。そこで新たな戦略商品としてインド産の綿布が、大西洋市場に持ち込まれることになりました。後述（268ページ）するように、イギリスに移植された綿工業の紡糸《ぼうし》（綿花から糸を紡ぐこと）工程から産業革命が始まります。

歴史の読み方

大西洋の三角貿易が一挙に拡大する中で、ヨーロッパから輸出する手工業品が決定的に不足しました。そこでイギリス東インド会社はインドから綿布《めんぷ》を大量に輸入して対応し、大成功を収めます。そしてイギリスでも綿布の生産が始まります。綿布が、戦略商品になったのです。

「輸出の花形」となった綿布

産業都市は、前近代の都市と比べると、その機能が大きく異なっています。産業都市は、工場・倉庫・駅・ドック・労働者街などの多くの新しいシステムを組み入れ、都市を徹底的に組み替えました。「都市の時代」は、産業都市の出現から始まるのです。

産業革命が、一七六〇年代以降にイギリスで起こった綿工業の紡績部門での機械の導入、蒸気機関の利用、それにともなう経済・社会の大変動をいうことは、誰もが知っているでしょう。産業革命は人類史上の一大エポックであり、資本主義経済の確立、都市化の進展、交易の広域化などにより伝統的社会システムを大きく変えました。

イギリスで産業革命が始まったのは偶然ではなく、オランダ、フランスとの競争に打ち勝つことで大西洋での経済覇権を確立し、広大な「海外市場」を確保したことに起因しています。

一七世紀末になると、大西洋貿易の主力商品が伝統的な毛織物からイギリス東インド会社の手でインドから輸入された綿布（キャラコ）に変わりました。しかしインドのムガル帝国からキャラコを買うには、大量の銀が必要になります。議会もイギリスの毛織物産業を圧迫するインド綿布の輸入を禁止する「キャラコ使用禁止法」（一七二〇－七四年）を制定し、毛織物業者を擁護しました。

そこで、イギリス商人はカリブ海域で綿花を栽培し、イギリス本国で戦略商品の綿布を生産することにします。インド産綿布の輸入禁止がイギリス国内での輸出用の綿工業を育て、西インド諸島で栽培された綿花を原料とする綿布の生産が、奴隷貿易港リヴァプールの後背地ランカシア地方で急成長しました。**「産業革命」**の始まりです。キャラコ使用禁止法が解除されると、一〇年間でキャラコの生産は一挙に五〇倍にまで伸びます。

歴史の読み方

イギリス議会は毛織物業者を保護するために綿布の使用を禁止。綿布はもっぱら対外貿易用に生産されました。大西洋三角貿易が綿布生産の拡大を促し、産業革命を呼び起こしたのです。既得権益の厚い壁は、いつの時代にも、どこにでも存在したのです。

紡糸工程が求めた効率のよい「機械」

一七六〇年代になると、一七三三年にジョン・ケイ（一七〇四頃－六四頃）が発明した、自動的に往復する毛織物の織布《しょくふ》道具の飛び梭《ひ》（フライング・シャトル）が綿布の生産に取り入れられ、織布の能率が倍化します。そのため綿糸《めんし》の供給が追いつかなくなり、深刻な綿糸不足（糸飢饉《いときききん》）が起こりました。そこで業者は、新しい紡糸技術の発明に懸賞金を出すことになります。

［海外市場でよく売れた戦略商品］ 吸湿性に富み丈夫な綿布は新素材として人気を呼び、一七五〇年から七〇年にかけて大西洋商圏へのイギリス綿布の輸出量は、約一〇倍に増加した。

そのために素人が、発明に狂奔《きょうほん》するようになります。織布工・大工のハーグリーヴス（？－一七七八）、かつら製造業者のアークライト（一七三二－九二）、織布工クロンプトン（一七五三－一八二七）などにより、紡績《ぼうせき》機械の改良・発明が続きました。機械は生産の場を、小さな仕事場から大規模な工場へと転換させていきます。

一七六九年に**「水力紡績機」**を発明したアークライトは、産業革命期の最初の成功者でした。貧しい境遇で育ち、五〇歳になって初めて文字の綴り方を学びますが、水力を動力として利用することで一時に数千の紡錘《ぼうすい》を動かす水力紡績機の特許を取り、次々に大工場を建てて大きな収益をあげました。

しかし、水車をエネルギー源とする水力紡績機は、水の流れが急な山麓《さんろく》地帯でなければ動かせません。ところが工場は港の付近につくる必要がありました。すると平地でも水力紡績機を動かすことのできる、新たなエネルギー源が必要になります。そこで一七六九年になされていたワット（一七三六－一八一九）の蒸気機関の改良が役に立ちました。

歴史の読み方

化石燃料に依存する社会の始まりは、今から見ると極めて素朴で、紡績機のエネルギー源が必要になったことにありました。モノづくりには、社会的要請の分析（今流に言えばマーケティング）が前提になります。

【新エネルギーの登場】 機械職人のギルドから締め出され、グラスゴー大学の実験器具の補修職人をしていたワットは、炭鉱で排水用に使われていたニューコメンの蒸気機関（steamer、気圧エンジン）を改良し、従来のピストンの往復運動を回転運動にかえて機械の動力として利用できるようにしました。

綿糸の生産量が増すと今度は織布工が不足しましたが、イギリス国教会の牧師カートライト（一七四三－一八二三）が一七八五年に製作した**「力織機」**により織布工程も機械化されました。イギリスの綿花の輸入量が、一七八一～八五年の一〇九四万ポンドから、一八二六～三〇年の二億三二九一万ポンドに増えていることから、一九世紀になって、イギリスの機械製綿布の生産が急増したことがわかります。

綿布の輸出額も、一八五〇年代になると、イギリスの全輸出の三分の一に迫るようになります。一八〇〇年頃の八五〇万人の人口が五〇年代に一五〇〇万人に増えたイギリスでは、生産した工業製品の半分を国外に輸出し、大量の農作物を輸入することになります。

世界をつくり変えた「石炭」パワー

ワットの蒸気機関は、機械を動かす万能の動力源としての地位を獲得し、**石炭が新しいエネルギー源として認知**されるようになりました。一七〇〇年に年間三〇〇万トンだった石炭の生産が、一五〇年後の一八五〇年に六〇〇〇万トンと二〇倍に増えていることが、時代の大きな転換を物語っています。

当時は無尽蔵と考えられていた石炭が、社会を支えることになりました。蓄積された過去の太陽エネルギーが、経済活動の源泉になったのです。ちなみに、一九世紀末以降、石炭は徐々に二倍の熱効率を持つ石油に代わることになります。

イギリスは、自由貿易をスローガンに大西洋世界のみならずアジアにも市場を広げ、**「パックス・ブリタニカ」**と称される繁栄を出現させました。しかし、新しい生産方式は一方で、都市にスラム街や労働者の劣悪な生活環境を生み出して格差を拡げ、社会矛盾を激化させました。当時の労働者の平均寿命は、なんと二〇歳以下であったと言います。

KEY POINT
世界史がわかる「鍵」
22

石炭、石油の時代へ

産業革命以降、人類社会は石炭、次いで石油という化石燃料にエネルギーを依存する異次元の時代に突入した。

産業革命と格差の拡大

現在でも経済のグローバル化を背景に、格差の拡大が大きな問題になっていますが、産業革命後のイギリスでは、技術革新、経済システムの改編が継続する中で富の偏在が進み、格差がそれまで見られなかった規模に拡大しました。労働者を保護する法律もなく、長時間労働と低賃金に悩まされる労働者の生活は悲惨でした。その一方で、工場経営者などは莫大な現金収入を手にします。

華美な生活に明け暮れる「資本家・地主・貴族」と、騒音と煤煙《ばいえん》に取り巻かれた都市のスラム街で生活苦とたたかう「労働者・失業者」という「二つの国民」が、イギリスを分裂させます。格差を解消しなければ対立が激化し、国家は内部から崩壊に向かいます。議会が中心になる国民国家で、「選挙の枠組み」の改変が大問題として取り上げられることになります。


一八三二年、第一回の選挙法改正で産業資本家は選挙権を得ましたが、選挙権を得られなかった労働者の間に不満が高まりました。一八三七年から五八年頃まで労働者にも参政権を与えよという「チャーティスト運動」が高揚していきます。しかし、経済状況が好転するにつれて、労働者にも段階的に選挙権が与えられることで、イギリスの国家システムは姿を変えていきます。

一九世紀後半のイギリス議会は、グラッドストンなどを指導者とする自由党、ディズレーリなどを指導者とする保守党の二大政党制の下にありました。自由党は国民の圧倒的多数を占める労働者の議会参加で優位に立とうとし、選挙法の改正で労働者の段階的な議会参加を推し進めました。

一八六七年には熟練労働者に選挙権が与えられ（第二回選挙法改正）、一八七〇年から七二年にかけては、普通教育の実施、労働組合の合法化、秘密投票制などが実施され、一八八四年には小選挙区制の導入により既成政治家の利権を守りながら大部分の労働者に選挙権を与える第三回選挙法の改正が行われて、政治的な格差の解消が実現されました。同時に経済的繁栄を背景に労働者の待遇改善も進められ、イギリス社会は落ち着きを取り戻すことになります。

歴史の読み方

経済環境の激変は、一時的に経済格差を極大化しました。しかし、労働運動、労働者の選挙権獲得などにより格差の解消が進み、社会は安定に向かいます。グローバル化が進む現在も格差が世界規模で広がっており、その克服は日本だけではなく人類の共通課題になっています。

3 都市の成長を支えた地球規模の高速交通網

急速に拡大していく鉄道ネットワーク

一八二五年、ストックトンとダーリントンの間の四〇キロを、蒸気機関車（steam locomotive）の発明者スティーブンソン（一七八一－一八四八）がつくった機関車は、三五輌の客車、貨車を牽引して時速約一八キロのスピードで走破するのに成功しました。この鉄道は、主に内陸部にあるダラムの炭田から海岸に石炭を運ぶ鉄道でした。

次いで一八三〇年になると、**リヴァプールとマンチェスター間の五〇キロを、時速二七キロのスピードでつなぐ世界初の実用的な鉄道が開通**します。リヴァプール―マンチェスター鉄道は大評判で、三年の間一日につき平均一一〇〇人の乗客を運び、貨物の輸送も順調で、国庫からの借り入れ金を完済したほか、株主に対して九・五パーセントという高配当を行うほど利益が上がりました。

【普及しなかった蒸気バス】 イギリスでは小型の蒸気機関を使った蒸気自動車もつくられ、一八三一年には世界初の蒸気バスの営業が始まった。しかし馬車業者との間に摩擦が生じ、法令で速度制限が課されるなどして、結局は普及しなかった。

鉄道経営の大成功が刺激となって鉄道建設ブームが生まれ、イギリスは**「鉄道狂時代」**といわれる鉄道建設ラッシュの時代に入りました。建設は急ピッチで進み、五〇年代初頭には鉄道網が全土を覆い、ロンドンを中心とする放射状の鉄道ネットワークができあがっていきます。鉄道の総延長キロ数は、一八四五年の三二七七キロから一八五五年には一万三四一一キロへと著しく増加しました。

その後、鉄道建設の波は、イギリスからヨーロッパ大陸に急速に拡大し、国内市場の統一、国民国家の形成に大きく貢献しました。ドイツでも一八五〇年にはイギリスに次ぐ鉄道網を持つに至ります。急ピッチでの建設をめざすドイツの鉄道建設コストは、イギリスの三五パーセントと低く抑えられました。

地球規模で普及する鉄道

世界各地の植民地では、港に向けて物資を運ぶ簡便な鉄道の建設が急速に進み、内陸部の物品を港市からヨーロッパへ、ヨーロッパの工業製品を内陸部へ運ぶ役割を担いました。

歴史の読み方

急速に進んだ「動く道路」、鉄道ネットワークの拡大は、世界をヨーロッパ中心につくりかえる役割を果たしました。

【鉄道とパックス・ブリタニカ】 鉄道建設は裾野が広く、鉄道網の拡大に必要なレール、機関車、客車、貨車などの輸出を一手に引き受けたイギリスの製鉄業、機械工業は大きな成長をとげた。イギリスにとって鉄道は、木綿をしのぐ戦略商品になったのである。鉄道は半世紀もたたないうちに「大きな世界」全体に行き渡り、植民地の富をヨーロッパに集中させる高速ネットワークをつくり上げた。鉄道建設で、イギリス、ヨーロッパの優位は不動のものになったのである。

例えばインドでは、一八四〇年代に鉄道建設会社が早くもつくられ、五三年には鉄道建設の大枠が決定され、六〇年代には建設ブームが起こっています。一九〇二年にはイギリス本国の路線距離二万三〇〇〇マイルをしのぐ、二万六〇〇〇マイルの鉄道が建設されました。

しかし、**インドの鉄道は、港湾から放射線状に伸びる奇形の鉄道であり、国としての望ましいネットワークを形成するには至りませんでした。**こうした現象はあらゆる植民地の鉄道に共通しています。宗主国の利益の実現が優先されたためです。

一九世紀に急速に地球を覆うようになった高性能のネットワークは、西欧諸国を中心とする、鉄道、港湾、蒸気船航路を通じて富をヨーロッパに集中させるための奇形のネットワークだったのです。

その結果、ヨーロッパに対するアジア、アフリカ、アメリカの従属が一層顕著になりました。世界諸地域の鉄道敷設距離は、一八六〇年から九〇年にかけて、ヨーロッパは五倍、北アメリカは六・五倍、ラテン・アメリカは六六・三倍、アジアは四一・四倍、アフリカ三六倍となり、世界規模で鉄道建設が進んだことが理解できます。

鉄道建設の波は、レール材というかたちでのイギリスからの鉄の輸出を促進しました。一九五〇年代にイギリスで生産された鉄の四〇パーセント近くが、海外輸出に向けられています。

歴史の読み方

地球規模での鉄道ネットワークづくりに、技術、機材、資本を提供したのがイギリスでした。イギリスは鉄道、蒸気船の定期航路の世界化で、「世界の工場」の地位を獲得します。地球規模のインフラ整備で、巨利を得たのです。

KEY POINT
世界史がわかる「鍵」
23

鉄道・蒸気船の高速ネットワーク登場

産業革命により都市が「生産の場」となって膨張を続ける。都市を支える鉄道・蒸気船の高速ネットワークが地球の姿を一新させる役割を果たした。

4

「国民国家」はアメリカの独立戦争から広まった

CAPITALISM AND NATION-STATE ROSE UP FROM THE ATLANTIC

「市民革命」はボストンから火がついた

一九世紀には、従来の主権国家（243ページ）に代わり、大西洋周辺のヨーロッパ・南北アメリカに、「国民国家」が広がっていきます。

国民国家が広まる前提が、大西洋世界における資本主義経済の普及です。ほぼ同時期に展開された「産業革命」と「市民革命」の二重革命により、新たな世界が姿を現します。

一九世紀の政治変動の起点になったのが「アメリカ独立戦争」であり、発端の地はアメリカ東部の美しい港町ボストンでした。

フランスとの「フレンチ・インディアン戦争」（一七五五‐六三）に勝利したイギリスは、メキシコ以北の北アメリカの覇権を確立しました。スペインの植民地に匹敵するほど広大な植民地を所有することになったイギリスは、本国と同様の支配をめざします。

フランスとの長期の植民地戦争で一億三〇〇〇万ポンドもの負債を抱えていたイギリスは、北アメリカの植民地に対して「印紙法」（一七六五）による印紙税の徴収や一連の物品税を課そうとするのですが、植民地は「代表なくして課税なし」（議会に自らの代表者を出すことを許されないのだから課税は不当である）をスローガンに徴税反対の姿勢を強めました。

当時は所得の捕捉が難しかったために、イギリスでは印紙のかたちでの課税が主になっていました。そこで植民地でも印紙が売りに出されるのですが、印紙の販売所が植民地の民衆に襲われて課税が頓挫《とんざ》します。

【紅茶とボストン茶会事件】一七七三年、本国政府が、イギリス東インド会社に植民地での茶の独占的販売権を与える「茶法」を出すと、ボストンではヨーロッパからの密輸紅茶で利益を得ていた商人が急進派と組んで反対運動を強めた。一二月、ボストン港に茶を満載した東インド会社船が入港すると、インディアンの扮装をした約五〇人の急進派が、「ボストン港をティー・ポットにする」と叫びながら三四二箱の紅茶を海中に投棄し、一〇〇万ドルの損害を与えた。集まった一般市民は、それを遠巻きにするだけだったという。これがアメリカ独立戦争の遠因となった「ボストン茶会事件」である。

事件をきっかけにボストン港が閉鎖され、本国軍が派遣されて緊張が高まりました。一七七五年、ボストン郊外のレキシントンで植民地の民兵と本国軍の武力衝突が起こり、戦争が始まります。この時期に「独立」の正当性を平易な文章で呼びかけたジャーナリスト、トマス・ペイン（一七三七－一八〇九）の『コモン・センス』がベスト・セラーになり、独立の機運が高まりました。一七七六年、アメリカ大陸の各植民地の代表からなる大陸会議は「独立宣言」を採択します。

歴史の読み方

ボストン茶会事件後に本国軍の駐屯が始まり、レキシントンで軍事衝突が起こり、『コモン・センス』が「独立」を自覚させたことで独立戦争への転換の動きが強まります。いきなり独立戦争が起こったわけではなかったのです。

【主権在民と社会契約説】 本国からの独立を主張する植民地には、「王」が存在しなかった。その

■一三の植民地と独立して拡大するアメリカ

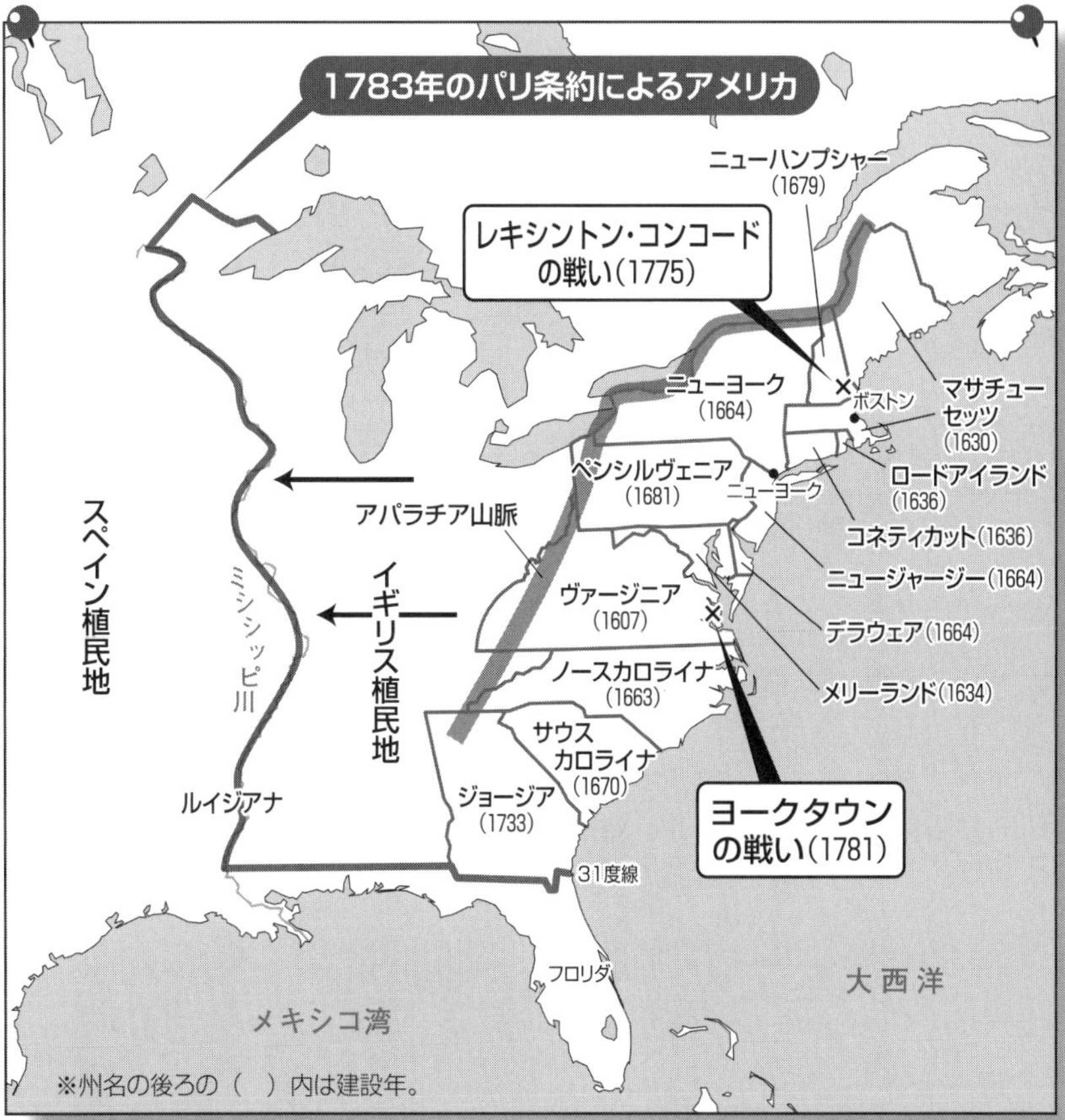

ため、当時のユーラシアにはどこにも存在しない、王不在の新しい社会の正当性を説明することが必要になった。そこで、ジョン・ロックの「社会契約説」が採用されることになる。社会契約説という理念に基づいて、革命権の行使を名目に基本的人権を踏みにじるイギリス王を排除し、国民が主権者となる新しいタイプの国家が説明される。人権思想を根底とする新しい国家観が示されたのである。

独立戦争では、イギリスの弱体化を狙うフランス、オランダなどの軍事支援もあり、植民地軍は一七八一年の「ヨークタウンの戦い」で決定的な勝利を得ました。八三年、**「パリ条約」**でアメリカの独立が承認されます。八七年には、アメリカ合衆国憲法が制定され、八九年にはワシントンが初代大統領に就任しました。

【米・仏の革命を記念する「自由の女神」像】ニューヨーク港のリバティ島の自由の女神像は、右手に自由のたいまつを掲げ、左手で独立記念日とフランスの革命記念日を刻んだ銘板を抱えている。この像は、アメリカ独立百年祭を祝い、フランス政府から贈られたもので、「世界を照らす自由」の像と呼ばれた。パリ万博で公開された後、総重量二二五トンが二一四のパーツに分けて運ばれ、骨組みと台座はエッフェル塔をつくったエッフェルにより製作された。

歴史の読み方

植民地ではイギリス国王の支配を否定するための論理として社会契約説が援用され、民意を集約する議会を中心に据えた最初の国民国家が成立することになりました。法治主義が封建的な人治主義に代わっていきます。

アメリカ独立戦争に連続して起こったフランス革命

イギリスの重商主義政策のため、植民地には工場の建設が認められていませんでした。そうした武器・弾薬を製造できない植民地軍を助けたのが、フランスのブルボン朝です。ブルボン朝（一五八九－一七九二）は、植民地争いで優位に立ったイギリスを弱めるために、一三植民地の独立を助けたのです。

しかしアメリカの独立は、一〇年もたたないうちにフランスに飛び火しました。独立戦争の支援で国家財政が悪化したフランスでは、凶作が続いたこともあり、免税特権を持つ貴族への課税が避けられなくなります。ところが貴族は、一六一五年以来閉鎖されていた「三部会」（聖職者、貴族、平民の三身分の議会）の召集を要求しました。

一七八九年、一七四年ぶりに三部会が開催されると、大多数を占める第三身分の平民が国民議会を結成して憲法の制定を求めるという思いがけない展開になりました。それに対して、ルイ一六世（位一七七四－九二）は武力弾圧の構えを強めます。そうした中で、一七八九年七月一四日、パリ市民がバスティーユ牢獄を襲撃しパリを制圧しました（「フラ

ンス革命」の勃発)。
この事件に地方の農民反乱が誘発されて、全土が騒乱状態に陥ります。八月、国民議会は自由主義的貴族ラファイエット(一七五七~一八三四)が「独立宣言」を下敷きにして起草した「フランス人権宣言」を採択します。

【アメリカ好きのラファイエット】フランス革命の初期の指導者ラファイエットは、自ら船を購入してアメリカ独立戦争に義勇兵として参戦。自室の壁に「独立宣言」を掲げるほど、庶民の国アメリカにあこがれる貴族だった。

しかし、国王ルイ一六世は王政の復古をめざし、オーストリアに支援を求めます。紆余曲折の後、一七九三年にルイ一六世が処刑され、フランスでも議会が主権を握る「国民国家」が成立することになりました。しかし、歴史的につくられていた地域社会、社会集団が新しい国家組織に組み込まれることになり、かつての既得権は様々なかたちで擁護・維持されました。アンシャン・レジーム(旧制度)は倒されましたが、一七九五年憲法で財産資格による制限選挙制が復活することになります。

【メートルの誕生】世界地図の作成には統一された長さの単位が便利であるとして、フランス学士院は「地球の子午線《しごせん》の長さの四〇〇〇万分の一」を一メートルと定めた。フランス革命中の一七九三年から六年にかけてバルセロナ、ダンケルク間の実証測量がなされている。ちなみにメートルは、「測る」という意味のギリシャ語である。

歴史の読み方

教科書等の記述では、フランス革命から市民革命が始まるような印象を受けますが、広い視野でとらえるとフランス革命は政治的にも思想的にもアメリカ独立戦争に連続して起こった事件です。

「徴兵制」でフランスを大国にしたナポレオン

一七九五年に「総裁政府」が成立したことでフランス革命は一応終結しましたが、左右両勢力の対立、革命の波及に対抗するヨーロッパ諸国の第一回「対仏大同盟」の結成などで、フランスの政情は依然として不安定でした。そうした中で軍事的成功により頭角を現した**軍人ナポレオン（一七六九‐一八二一）は、徴兵制による軍隊で周辺の封建的国家の常備軍を圧倒**します。ナポレオンは、二度にわたって対仏大同盟を解体させると、国民の人気を集め、一八〇二年に終身統領となりました。一八〇四年、「ナポレオン法典」（フランス民法典）で市民社会の秩序を確立。同年に実施された国民投票でフランス皇帝の座につきます。

さらにナポレオンは、一八〇五年、「アウステルリッツの戦い」(三帝会戦)でロシア、オーストリア軍に勝利し、一八〇六年、神聖ローマ帝国を解体して「ライン同盟」を組織し、同年、「イエナの戦い」でプロイセンをも破ります。

【ナポレオンを破った自由貿易】 イギリスの自由貿易に打撃を与える目的で、ナポレオンはロシアなどの大陸諸国とイギリスとの間の貿易を禁止する「大陸封鎖令」(一八〇六-一三)を出した。安価なイギリス製品を大陸から締め出し、大陸をフランスの経済市場にすることをめざしたのである。しかし、イギリスに穀物を輸出していたロシア経済は大打撃を受け、イギリスとの通商を再開。イギリス側につくことになる。

ナポレオンは一族による大陸支配の態勢を固め、七王国、三〇公国を一族の間で分配しました。しかし、スペインの粘り強いゲリラ戦、大陸封鎖令に違反したロシアへの遠征の失敗(一八一二)により急速に力を弱め、一八一三年には、プロイセン、オーストリア、ロシアの連合軍との戦いに敗れて、翌一八一四年、地中海のエルバ島に流されます。ナポレオンの没落です。

歴史の読み方

ナポレオンは、独裁という方法でフランスに国民国家を定着させることに成功し、次いで徴兵制の軍隊によりヨーロッパ大陸のほぼ全域を支配します。しかし、大陸封鎖令でイギリスを締め出そうとする民族的政策は失敗に終わり、失脚することになりました。フランスは経済では、イギリスに追いつけなかったのです。

【生まれ変わるラテン・アメリカ】 アメリカの独立戦争、フランス革命、ナポレオンのスペイン支配の影響を受けて、一八一〇年代から二〇年代にかけて、ラテン・アメリカでもシモン・ボリバルなどスペイン移民の子孫（クリオーリョ）を指導者とする独立戦争が展開され、コロンビア、ペルー、ボリビア、アルゼンチン、チリ、メキシコなどが独立。アメリカ、ヨーロッパにならって国民国家となった。しかし、独立達成後、数十年間も混乱が続き、私兵を持つ富裕な地主層（カウディーリョ）が国家の私物化を図ってクーデターをくり返す状態になった。そのため、社会改革は進まなかった。

歴史の読み方

一九世紀初め、アメリカとヨーロッパの国民国家形成の動きがラテン・アメリカにも飛び火し、環大西洋地域で世界に先駆けて国民国家体制が成立しました。ユーラシアの帝国、主権国家とは異なる、議会を中心とする国家グループが成立したのです。

ヨーロッパの秩序を築いた「ウィーン体制」

一八一四年、ナポレオンにより征服されたヨーロッパ大陸の領土問題を解決するため、九〇の王国、五三の公国の参加の下にオーストリアの首相メッテルニヒが主導する「ウィーン会議」が開催されました。「会議は踊る、されど進まず」という有名な言葉があるように、会議では大国の利害の調整に手間どりました。それを見て、ナポレオンはエルバ島を脱出。パリに入り再起をめざしたものの失敗に終わり（百日天下）、南大西洋の孤島セントヘレナ（223ページ図）に幽閉され、生涯を閉じます。

ナポレオン再起の報に慌《あわ》てた諸国は領土問題を調整し、軍事同盟としての「四国同盟」（後にフランスが加盟して五国同盟）、イギリス、オスマン帝国、ローマ教皇を除くあらゆる君主が参加する理念的な「神聖同盟」を結成しました。**フランス革命以前の伝統的ヨーロッパ（小さなヨーロッパ）が復活したのです。それを「ウィーン体制」と言います。**

しかしウィーン体制は、長くは続きませんでした。一八二〇年代にラテン・アメリカの一連の独立が進められると、スペインなどの大多数の国々はラテン・アメリカもヨーロッパの一部とみなして派兵を主張しますが、経済進出をめざすイギリスは反対。結局、イギリスは五国同盟を脱退しました。一八三〇年のフランス「七月革命」、そして四八年のフランス「二月革命」により、ウィーン体制は短期間で崩壊することになります。

ウィーン体制が崩壊することで、大西洋を囲む広大な地域に国民国家が定着します。この時代、**ユーラシアでは相変わらず伝統的な部族、帝国が優勢だったのですが、大西洋の周辺では国民国家体制が広がった**のです。

歴史の読み方

ウィーン体制の崩壊は、ヨーロッパが「小さな世界」から脱して国民国家体制による「大きな世界」に移行したことを意味します。

民族主義による国家の統合

一九世紀後半は国民主義（ナショナリズム）の時代になりますが、「国民国家」は市民の基本的人権を保障するという側面よりも、古い社会と融合しやすい民族主義的な側面を強めることになります。

【民族主義とダーウィニズム】 民族主義の理論的根拠になったのが、生物学者ダーウィンの進化論だった。生物界は適者生存、弱肉強食で貫かれており、環境に適応できない「種」は淘汰《とうた》されるという説は「種」を「民族」「国家」に置き換えて人類社会にあてはめられ（社会進化論）、強者が栄え、弱者が滅びるのは当然とされた。市民革命と産業革命により古い秩序が崩れる中で、優勝劣敗が当然視されることになり、各国は「富国強兵」を追い求める。

そうした中で、民族の統合が進みました。一八六一年、サルディニア王国の首相カヴール（一八一〇－六一）を中心に進められたイタリア統一も、一八七一年にプロイセンの宰相ビスマルク（一八一五－九八）が鉄血政策（ドイツ統一のための軍備拡張政策）に基づいて、一八六六年の「普墺《ふおう》戦争」と一八七〇年から七一年の「普仏《ふふつ》戦争」により実現した**「ドイツ帝国」**（一八七一～一九一八）の形成も、民族の統合が目的であり、民主的政府の建設は目的ではありませんでした。**国民の統合が、富国強兵の前提とされた**のです。

KEY POINT
世界史がわかる「鍵」
24

一九世紀はヨーロッパの世紀

一九世紀はヨーロッパ諸国が世界を支配する「ヨーロッパの世紀」だった。他方、ナショナリズムが高揚し、帝国主義による植民地獲得競争により国家・民族の争いが地球化した。

第8章

イギリスがリードした「ヨーロッパの世紀」

THE CENTURY OF EUROPE LED BY ENGLAND

1 大英帝国を支えたポンドの時代

THE CENTURY OF EUROPE LED BY ENGLAND

「金」がイギリスの経済覇権を支えた

自由貿易を掲げて、資本主義の地球化の先頭に立ったのが、イギリスでした。

イギリスは、大部分が清帝国に集中していた銀に代えて、**「国際金本位制」**（the gold standerd system）の確立に着手します。世界経済の基軸になる通貨を、自国が主導権を握れるようにしようとしたのです。そのためには、大量の金が必要になります。

ところが、イギリスはついていました。新たに開拓されたブラジル、カリフォルニア、アラスカ、オーストラリア、南アフリカで立て続けに起こったゴールドラッシュが、イギリスを助けたのです。イギリスは、金に裏打ちされた通貨ポンドにより世界経済の主導権を握ることに成功します。

［ポンドとは］ イギリスの通貨単位ポンドは、正式にはポンド・スターリングと言う。「ポンド」

(pound) の語源は古代ローマの重さの単位であり、「スターリング」(sterling) は「純銀」を意味する。その由来は、中世のイギリスで古代のローマをまねて銀一ポンドから二四〇個の銀貨が鋳造されたことによる。ポンド自身が、銀本位の時代の名残《なごり》をとどめているのである。

イギリスは一八一六年、貨幣法を制定して金本位制を確立し、一八二一年、金と交換できることを明記した兌換《だかん》紙幣を発行しました。圧倒的な経済力を背景に、ロンドンには莫大な金地金が蓄積されていたのです。

やがて、ドイツ、アメリカ、日本が後を追い、**一九〇〇年までに世界の主要国のほとんどが金本位制を採用することになり、世界経済の新しい枠組みができあがりました。**

歴史の読み方

金本位制の実現により、イギリスを先頭とする「大きな世界」の国際通貨の体系が自立し、「小さな世界」を金融面でもしのぐようになります。

ゴールドラッシュの世界史的意義

一七世紀末はブラジルのミナスジェライスで金が発見され、一八世紀には世界の金の八五パーセントを産出するようになりました。その後、一八四八年にはアメリカ西部のカリフォルニアで金鉱が発見され、約一〇万人の「フォーティ・ナイナーズ」(四九年の男たち)と呼ばれる人々がカリフォルニアに殺到しました。カリフォルニアでは五年間に二億八五〇〇万ドル以上、それまでアメリカで産出された金の約二一倍が掘り出されます。

オーストラリアでも、一八五一年以降ゴールドラッシュが起こり、それまで四〇万人に過ぎなかった植民地人口は、一〇年間で三倍に増加しました。オーストラリアの金の産出のピークは一九〇〇年代の初めですが、現在でも世界の金の約一割を産出しています。

南アフリカのトランスヴァール共和国は、一八八六年に地表近くで金の大鉱脈が見つかり、世界最大の金産地となりました。オランダ移民の子孫のブーア人が建てたトランスヴァール共和国、オレンジ自由国を併合し、世界一の金とダイヤモンドの産地を支配しようとしてイギリスがなりふりかまわず起こした侵略戦争が**「南ア戦争」**(ブーア戦争、一八九九－一九〇二)です。

イギリスは、ゲリラ戦で抵抗するブーア人に対して、約四五万人の兵力、約二億二三〇〇万ポンドの莫大な軍事費を投じて焦土作戦を展開し、力によってねじ伏せます。世界経済を支配するには、膨大な量の金が必要だったのです。

2 蒸気船の登場で小さくなる世界

THE CENTURY OF EUROPE LED BY ENGLAND

蒸気船の建造で「巨大な湖」に変わった大西洋

大西洋では、帆船から蒸気船への転換が進みました。一八四〇年頃になると、三枚羽根のスクリューが推進力として極めて優れ、滑りがよいこと、木造船より鉄板で覆われた船体のほうが二割くらい効率が高いことが明らかになり、蒸気船の建造が進みます。

さらに、一八七〇年代になると木造船より建造費が三割も安く、大型船の建造が可能な鋼鉄船への転換が急速に進みました。貨物の積載量を増やすために、航路上の要地に貯炭場を設け、石炭を積み替えながら航海する方法がとられるようになります。その後、海上輸送技術の改革が進んで、一八六八年から七九年にかけて輸送費用は半減していきます。

【ロンドンを基準とする世界時間】 地球は二四時間で一回転するため、経度一五度ごとに一時間の時差が設けられたが、一八七〇年代になるとイギリスの時間が「世界時間」となり、ロンドン郊外のグリニッジ天文台を起点とするグリニッジ標準時（ＧＭＴ）が世界各国で取り入れられた。世界が共通の時間を持つようになったのである。しかし、フランスはしばらくの間、パリを基準にし続けたのである。

世界中に広がるヨーロッパの農場・牧場

ヨーロッパにおける都市の膨張は、人口の著しい増加をもたらしました。一九世紀には一億人ほど人口が増加したと言われます。そのため東欧の農場だけでは需要の増加に応えきれず、新大陸に食糧・食肉を生産する新たなプランテーション（大規模工場生産方式の農場・牧場）の開発が進められます。

蒸気船・鉄道での大量輸送、冷蔵技術の開発が、ヨーロッパから遠く離れた未開拓地をヨーロッパのための大農場に変えることを可能にしました。すでにサトウキビ等の栽培で用いられていた**プランテーションによる生産が、穀物、牛肉などの日用食品にまで波及し**たのです。

一九世紀は、穀物畑、牧場が普及することにより、南・北アメリカ、オーストラリアの豊かな自然が大規模に破壊され、ヨーロッパの産業都市を支える大農場、大牧場への転換が進んだ時代です。例えば、アメリカ中西部の広大な草原は瞬く間に開拓され、ヨーロッパの人々に食肉を提供する大牧場に変わりました。庶民が牛肉を食べられるようになるのは、それ以後のことです。

南米のアルゼンチンからブラジル南部に至るパンパ（39ページ図）という一〇〇万平方キロに及ぶ大草原も牛・羊などの大牧場に変わり、ヨーロッパの食糧庫となりました。また、オーストラリア内陸部の乾燥した大平原は先住民アボリジニーの生活の場でしたが、イギリス人は本国からヒツジを持ち込み、数百万頭の羊が放牧される牧場に変身させました。

世界中で起こった空前の移民ブーム

一九世紀は、四〇〇〇万人を超えるヨーロッパの人々が移民船や客船で世界各地に移住した「移民の時代」でした。一八二〇年から一九二〇年の一〇〇年間に、三六〇〇万人がアメリカなどの北アメリカに、三六〇万人以上がアルゼンチンなどの南アメリカに、二〇〇万人がオーストラリア、ニュージーランドに移住し、アフリカ、アジア各地への移住も進みました。考えてみると、**世界史上最大の民族移動**です。

移民を運び、さらには食糧、原料をヨーロッパに運ぶ海運業が盛んになり、地球規模でのヨーロッパ化が進みました。移民事業の活性化は、「大型客船」（passenger ship）の登場が支えました。

【移民大国アメリカ】一八六五年から一八九四年の間に北太平洋海域を越えてニューヨークに渡った移住者は、年平均、イギリスからが約一二万人、ドイツからが約一一万人に達した。九〇年以降は東欧、南欧からの移民が増加し、一九〇七年には東欧、南欧からの移民が約八割を占めるようになる。

歴史の読み方

蒸気船の普及により大西洋の一体化が進み、イギリスとアメリカを二つの極とする「大きなヨーロッパ」が強大になっていきます。

3

解体を迫られたユーラシアの諸帝国

THE CENTURY OF EUROPE LED BY ENGLAND

揺らぎ、消えていくトルコ人のオスマン帝国

一九世紀後半、産業革命による新技術、強力な火器、「国民国家」システムで武装され

たヨーロッパ勢力は、アジアでの勢力拡張に乗り出しました。

西アジアでは、一四世紀から続いたオスマン帝国の支配が、民族主義の台頭により内部から崩れていきます。とくに、フランスの支援を受けたエジプトのムハンマド・アリー（一七六九－一八四九）が「上からの近代化」でヨーロッパ式の軍備を整え、オスマン帝国を上回る軍事力を持ったことが、帝国を不安定にしました。

一八二九年、イギリス、ロシア、フランスなどの支援を受けてギリシャが独立を達成すると、オスマン帝国の兵士と官僚の供給源だったバルカン半島のスラブ人（186ページ）の中に民族運動が広がり、動揺がさらに大きくなります。南下政策の実現をめざすロシアは、「パン・スラブ主義」を掲げて、スラブ人の建国を支援します。

このような**エジプトの台頭、バルカン半島の民族運動の激化、ヨーロッパ諸国の干渉、一八五四年以来の一七回に及ぶヨーロッパの銀行からの借款による財政の悪化が、オスマン帝国を追い詰めていきます。**スルタンが富国強兵を狙って行った、非イスラーム化、西欧化政策（タンジマート、恩恵改革）も保守的なイスラーム勢力の反対により成果があがらず、オスマン帝国は、内部対立が強まりました。

一九〇八年、立憲体制を求める「青年トルコ」がクーデターで政権を掌握すると、ロシア支配下の中央アジアのトルコ人と連携し、トルコ帝国を樹立しようとする「パン・トルコ主義」が強まり、トルコは第一次世界大戦でドイツと手を組んでロシアと戦います。しかし、トルコは敗北。大戦後にオスマン帝国は解体されて、アラブ地域は英・仏の支配下に入ることになります。

歴史の読み方

オスマン帝国は西欧化の道をたどるエジプトの離反、スラブ民族運動の激化、中途半端な西欧化の失敗により衰退しました。現在の中東の紛争は、オスマン帝国の衰退、崩壊に起源を持ちます。

ムガル帝国・清帝国が崩れた一八五〇年代

インドと中国のヨーロッパに対する従属が一挙に進展したのは一八五〇年代で、セポイの反乱と太平天国《たいへいてんごく》（304ページ）がきっかけになりました。インド、中国というアジアの二大世界が、イギリスを先頭とするヨーロッパに従属することになります。

インドでは、イギリス東インド会社が「シパーヒー」（セポイ）というインド人の傭兵を使い、ムガル帝国（一五二六－一八五八）の分裂を利用して約一〇〇年かけて、五五〇のマハラジャ（藩王）による地方支配を基礎とするインド支配の体制づくりを進めます。

一九世紀中頃になると、イギリス東インド会社は植民地支配の拡大をめざし、ビルマ、アフガニスタンにセポイを派兵するようになります。そうした中で、ヒンドゥー教徒が「不浄な世界」とみなす外国に赴《おもむ》くことを求められたセポイの間に、イギリス東インド会社への不満が蓄積されていきました。

【火をつけたエンフィールド銃】 セポイの不満に火を注いだのが、新たに会社が採用したエンフィールド銃である。新型銃を使う際に、セポイたちは湿気を防ぐための油を塗った薬包《やくほう》を食いちぎって火薬を銃の筒先から注ぎ込まなければならなかった。セポイは、ヒンドゥー教徒が神聖視する牛の脂あるいはイスラーム教徒が忌避《きひ》する豚の脂が薬包の湿気を防ぐために使用されているのではないかという疑いを持ち、新型銃の使用に強く反発した。しかし、会社はそれを無視する。

薬包の油の問題が、「セポイの反乱」というインド独立運動の引き金になりました。セポイはデリーに政権を樹立して実質上統治権を失っていた老ムガル皇帝をかつぎ出しますが、一八五八年、東インド会社軍に鎮圧されてムガル帝国は滅亡します。

しかし、より強い支配の必要を感じたイギリスは東インド会社を解散し、一八七七年にヴィクトリア女王（位一八三七－一九〇一）を皇帝とする「インド帝国」を成立させました。**その後約七〇年間、インドはイギリスの植民地として支配されます。**

清では、一八世紀、イギリス東インド会社が対外貿易をほぼ独占していました。産業革命以後に喫茶の習慣が民衆にまで広まり、大量の紅茶が必要になっていたイギリスは、紅茶代金を支払うための大量の銀の調達に悩み、インドのベンガル地方で栽培させた麻薬「アヘン」を清に密輸出することで、貿易の均衡を保とうとします（303ページ図）。

やがて清のアヘン中毒者が二〇〇〇万人を超え、一八三〇年代にアヘンの代金が紅茶の購入費を超えると、大航海時代以降蓄積されてきた銀が大量に清から国外に流出するようになります。**清では銀価が二倍以上に跳ね上がり、「地丁銀《ちていぎん》」という制度により作物を商人に売って得た銀で税を納めていた農民の生活が決定的に破綻**します。短期間に税金が、二倍以上になったのと同じだからです。

銀の流出が深刻になると、清は特命全権大臣（欽差大臣《きんさだいじん》）としてアヘン厳禁派の林則徐《りんそくじょ》（一七八五－一八五〇）を、広州に派遣します。林は密輸アヘンの代価としての銀の流出を防止するため、軍隊でイギリス商館を包囲し、イギリスの貿易監督官に命じて、合計一四二五トンもの膨大なアヘンを提出させました。林は広州の海岸に巨大な穴を掘らせて没収したアヘンを生石灰《せいせっかい》とともに海水に投じ、三週間以上アヘンの焼却を続けました。次いでイギリス商人に、貿易再開の前提はアヘン売買の厳禁であると通告します。

イギリスの綿製品、インドの綿花・アヘン、清の紅茶が循環するアジアの三角貿易が崩れることを恐れたイギリスは、**「アヘン戦争」**（一八四〇－四二）に踏み切ります。清に派遣されたイギリス軍は、延べ二万人にも及びました。

イギリス軍が長江流域に攻撃を広げると、戦争の拡大を恐れた清は徹底抗戦を主張する林則徐を戦線指揮から退け、イギリスを懐柔する道を選びました。

■19世紀半ば、列強に侵食される中華帝国

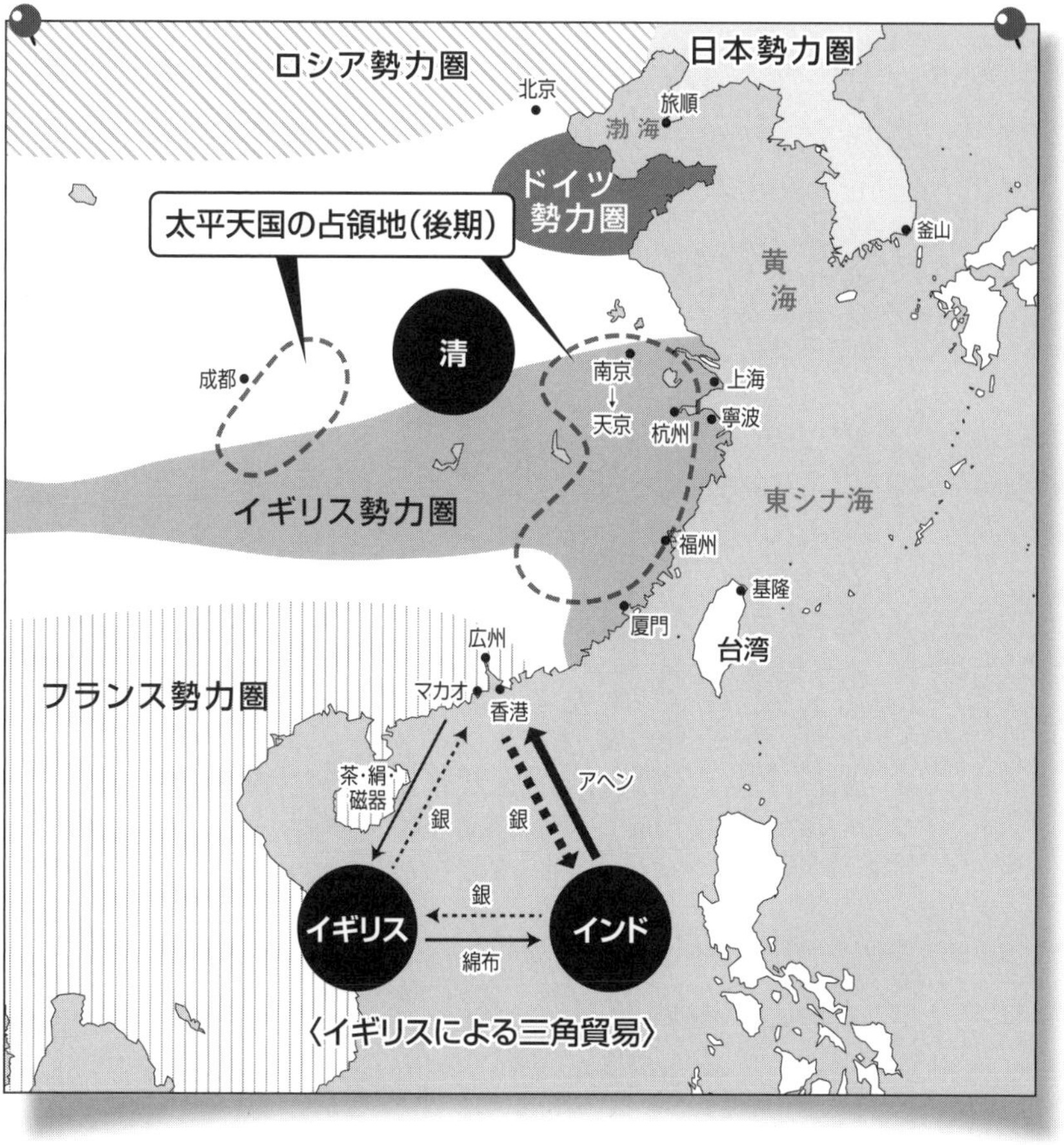

結局、清は一八四二年にイギリスとの間に「南京条約」を結び、アヘン戦争を終結させます。イギリスは、清に上海などの五港を開港させた他、戦争費用・没収されたアヘンの代金の六〇〇万ドルを補償させるとともにアヘンの輸出を合法化させ、香港島を獲得しました。イギリスは領土要求を貿易拠点にするための香港にとどめ、清に自由貿易（清の市場化）を認めさせることを優先します。

歴史の読み方

清は、アヘンの購入代金としての大量の銀の流出により、荒廃の道を歩みます。銀価の高騰で納税する農民の生活が生存ラインすれすれに低下してしまうところから、中国の現代史が始まります。

【清を内部から崩した太平天国】 アヘン戦争後、清では銀価格の上昇により農民の負担が倍以上に増大し、アヘン戦争の費用や賠償金の支払いのための追加税が加わって、農業帝国は破綻した。そうした中で、一八五一年に広東での科挙試験で不合格になった洪秀全《こうしゅうぜん》（一八一四－六四）が約一万五〇〇〇人の貧しい農民を集め広西省で挙兵する。反乱軍は、「滅満興漢《めつまんこうかん》」（満州人の清朝を倒して漢民族の王朝を建てる）をスローガンに長江流域に進出。一八五三年には折からの凶作で苦しむ天地会の貧農を吸収し、五〇万人の大軍となって南京を占領し（天京《てんけい》と改称）、「太平天《たいへいてん》国《ごく》」（一八五一－六四）を樹立した。太平天国は農民反乱軍だったが、天朝田畝《てんちょうでんぽ》制度による土地の均分、纏足《てんそく》の廃止、辮髪《べんぱつ》の禁止などを唱え、一時は清朝の領域の南半分を支配した。

弱体化していた清の正規軍、八旗は太平天国軍に対抗できず、結局、曾国藩《そうこくはん》（一八一一 - 七二）、李鴻章《りこうしょう》（一八二三 - 一九〇一）などの漢人官僚が組織する義勇軍（郷勇《きょうゆう》）が、鎮圧の主力になった。一八六四年、南京（天京）が陥落し、幹部が腐敗堕落していた太平天国は約一〇年で滅亡する。

太平天国軍が中国の南半部を支配していた時期に、イギリスは清の分裂を絶好のチャンスと考え利権の拡大をめざしました。

一八五六年、広州でイギリス船籍の密輸船アロー号が拿捕《だほ》された際にイギリス国旗が侮辱されるという事件（アロー号事件）が起こると、イギリスはそれを口実に広西省で宣教師が殺害されていたフランスを誘い、清朝との戦争（アロー戦争、第二次アヘン戦争、一八五六 - 六〇）を起こします。

イギリス、フランス軍は北京を占領し、一八六〇年に「北京条約」を締結しました。条約では、天津などの一一港の開港の外、外国公使の北京駐在などが認められます。清は天下（世界）を支配する帝国から国民国家への移行を迫られ、外務省にあたる総理各国事務《そうりかっこくじむ》衙門《がもん》が創設されました。この戦争に際してロシアは、和約を仲介した代償として一八五八年の「アイグン条約」で黒竜江《こくりゅうこう》（アムール川）以北の北満州を、六〇年の「北京条約」で沿海州《えんかいしゅう》を清に割譲させ、南満州・朝鮮への南下をめざすことになります。

歴史の読み方

太平天国による分裂を利用して、イギリスは清を世界資本主義経済と国民国家体制に組み込みました。清の内部分裂を巧みに利用したのです。

KEY POINT
世界史がわかる「鍵」
25

欧州のアジア進出が加速

一八五〇年代以降、ヨーロッパのアジア進出とアジア諸地域の従属が急速に進む。七〇年代以降の帝国主義時代にその動きは一層強まることになる。

急速に近くなるヨーロッパとアジアの距離

一八七〇年代になると蒸気船が帆船に代わって急速に導入され、アジア各地の港に石炭の貯蔵所が設けられ、それを次々に利用するイギリスの**「エンパイア・ルート」**（帝国の道）が築かれます。ヨーロッパの都市とアジアの諸地域がスエズ、インドのボンベイ（現ムンバイ）、カルカッタ（現コルカタ）、シンガポール、香港などを結ぶ蒸気船の海路により、高速で安定的に結ばれるようになります。

【スエズ運河の意味】 一八六九年、スエズ運河が開通し、アジアへの距離が一挙に縮小された。

フランス人外交官レセップス（一八〇五 - 九四）は、乗馬を教えていたエジプト太守サイード（位一八五四 - 六三）の協力を得て、五八年に万国スエズ運河会社をつくり、六九年にスエズ運河の開通に成功した。運河には約一億ドルの建設費用がかかり、後の修理、改善にはその三倍の費用がかかったとされる。建設資金は、フランスとエジプトが分担した。スエズ運河は、ロンドン－インドのボンベイ（現在のムンバイ）の距離を五三〇〇キロ、時間にすると二四日間も短縮し、イギリスとインドの距離は三分の一短縮されることになった。運河の完成によりヨーロッパ諸国のアジアへの進出は、一挙に勢いを増すことになる。一八七五年、財政難に陥ったエジプト太守がスエズ運河株を売りに出すと、イギリスの首相ディズレーリはユダヤ人のロスチャイルドから借金して即決で買収。運河の支配権を獲得。イギリスの優位が決定的になった。

歴史の読み方

スエズ運河会社株をイギリスが購入した時期は、帆船が蒸気船に移り変わる時期に当たっていました。スエズ運河を手にした結果、イギリスのアジア進出は加速することになります。イギリスは、ネットワークでアジアを支配したのです。

「日清戦争」から始まる列強の中国分割

アヘン戦争とアロー戦争で、清の弱体化が明らかになりました。しかし東アジアでは、依然として清の皇帝を中心とする古い国際秩序が維持されていました。ヨーロッパ諸国は、清の実際の強さを量りかねていたのです。

しかし、明治維新以降、「文明開化」により富国強兵を進めてきた日本が**「日清戦争」**（一八九四－九五）で清を敗北させ、一八九五年の「下関条約」で、遼東半島、台湾、膨湖《ほうこ》島と二億両の賠償金を得ました。

ここに、中華思想に基づく伝統的な東アジアの国際体制が崩壊。清の弱体ぶりが明らかになり、列強の中国分割の動きが一挙に強まりました。また、下関条約で清への従属から解かれた朝鮮王朝は、一八九七年に「大韓帝国《だいかんていこく》」と国号を改めます。

歴史の読み方

日清戦争後に、列強の勢力圏、租界《そかい》（中国における外国人居留地）の画定の動きを一挙に強め、中国を分け取りしようとします。ここから東アジアの現代史が始まると言っても過言ではありません。

【東アジアでの英露対決】下関条約調印の直後、「三国干渉」（フランス、ドイツ、ロシアが日本に対して行った勧告）で、日本が下関条約で得た遼東《りょうとう》半島を清に返還させたロシアは、半島南部の旅順《りょじゅん》と大連《だいれん》を二五年間租借し、南下の勢いを強めた。それに対抗して、ドイツは山東《さんとう》半島の膠州湾《こうしゅうわん》を九九年間、イギリスは山東半島北東の威海衛《いかいえい》を九九年間租借し、瀬戸内海の約三・五倍ある渤海《ぼっかい》は列強の紛争の焦点と化した。バルカン半島からオスマン帝国に勢力をのばし、イギリスの「3C政策」に揺さぶりをかける新興ドイツをおさえるためにバルカン半島方面でロシアと協調せざるを得なかったイギリスは、ロシアとの直接対決を避け、日本の利用に踏み切った。イギリスは日本との間に一九〇二年に「日英同盟」を結び、日本を対ロシアの矢面《やおもて》に立たせようとしたのである。

一方、中国進出で遅れをとっていたアメリカは、一八九九年、国務長官のジョン・ヘイ（一八三八－一九〇五）が「門戸開放宣言」を出して中国市場への経済進出を明確にします。一九〇〇年、山東地方で勢力を拡大した義和団《ぎわだん》が「扶清滅洋《ふしんめつよう》」（清朝を助けて西洋人を撃退する）を掲げて北京に入城すると、清は排外運動に同調して列強に宣戦布告します（義和団事件）。それに対して列強は八カ国連合を組織して、北京を占領。翌年の条約（北京議定書）で、北京駐兵権と莫大な賠償金を獲得しました。

ロシアはこの事件を口実にして南満洲に軍隊を南下させ、朝鮮半島への進出の野望をあからさまにしていきます。大韓帝国（日清戦争後に、朝鮮王朝が改称。前ページ）では、宮廷内の闘争と、権力維持に腐心する高宗《こうそう》が落ち目の清からロシアに乗り換え、一年間ロシア公使館で政務を執《と》る状態が続きます。そうした状況が、朝鮮半島を保全しようとしていた日本の危機意識を強めました。

歴史の読み方

三国干渉後、渤海、黄海《こうかい》が国際紛争の場になると、イギリスは日英同盟を結び、日本にロシアとの戦いを担わせようとしました。外交は甘いものではありません。「内」だけを見ていると、出し抜かれます。

「日露戦争」で姿を変えていく東アジア

ロシアの朝鮮半島進出と朝鮮王朝の迎合的な姿勢に危機感を抱いた日本は、日英同盟を頼りに対ロシア戦争を準備しました。シベリア鉄道完成の直前の一九〇四年、日本は遼東半島の旅順《りょじゅん》を奇襲攻撃して**「日露戦争」**を開始します。イギリスにとっては、想定どおりになったのです。

日露戦争は世界初の「総力戦」となり、日露両国は莫大な戦費に悩まされました。日本は戦費の六割をイギリス、アメリカからの借金に頼ってなんとか戦争を続けますが、ロシアは食糧事情が悪化した労働者、農民の蜂起で戦争の続行が不可能になります。

一九〇五年五月、「日本海海戦」でバルチック艦隊が敗れた後にロシアは講和に傾き、「ポーツマス条約」が締結されました。条約でロシアは日本の朝鮮での優越権を認め、遼東半島南部の租借《そしゃく》権、樺太《からふと》南部・東満洲鉄道南満洲支線を譲渡しました。その後一九一〇年、日本は列強の承認の下に大韓帝国を併合。日朝の一体化、朝鮮社会の近代化に踏み切ります。

東アジアが欧米対立の新たな焦点になる中で、一九〇五年、八〇〇〇〇人以上の清国留学生が集まっていた東京で孫文《そんぶん》（一八六六－一九二五）を総裁とする**「中国同盟会」**が結成されます。この会は清帝国の打倒をめざし、民族の独立、民権の伸長、民生の安定からなる「三民主義」の実現を運動の目標にしました。

一九一一年、清朝が外国からの借款の担保となる民営鉄道を国有化しようと画策すると反対運動が広がり、中国同盟会の影響を受けた新軍（三分の一は革命派）が長江流域の武昌《ぶしょう》で蜂起（武昌蜂起）して革命政権を樹立します。わずか二カ月の間に、清の一八省の八割に及ぶ一四省が独立を宣言することになりました。**「辛亥革命《しんがい》」**です。

一九一二年、独立を宣言した省の代表者が南京に集まり、孫文を臨時大統領とする「中華民国」が成立しました。清は、軍閥の袁世凱《えんせいがい》（一八五九－一九一六）に革命政府との交渉にあたらせますが、野心家の袁は自らの臨時大総統就任と引き換えに幼い清の皇帝（溥《ふ》儀《ぎ》）の退位を認めました。清の滅亡です。

革命派は中国同盟会を「国民党」に改組し、議会で多数を占めることにより袁の独裁を防ごうとしますが、袁は武力で弾圧し独裁制をしきます。しかし袁が一九一六年に世を去ると、**中華民国は列強の支援を受けた軍閥《ぐんばつ》が各地に割拠する混乱時代に入ります。**一九二〇年代、三〇年代、四〇年代と混迷が続きました。

歴史の読み方

日露戦争の結果、東アジアでの列強の勢力圏が一応安定しましたが、今度は清にアジア情勢の激変の影響が及んで辛亥革命が勃発します。しかし、清は倒されたものの各地に軍閥が乱立する最悪の状況となり、内外入り乱れての混乱と窮乏の下で中国現代史が展開されることになります。

4 イギリスvsドイツの覇権争いで変わっていく世界

THE CENTURY OF EUROPE LED BY ENGLAND

英・仏が落ちぶれ、米・独が台頭

一九世紀末、ヨーロッパでは経済活動を政治・軍事活動に組み替える、侵略的な「帝国主義」の傾向が強まります。背後には、経済秩序の変調と競争の激化がありました。

【成長で遅れをとったイギリス】 一九世紀後半の技術革新と新経済システムの登場、保護貿易の台頭で、「パックス・ブリタニカ」と言われたイギリスの絶対的優位が崩れた。多くの投資を必要とする重化学工業の比重が高まることで企業は巨大な組織に変わり、少数の富裕者が資本を提供するイギリス型の経営は時代遅れになった。銀行、証券会社が資本の調達にあたり、多くのサラリーマンの官僚的組織により企業の日常業務は処理されるようになる。大量のビジネスマン、技術者が企業活動を支える時代に変わったのである。アメリカ、ドイツなどの新興工業国が、安い労働力と新技術、新しい経営方式を武器に、イギリスを追い越していく。イギリスの経済成長率は、一八六〇年代には三・六パーセントだったが、一八七〇年代には二・一パーセント、八〇年代は一・六パーセントというように低下の一途をたどった。それに対し、一八七〇年代から一九一四年にかけてのドイツ、アメリカの年平均経済成長率は、約五パーセントである。

工業の国際競争力を弱めたイギリスは、それまで蓄積してきた豊富な資金と海上運賃、保険料収入、対外投資収益などを利用して、安価な労働力と資源に恵まれたカナダ、オーストラリア、インド、アメリカ、ラテン・アメリカ諸国などの広大な植民地・勢力圏に資本を輸出する金融大国として生き残りを図りました。**一九一四年当時の世界の海外株式投資の四三パーセントをイギリス一国が保有している**ことでも、その富裕ぶりがわかります。

フランスも同様に、ロシア、東欧、ラテン・アメリカ諸国に資本を輸出し、金融大国への道を歩みました。

ヨーロッパ諸国は、保護関税政策で自国の市場を守りながら、世界市場でのシェア拡大をめざして争い合い、勢力圏を巡る列強の対立は深刻化していきます。

【イギリスの金融大国への転身】 二〇世紀初頭、イギリスは年平均六四〇〇ポンドの貿易赤字を抱えるようになるが、二〇億ポンドを超える対外投資により、年平均一億一三〇〇万ポンドの利子を得ていた。イギリスにとっては、何よりも資産を守るための平和が必要だったはずである。ところがイギリスは、愚かにも既得権を守るためにドイツとの全面戦争に傾いていく。

歴史の読み方

一八七〇年代以降の新技術体系の普及、経営方式の革新がイギリスの没落、ドイツの勃興をもたらし、ドイツが海軍増強、海洋進出をめざしたことで第一次世界大戦につながる両国の対立が激化しました。

帝国主義は「大不況」が生んだ？

資本主義経済は、およそ一〇年周期で景気の循環をくり返します。経済の好況が過剰な投機ブームを呼び、やがて過剰生産による企業倒産、失業者の増加、銀行経営の悪化、そしてさらに恐慌が襲いました。

【大不況】 技術革新により重化学工業の比重が高まる「第二次産業革命」が進行した一八七〇年以降、一九世紀末に至る期間には、一八七三年、一八八二年、一八九〇年、一九〇〇年というように恐慌がくり返された。とくに一八七三年の恐慌は、世界の一体化による安価な食糧・原材料の流入、過剰生産により鉄道建設や企業の新設ブームに沸き返るドイツ、アメリカなどから起こった激しい恐慌で、世紀末まで尾を引き、一連の不況が全体として「大不況」と呼ばれた。大陸諸国では保護貿易が広がり、列強は植民地を自国市場として囲い込むことで不景気から抜け出そうとした。

不況で生活苦に陥った大衆の間では、フランスの「ドレフュス事件」（一八九四‐九九、ユダヤ系将校ドレフュスがドイツのスパイとして終身刑となった冤罪事件）に見られるように反ユダヤ主義などが台頭し、国内の異質な勢力に攻撃の矛先《ほこさき》を向けました。他方で格差の拡大は、労働運動、社会主義運動を激化させていきます。

そうした中で、大衆に迎合する政治家はナショナリズムに傾き、国民の不満を外にそらそうとしました。それが国家間の対立を強め、軍備拡張競争、植民地獲得競争につながります。軍事力による領土拡張に狂奔したローマ帝国にちなんで、そうした動きは**「帝国主義」（インペリアリズム）**と呼ばれます。

歴史の読み方

一九七〇年代のドル危機と石油危機によるスタグフレーションが世界情勢を激変させたように、「大不況」と言われる一八七〇年代からの長期の不況が帝国主義という時代の背景になっています。

【ベル・エポック】 一九世紀末、大不況が終息して欧米諸国は一時的な好況の時代に入った。第一次世界大戦に至るまでの好況の時代を「ベル・エポック」(良き時代)と呼ぶ。しかし、そうした中で世界の平和と安定を揺るがす危機が進行していた。

英独の激突で激化する海の覇権争い

一九世紀末、**ドイツはイギリスを抜いてヨーロッパ第一位の工業国**になりました。一八七一年のドイツ帝国成立時の国富はフランスと同等でしたが、一九一四年には一・七倍にまで達します。

ドイツでは、列強のドイツに対する敵意を、巧みな外交で避けてきた宰相ビスマルク(一八一五-一八九八)を退けて、二九歳の若さでヴィルヘルム二世(位一八八八-一九一八)が皇帝になります。ヴィルヘルム二世は、一転して挑戦的な世界政策を打ち出します。

彼は、アメリカの戦略家マハン(326ページ)の「国富はシー・パワーの強化によりもたらされる」という説(マハリズム)に基づき、「新航路」(ノイエクルス)政策という積極的な海洋における拡張政策をとるようになります。

「ドイツ帝国の将来は海上にあり」という有名な演説が示すように、ヴィルヘルム二世は海洋帝国イギリスへの挑戦に乗り出します。

【激しさを増す建艦競争】 ドイツは、常に第二・第三の海軍国を合わせた海軍力の保持（二国標準主義）をめざしたイギリスに対抗して、一八九八年以降急激な海軍増強を行った。イギリスは弩級《どきゅう》戦艦ドレッドノートの建艦によりそれに対抗する。一二インチ砲一〇門（五基）を搭載するドレッドノートの攻撃力は、一二インチ砲を四門（二基）しか装備できない旧来の戦艦を陳腐化させるものであった。それに対抗して、ドイツも同規模の軍艦の建造に努め、両国の軍拡競争（建艦競争）は激化する一方だった。

ヴィルヘルム二世は、一八九八年に自らオスマン帝国のイスタンブルを訪問し、無料で**バグダード鉄道**（トルコのコンヤ―バグダード―ペルシア湾に至る鉄道）を敷設することを約束し、イギリスの「**3C政策**」（エジプトのカイロ、南アフリカのケープタウン、インドのカルカッタを結ぶ世界戦略）に対抗し、西アジアからイギリスの勢力圏の中心となるインド洋に進出する戦略を明らかにしました。

それが、ベルリンからビザンティウム（イスタンブル）を経由してバグダードに進出し、さらにバスラ港からペルシア湾、インド洋に乗り出す「**3B政策**」です。ドイツとイギリスは、「**三国同盟**」（ドイツ・オーストリア・イタリア）と「**三国協商**」（イギリス・フランス・ロシア）を組織して互いにぶつかり合い、第一次世界大戦にもつれ込んでいきます。

【第二次産業革命】 一八七〇年代には旋盤が自動化して多くの製品が大量に低いコストで生産さ

れるようになり、大量生産が進んだ。石炭のタールや木材パルプを原料として化学肥料、人工染料、人工繊維をつくる化学工業も一八七〇年代以降盛んになった。

一八六七年、ドイツのジーメンス（一八一六－九二）が発電機を発明し、蒸気機関に代わる「新たな動力源」として電力が登場しました。一八八一年、世界で最初の発電所がアップルトンで稼働します。しかし電力の普及には送電網が必要であり、当時、電力は工場の照明用に使われただけでした。電動モーターが工場の動力として使われたのは、一九〇七年以降です。

一九世紀末、一万人を超える労働者を雇用し、ホワイト・カラーと呼ばれる管理職層を中心とする官僚的管理システムを有する巨大企業が各国に出現し、利潤を競い合います。

5 新大陸で巨大になっていくアメリカ

THE CENTURY OF EUROPE LED BY ENGLAND

西のフロンティアへと広がっていくアメリカ

一九世紀の後半になると、ヨーロッパから移住した庶民がその土台を築いた「移民の国」アメリカが驚異的な経済成長をとげ、世界第一位の工業国に躍進します。

【移民大国】 アメリカは、それまでの世界のどこにも見られなかった規模で大量の貧しい移民を受け入れ、たちまちのうちに大国に成長した。アメリカの人口は、一八五〇年の二三〇〇万人から一九一〇年には九二〇〇万人に激増する。

独立当初のアメリカの領土は、一三州（植民地）と一七八三年の「パリ条約」で獲得したミシシッピー以東のルイジアナのみで大西洋岸に限られていましたが（281ページ図）、一八〇三年にフランスからミシシッピ川からロッキー山脈に至るルイジアナを一五〇〇万ドルで購入することにより領土が一挙に倍になります。

一八二〇年代から四〇年代にかけては西漸《せいぜん》運動が進み、フロンティア（辺境）・ラインは次第に西に移動していきました。人口の希薄な未開拓地帯を**「フロンティア」**と言いますが、荒れ地の開拓の中から進取の精神（フロンティア・スピリット）が育ちました。当時の人々は、自分たちの領土が先住民が居住する地域に拡大していくことは**「明白な神意（運命）」**であると考えていました。

一八四〇年代には、①アメリカ合衆国からメキシコに移住した綿花農場主たちが、メキシコから独立して共和国を建てていたテキサスを併合し（一八四五年）、②カナダとの国境線画定によるオレゴンを併合し（一八四六年）、③「米墨（アメリカ－メキシコ）戦争」（一八四六～四八）でメキシコの三分の一を占めるカリフォルニアとニュー・メキシコを併合し、合衆国の領土は大西洋岸から太平洋岸に及ぶことになりました。巨大な大陸国家の出現です。アメリカの領土は建国当初の四倍に達しました。

一八四八年、カリフォルニアで金鉱が発見されると、米墨戦争後の不景気に襲われていたアメリカ東部の人々約一〇万人が、陸路と海路に分かれて大挙してカリフォルニアに押し寄せました（**「フォーティ・ナイナーズ」**と呼ばれる）。五〇年にはカリフォルニアが州に昇格します。

■1800年代前半に西へと広がっていくアメリカ

歴史の読み方

独立達成後、七〇年間で大陸国家となったアメリカにとって移民の受け入れと西部の開拓とインフラ整備が国家づくりの土台になりました。現代中国が中国の内陸部をフロンティアと見なして、高速道路や高速鉄道のインフラを整備する政策はアメリカから学んでいます。

南部の分離を許さなかったリンカーン

一八六〇年に共和党のリンカーン（任一八六一－六五）がアメリカ合衆国の第一六代大統領に当選すると、**南部七州は連邦を離脱して一八六一年に第二の合衆国（アメリカ連合国）を結成**しました。

しかし、リンカーンは南部諸州の連邦からの離脱を認めませんでした。南部のチャールストン港にあった合衆国のサムター要塞が南部軍の三四時間の砲撃により陥落しますが、その際にリンカーンが援軍を送ったことから**「南北戦争」**（一八六一〜六五）が始まります。連邦離脱を主張する南部一一州（人口九〇〇万人、そのうち奴隷三五〇万人）と連邦側の二三州（人口二二〇〇万人）の戦いです。

早期決戦を図る南軍は、リー将軍が率いる主力軍を北部に侵入させてイギリスの援助を期待しました。それに対してリンカーンは、開戦とともに五五〇〇キロに及ぶ南部の海岸線を封鎖し、ヨーロッパからの輸入品への依存度が高い南部に大きな打撃を与えます。

【アメリカン・ドリームの起源】 リンカーンは西部の諸州を味方につけるため、一八六二年、「ホームステッド法」（自作農創設法）を制定して、五年間西部の開拓に従事した二一歳以上の男性戸主に、手続き費用のみで二〇万坪の国有地を分譲することを約束した。それが南北戦争後にヨーロッパから西部へ多数の移民が呼び込まれた理由である。アメリカン・ドリームがアメリカを一挙に膨張させたのである。

リンカーンは、一八六三年に**「奴隷解放宣言」**を出して内外の世論を味方につけます。奴隷貿易を廃止していたイギリスは、南部の支援ができなくなります。一八六三年、南北戦争最大の激戦である「ゲティスバーグの戦い」の後、物量に勝る北軍が優位に立つことになります。一八六五年、アメリカ連合国の首都リッチモンドが陥落し、戦争は北軍の勝利に終わりました。両軍あわせて約六二万人の死者を出した、大変な内戦でした。

南北戦争が始まった時点でアメリカには約四万八〇〇〇キロの鉄道が敷かれており、その三分の二は北部に集中していました。南・北双方にカリフォルニア州に向けた鉄道建設の計画がありましたが、戦後に西部では大陸横断鉄道の建設が着手されます。大陸横断鉄道は太平洋（パシフィック・オーシャン）に至る動脈として位置づけられ、「パシフィック鉄道」と名づけられました。

KEY POINT
世界史がわかる「鍵」
26

アメリカは西部開拓と鉄道で大国に

新大陸に成立した移民国家アメリカは、南北戦争後に西部開拓と鉄道建設で急激な経済成長をとげ、「大きな世界」における大国の仲間入りをする。

歴史の読み方

国家が全面的にバックアップした産業の裾野の広い鉄道建設が、アメリカの資本主義経済の成長を牽引しました。かつての日本列島改造と同じです。

【鉄道建設とアメリカ経済の躍進】 鉄道建設と急速な西部開拓とがアメリカ経済の成長の原動力だった。一八六〇年に世界四位だったアメリカの工業生産高は、一九〇〇年には世界一位（世界の二三・六パーセント、イギリスは一八・五パーセント）、国民総生産（GNP）はイギリスの約二倍になった。現在の中国とアメリカの経済関係と同様な状況が現れたのである。

アメリカ政府は鉄道法を改めて、鉄道会社に沿線の広大な国有地や鉱業権を無償で与え、難工事に対しては多額の助成を行いました。その結果、鉄道会社は国策を利用して巨利を上げ、モルガンのような鉄道財閥が出現します。

アメリカの高度経済成長でＦＲＢが誕生

南北戦争以後のアメリカ合衆国は、輸入品に四七パーセントにも及ぶ高率の保護関税をかけて国内産業を保護し、急速な鉄道建設（一八九〇年までに敷設距離が六倍）、西部への膨大な数の移民の受け入れ、西部市場の拡大、南部への北部資本の進出などの条件が重なることで工業の著しい発展期に入りました。

一八二〇年代に一四万人余りだった移民の受け入れは、一八六〇年から九〇年までの期間に一〇三七万人を数え、**九〇年になると「フロンティア」と言われた西部の未開拓地は消滅**しました。

この時代は、**「金メッキ時代」**と呼ばれています。あらゆる階層の人々が、金儲けに狂奔した経済の急成長期だったのです。

【巨大財閥と中央銀行】 急激な経済成長をとげたアメリカでは、鉄道のモルガン、石油のロックフェラーなどの新興財閥の力が強かった。そのため政府が紙幣を発行するのではなく、財閥銀行が保有する金と等価で交換される兌換《だかん》紙幣の発行が決定され、政府と巨大銀行の合意の下に中央銀行のＦＲＢ（連邦準備銀行）が設立された。理事会のメンバーは大統領の指名だが、アメリカ国内一二カ所に設けられた連邦準備銀行の出資者は民間銀行である。

海洋帝国へと転身し、太平洋に進出！

一八九〇年に開拓の最前線が太平洋岸に達し、フロンティアがついに消失します。そのためアメリカは、鉄道建設を中心とする経済成長路線の転換に迫られました。

【現在に続くアメリカの世界戦略】 アメリカでは、「消失したフロンティア」に代わるものとして太平洋とアジアに着目し、海洋帝国として経済成長を持続させようとする動きが強まった。その時期に活躍したのがオランダ、イギリスの海洋発展を研究し、一八九〇年に『海上権力史論』を著した海軍大佐アルフレッド・マハン（一八四〇－一九一四）であった。マハンは、海軍、通商、植民地・海上拠点を「シー・パワー」と呼び、アメリカがシー・パワーを強め、大西洋と太平洋をつなぐ地政学的な位置を活用して、太平洋、中国に進出する海洋戦略を提唱した。

アメリカにとって大西洋と太平洋の二つの大洋を結ぶカリブ海は、世界政策実現のためのカギを握る重要な海域になりました。アメリカはまず、二つの海の中間の**カリブ海の内海化**を図ります。

軍事力を背景に外交を進める**「こん棒外交」**政策をとっていた第二五代大統領マッキンリー（位一八九七－一九〇一）は、スペインの植民地キューバで反スペインの反乱が起こると、ハバナ港に最新鋭艦メイン号を派遣します。ところが、一八九八年二月、メイン号がハバナで謎の撃沈をとげ、乗員二六六人が死亡するという事件が起こります。

国内では新聞が「メイン号を忘れるな」のキャンペーンを張り、スペインがメイン号を沈没させたという確たる証拠がないまま、アメリカはスペインに宣戦布告します（**米西《べいせい》戦争**）。アメリカ軍はキューバとその周辺を制圧する一方、太平洋艦隊はスペイン植民地のフィリピンを攻撃し、マニラを占領します。

米西戦争は、わずか四カ月でアメリカの圧倒的勝利に終わりました。スペインは、キューバの独立を認め、プエルトリコ、グアム、フィリピンを合衆国に割譲します。多くのアメリカ移民が移住していたハワイでは、海兵隊の支援を受けたアメリカ系移民が「アロハ・オエ」の作詞・作曲者である最後の女王リリウオカラニを退位させて共和国を建設。米西戦争中の一八九八年、アメリカはハワイを併合します。

歴史の読み方

アメリカは、太平洋を新たなフロンティアとする世界政策を一貫して推進していきます。二一世紀にシー・パワーを強化し、かつてのアメリカを模倣して南シナ海、東シナ海を土台に西太平洋を支配しようというのが、現在の中国の戦略です。

KEY POINT
世界史がわかる「鍵」
27

海の支配権が世界を制す

シー・パワーを強化して海洋覇権の獲得をめざせというマハンの主張はアメリカの世界政策となったばかりでなく、ドイツ帝国（290ページ）、明治の日本にも影響を与え、第一次世界大戦、太平洋戦争につながった。現在の中国の海洋政策もマハンの強い影響を受けている。

アメリカがパナマ運河建設を急いだ理由

米西戦争で、アメリカはカリブ海域を内海化し、また太平洋に点々と兵站《へいたん》基地を確保することに成功し、フィリピンを足場に東アジアへの進出を本格化させることになります。カリブ海から太平洋に出ていくために、パナマ地峡《ちきょう》に運河を建設する計画が実現の方向に向かいます。

パナマ運河は、すでに一八八一年にフランス人レセップス（一八〇五‐九四）により着工されていましたが、マラリア、黄熱病の流行で建設会社は破産し、計画は失敗に終わっていました。アメリカは運河建設の利権を買い取ると、コロンビアに建設予定地の租借権を求めます。しかしコロンビア議会がこの要求を拒むと、アメリカはパナマ州の地主の反乱を助け、一九〇三年にコロンビアからパナマ共和国を強引に独立させます。

そうしておいてアメリカは、パナマ共和国から運河の工事権・運河地帯の租借権を獲得。一九〇四年に着工し、三億七五〇〇万ドルの巨費を投じて、一九一四年、全長八〇キロ、閘門《こうもん》式のパナマ運河を完成させました（321ページ図）。閘門式とは、両側で水位の異なる水路に水門を設け、船の前後の水門を閉じて水位を変えることでスムーズに船を航行させる仕組みです。

パナマ運河の完成で、アメリカの東部と西部は海運の太いパイプでつながることになり、太平洋海域へのアメリカの進出も本格化します。ニューヨークとサンフランシスコの間の距離は、約二分の一に短縮されました。

6 従属的に世界史に組み込まれたアフリカ・太平洋

THE CENTURY OF EUROPE LED BY ENGLAND

イギリスに取り込まれたオーストラリア

陸地のすべてを飲み込んでしまうほど広大な太平洋海域は、一八世紀にイギリスのジェームズ・クック（一七二八-七九）の三度の探検でその全容が明らかにされました。
メキシコ以北の北アメリカがイギリス一国の植民地になる中で、**植民地争いに敗れたフランスは、古代以来、南緯四〇度付近に横たわると考えられていた「未知の南方大陸」の発見と植民地化をめざしました。**イギリスも、それに対抗して「南方大陸」への関心を強めたのです。

【「南方大陸」をめぐる英・仏の競争】古代の「プトレマイオスの世界図」は、インド洋を地中海と同じ「内海」と考え、南半球に広大な大陸を設定し「未知の南方大陸」と名づけた。帆船による航海技術の未発達もあって、一八世紀後半まで、その存在が信じられていた。当時は南方大陸は五〇〇〇万人の人口を擁する巨大な大陸と言われており、北アメリカでのイギリスの優位が決定した後、フランスはその支配に期待を寄せていた。

クックは海軍省の命を受けて二度の航海で南半球の高緯度海域をくまなく探索して、「未知の南方大陸」が存在しないことを明らかにしました。その際にニュージーランド、オーストラリアが発見され、イギリス領に組み入れられます。
しかしオーストラリアは、ヨーロッパから遠く隔たった乾燥大陸であったことから開発が困難でした。オーストラリアへのイギリス人の入植は、アメリカの独立で北アメリカの植民地を失ったイギリスが流刑植民地の代替地とするかたちで、一七八八年に始まります。なお、流刑植民地としての機能は、一八四〇年まで継続しました。

オーストラリア南西部の海岸地方から始まる羊毛産業は、一九世紀半ばにはイギリスが輸入する羊毛の四〇パーセントを占めるまでに成長します。

歴史の読み方

二世紀のプトレマイオスの「世界図」に描かれた「南方大陸」が存在しないことを明らかにしたのがイギリスのクックの業績であり、オーストラリアの植民地化は探検の副産物でした。

たった二〇年で完了したアフリカの分割

一八八〇年代中頃以降、アフリカ大陸でも分割の動きが強まります。

植民地を持たなかったベルギーの国王レオポルド二世（位一八六五－一九〇九）が、アメリカの探検家スタンリーを支援してザイール（コンゴ）川流域を探検させ、この広大な地域をコンゴ国際協会の名の下に支配しようとすると、イギリスとポルトガルが反発。ビスマルクの仲介で一四カ国の参加の下にベルリンで「ベルリン会議」（一八八四－八五）が開かれました。

【コンゴ自由国とは】ベルギーの約八〇倍の面積を持つコンゴは、ベルリン会議でベルギー国王の私領として認められた。「自由国」とは名ばかりで、すべての官吏はブリュッセルから派遣されていた。

会議は、「先に実効支配の体制を整えた国」のアフリカでの支配を認め、**「先占権《せんせん》」が分割の原則**とされました。その後、先占権に基づき急速にヨーロッパ諸国によるアフリカの分割、植民地化が進められます。

それまでアフリカは、沿海部がヨーロッパに支配されていたに過ぎませんでしたが、機関銃をはじめとする優れた銃器を持つヨーロッパ諸国は、わずか**二〇年間のうちに日本の八〇倍もの面積を持つアフリカを分割し尽くしてしまいました。**

こうした後先を考えない行動が、後世に大きな負荷を与えていることは言うまでもありません。

世界地図で見ると、アフリカ大陸の国境に直線が多いのはそのためです。二〇世紀初頭のアフリカの独立国は、エティオピアとリベリアのみになってしまいます。

【アフリカの幾何学的国境】アフリカの国境は、ヨーロッパ列強の都合で機械的に画定された。一つの民族を国境で分断したり、もともと関係の薄い部族を一つにしたり、言語・宗教などの違いも無視された。それが独立後のアフリカ諸国で頻発する部族紛争、宗教対立などの原因になっている。

ヨーロッパ諸国の中では、アフリカの縦断政策をとるイギリス、横断政策をとるフランスが分割の主導権を争いました。一八九八年、エジプト南方のスーダンで英・仏の現地軍が衝突する事件（ファショダ事件）が勃発するとフランスが譲歩し、イギリスの縦断政策が優位に立つことになります。

歴史の読み方

ヨーロッパ諸国はアフリカを「無主の地」と決めつけ、「先占権」を分割の原則にしました。それが極めて短期間でアフリカが分割されつくした理由であり、アフリカが政治的に不安定な理由でもあります。

第9章

地球規模の時代へ

WORLD HISTORY AND GLOBAL AGE

1 二つの世界大戦とヨーロッパの没落

WORLD HISTORY AND GLOBAL AGE

大戦で共倒れしたヨーロッパ列強

二〇世紀は、大規模な戦争によりヨーロッパの世界支配が崩れ落ちた世紀です。二〇世紀は全体として「戦争の世紀」と言えますが、前半の二つの世界大戦の時期と、後半の地域戦争が頻発する時期に分けられます。

大規模な戦争と、旧植民地の独立によって、地球規模で一九世紀の世界秩序が劇的に崩れていきました。グローバル時代（地球時代）の到来です。

ヨーロッパの没落の契機になったのが、一九世紀末の長期の「大不況」（315ページ）を脱した好況下で起こった第一次世界大戦でした。そのきっかけは、オーストリア皇太子の暗殺事件です。小さな穴が堤防を決壊させるように、ローカルなテロ事件が複雑な連鎖を誘発し、大戦争を引き起こしたのです。

歴史の読み方

第一次世界大戦の戦後処理がまずかったために起こされた第二次世界大戦は、第一次大戦とひとつながりの戦争です。これらの大戦争が一九世紀の「ヨーロッパの時代」を終わらせることにつながるのです。

KEY POINT
世界史がわかる「鍵」
28

二つの大戦でヨーロッパが没落する

第一次世界大戦が「ヨーロッパの没落」の契機となり、戦後処理の失敗が誘発した第二次世界大戦で時代の転換が決定的になった。

ナショナリズムの暴発で大戦が勃発

一九一四年六月二八日、ボスニアの州都サライエヴォでオーストリア陸軍の大演習の閲《えつ》兵《へい》に赴いていたオーストリアの皇太子フランツ・フェルディナント（五二歳）と妃のゾフィー（四三歳）が一九歳のセルビアの大学生プリンツィプに暗殺される**「サライエヴォ事件」**が起こりました。

事件後の処理を巡る両国の争いがもつれ、オーストリアがセルビアに宣戦布告。これをきっかけに、三国同盟と三国協商（317ページ）がぶつかりあう**「第一次世界大戦」**（一九一四－一八）が勃発します。

第一次世界大戦は、ドイツ、オーストリア、オスマン帝国（トルコ）、ブルガリアの四カ国（同盟国側）と、協商側二七カ国が戦う空前の大戦争になりました。ドイツもフランスも短期で戦争が終わるという見通しを持って戦争を始めましたが、事態はそんなに甘くはありませんでした。

歴史の読み方

大局的な視点に欠け、情緒に訴えるナショナリズムと領土紛争は対処が難しい問題です。力で現状を変えようとする行動は、時に悲惨な大戦争を引き起こします。

【悲惨な総力戦】 戦前には誰も予測できなかった長期の「総力戦」が各国を追い詰めた。緒戦の「マルヌ会戦」の弾薬消費量が日露戦争の全弾薬消費量に匹敵し、独仏両国は一九一四年の一〇月になると備蓄していた弾薬を早くも使い果たした。一九一六年の最大の激戦、「ヴェルダンの戦い」では、三カ月間にドイツ、フランス両軍が発した砲弾は二七〇〇万発、死傷者は七〇万人に及んでいる。

塹壕《ざんごう》を掘って両勢力が対峙するフランスの西部戦線は、約二八〇キロにわたって戦線が停滞し、悲惨な塹壕戦が長期にわたって継続しました。「総力戦」は大量の兵員を必要とし、イギリス約九〇〇万人、フランス約八五〇万人、ロシア約一二〇〇万人、ドイツ約一一〇〇万人が動員されました。食糧の統制、工場での勤労動員で、戦争の重い負担は国民全体に及ぶことになります。

2 新たな破局に向かう戦間期の世界

WORLD HISTORY AND GLOBAL AGE

一九一七年、ロシア革命でソヴィエト誕生

経済基盤が弱いロシアは総力戦に耐えられず、一九一七年三月に首都のペトログラードの食糧暴動をきっかけに各地に**「ソヴィエト」**（労働協議会）が結成されました。やがてソヴィエトは首都の支配権を握るようになり、その承認の下で臨時政府が成立し、ロマノフ朝は滅亡しました。それが、「三月革命」です。

革命後、ロシアはソヴィエトと臨時政府の二重政権状態になりましたが、臨時政府が戦争を継続したために民衆の困窮は解決されませんでした。そうした中で、亡命先のスイスから帰国したボリシェヴィキ（多数派）の指導者、レーニン（一八七〇－一九二四）は、

戦争の中止、臨時政府の打倒を訴えます。

　戦争がもたらす困窮が続くことで勢力を拡大したボリシェヴィキは、レーニンの指導下に、一九一七年一一月、ペトログラードで蜂起して臨時政府を倒し、社会主義政権の樹立に成功しました（十一月革命）。

　革命政府は、即時停戦、無併合・無賠償による和平、地主の土地の無償没収、国内少数民族の自決権などを宣言します。一九一九年、レーニンはボリシェヴィキの一党独裁体制を確立し、世界初の社会主義政権の樹立に成功しました。

　一九一八年三月、ソヴィエト政府は単独でドイツと講和条約（ブレスト・リトフスク条約）を結んで戦線を離脱します。

　東部戦線の崩壊と共産主義革命の周辺地域への波及を恐れる英、仏、米、日の四カ国は軍隊を派遣し、ロシア内の反革命軍を助けました（対ソ干渉戦争）。それに対してロシアの革命政府は、**「コミンテルン」**（世界共産党）を組織し、世界の革命運動を強化することにより政権を守ろうとします。

　農民からの強制的な食糧徴収で危機を乗り越えた革命政府は、一九二二年、ロシア、ウクライナ、ザカフカス、白ロシア（ベラルーシ）の四つの社会主義共和国からなる**「ソヴィエト社会主義共和国連邦」**を成立させます。

【ロシア帝国と共産党】 第二次世界大戦後の冷戦時代まで続く資本主義と社会主義の対立は、産業革命後のヨーロッパでの格差問題をルーツとする「大きな世界」内部での対立・抗争だった。しかし、自給自足農業を基盤とするロシア帝国で共産党による社会主義革命が成功したことは、「小さな世界」において「大きな世界」から派生した近代システムへの転換が短時間で行われることを意味した。だが、革命後の新システムへの移行は極めて難しかった。ロシアの民衆が資本主義、民主主義を体験しておらず、ロシアでは真の社会改革を進めるための人材も不足していた。そのため戦中、戦後の社会的混乱の中で、「民主集中制」をとる党は特権化していく。党の目標は名目化し、形式上の民主主義と実質的独裁は特権官僚を生み出していった。ロシアの影響を受けた東欧、中国などでも同様の弊害が生み出されている。

歴史の読み方

森林地帯の帝国ロマノフ朝は食料難を解決できずに倒壊し、共産党による独裁政権がそれに代わりましたが、共産党政権は最終的にスターリン（一八七九－一九五三）の独裁に至ります。イデオロギーをスローガンのレベルにとどまらせるのではなく、その中味と方法の具体的吟味が大切です。

大戦の帰趨を決したアメリカ参戦

中立宣言を出して第一次世界大戦の戦場とならなかったアメリカは、生産施設をフル操業して武器・弾薬をイギリスなどの連合国に供給して支え、ドル決済で巨額の代金がニューヨークのウォール街の銀行に振り込まれました。

【債券を紙クズにするな】 連合国の戦費の多くはドル建ての戦時国債として、ニューヨークで調達された。連合国はアメリカに膨大な借金をして、長期の戦いに耐えたのである。アメリカは戦争が長引けば長引くほど儲かったが、一九一七年にロシアで革命が起こって戦争から離脱し、ドイツ軍がフランスへの攻勢を強めると、アメリカは戦争を早期に終わらせて、戦債の支払いを確保しようという動きを強めた。

アメリカは、ドイツの「無制限潜水艦作戦」（中立国の商船などであっても無差別に攻撃目標とする作戦）を阻止するという口実で一九一七年四月、ドイツに宣戦布告します。戦争で傷ついていない大国アメリカの参戦で力関係が決定的に変化し、戦争は一九一八年一一月のドイツの降伏で収束しました。**思いがけないアメリカの参戦で、戦争をヨーロッパに限定しようとする英・仏の思惑は崩れ、世界史は新しい世界秩序の形成に向かいます。**

歴史の読み方

アメリカが参戦することで、第一次世界大戦はヨーロッパ内部の戦争ではなくなり、経済的、政治的覇権がアメリカに移っていきます。世界史の舞台が大きく転換したのです。

新たな危機をはらんだ「ヴェルサイユ体制」

前年一一月のドイツ降伏を受け、一九一九年一月に**「パリ講和会議」**が開催されました。会議には敗戦国の代表も、ソヴィエト政府の代表も招かれず、戦勝国側の二七カ国のみが参加し、急進派のフランス首相クレマンソー（在一九一七－二〇）の**対ドイツ強硬論が主導権**を握りました。

第二八代米大統領のウィルソンは戦後体制の指針として、秘密外交の廃止、軍縮、民族自決（各民族集団は自らの意志で帰属や政治を決定すること）、国際連盟（League of Nations）の創設などを内容とする「十四カ条」を提示しましたが、ほとんど無視されてしまいます。ヨーロッパのことには口を出すなというわけです。先の提案の中では**「国際連盟」**の創設だけが実施されたのですが、アメリカの不参加とドイツ、ソ連の排除（後に独ソは参加）で、十分な機能を果たすことができませんでした。

「レモンは最後の一滴まで絞れ」　講和会議では、かつて「普仏《ふふつ》戦争」（一八七〇－七一）に敗れたフランス、イギリスのドイツに対する苛烈《かれつ》な報復が中心となった。悪いのはすべてドイツであり、莫大な戦費はドイツが支払うべきであるという理屈がすべてに優先したのである。イギリスの経済学者ケインズは「ヨーロッパは一体で、過度の報復はドイツ経済の崩壊につながり再度の戦争につながる危険がある」と警告したが、イギリスの首相ロイド・ジョージは耳をかたむけず、「レモンは最後の一滴まで絞れ」とドイツへの徹底報復を主張した。ドイツは「ヴェルサイユ条約」ですべての植民地を放棄させられ、鉄鉱石の約九割を産出するアルザス地方・ロレーヌ地方をフランスに返還し、石炭の宝庫ザール地方が国際連盟の管理下に置かれた。その上、後に一三二〇億金マルク（ドイツの税収の十数年分）という天文学的賠償金を課されることになる。ドイツが毎年支払う賠償金四六億金マルクは、ドイツの歳入の七割に当たっていた。

対ドイツの講和条約「ヴェルサイユ条約」（一九一九）と一連の諸条約により成立した**ドイツへの報復とロシアの敵視に基づくヨーロッパの新秩序が、「ヴェルサイユ体制」**です。ウィルソンの十四カ条に含まれる民族自決の原則は、アジア・アフリカの植民地には適用されず、ドイツ、オーストリア、ロシアの三大帝国が崩壊した後の東ヨーロッパにのみ生かされました。ヴェルサイユ会議により東ヨーロッパにポーランド（一八世紀後半にロシア、オーストリア、プロイセンによって分割された）などの独立国が誕生します。

英・仏両国は、ドイツの背後の東欧圏を操ることでドイツの再興をチェックし、革命ロシアとの間の緩衝地帯にしようとしたのです。しかし、多くの民族が入り混じり、封建的な地主制が残る東ヨーロッパの政治状況は、極めて不安定でした。

戦後ドイツに起こったすさまじい経済危機

敗戦で重い負担を課されたドイツは戦後の経済危機を乗り越え、一九二二年には失業率が一・五パーセントにまで回復しました。

【物価一兆倍の破局的インフレ】 一九二三年一月、自国の戦争債務をドイツに支払わせようとしていたフランスは、賠償の支払遅延を口実に、ベルギーとともにドイツの主要な工業地帯のルール地方を占領。ドイツ政府は、非暴力によるストライキを呼びかけた。さらに経済危機への対応として紙幣が大量に印刷されたために物価が一兆倍に上昇するハイパー・インフレが起こり、ドイツ経済は危機に陥った。コーヒー一杯を飲むのにトランク一つの紙幣が必要になり、飲んでいるうちにインフレが進行してトランク二つの紙幣が必要になったというほどのすさまじさであった。

一九二四年八月に **【ドーズ案】** によりドイツの賠償金支払いの猶予と、アメリカのドイツ経済の支援が明らかにされてフランス軍がルールから撤退しました。他方、不動産などにより担保される新通貨「レンテンマルク」(「レンテン」は地代、年金の意味)が発行され、一レンテンマルクが一兆マルクと交換されることで奇跡的にハイパー・インフレは収まりました。それを主導したのが、首相のシュトレーゼマンです。

歴史の読み方

ヴェルサイユ体制は、基本的に英・仏がドイツを犠牲にして自らを復興させようとする体制でした。ドイツがアメリカの金《カネ》を借りて莫大な賠償金の支払いを行い、英・仏は賠償金によりアメリカへの戦時債務の返却に当てるというお金の循環が起こり、皮肉なことにアメリカの経済覇権が確立されていったのです（33ページ図）。

生まれ変わろうとするアジア

「ヨーロッパの没落」は、アジアが自立を実現するチャンスを与えました。しかし、古臭い帝国体制と民族運動、生活に追われる民衆の動きが入り混じり、アジア社会は複雑な様相を呈《てい》することになります。

当時のアジアでは「小さな世界」の伝統が根強く、主権在民、基本的人権などの「大きな世界」の価値観はほとんど浸透していませんでした。民族運動を過度に理想化すると、現在につながるアジアの混沌が理解できなくなります。

西アジアでは、ドイツとともに第一次世界大戦を戦い、敗北したオスマン帝国が崩壊し、小アジアの領土を大幅に失っただけでなく、財政が英・仏・イタリアの三国の管理下に置かれました。そうした中でケマル・アタテュルクは、アンカラに民族主義勢力を結集して新政権を樹立し、英仏の支援を受けて侵入してきたギリシャ軍を撃退。スルタン制（151ページ）を廃止し、一九二二年、西欧的な「トルコ共和国」を樹立しました。その後、トルコは連合国と結んだ「ローザンヌ条約」（一九二三）で、独立を回復します。トルコは、カリフ制（135ページ）も廃止し、西欧化の道を歩むことになります。

【中東紛争の起源】 オスマン帝国の支配下にあった中東のアラブ世界は、「サイクス・ピコ協定」に基づき、大戦後イギリス、フランス両国が分割して国を建てました。にもかかわらず、第一次世界大戦中にイギリスはアラブの指導者フサインとの間に「フサイン・マクマホン協定」を結んで、対オスマン帝国との戦争にアラブが協力する代わりに、戦後のアラブ国家の建設を約束。他方で、ユダヤ人の金融支援を得る代わりにパレスチナにユダヤ人国家を建設することを支持する「バルフォア宣言」を出す。戦後、イギリスはパレスチナを支配するとユダヤ人のパレスチナへの移住を承認。アラブ人の反発を招いた。それが、後のパレスチナ紛争、中東戦争の原因になる。

イランでも、レザー・シャーが建国した「パフレヴィー朝」が、トルコを手本にした近代化をおし進めます。

歴史の読み方

第二次世界大戦後の四回に及ぶ中東戦争は、イギリスがバルフォア宣言に基づいてユダヤ人のパレスチナへの大量移住を受け入れたことが、そもそもの原因になっています。

インドは、戦後の自治の約束の下に、第一次世界大戦ではイギリスに協力しましたが、戦後イギリスは約束を反故《ほご》にして「ローラット法」（一九一九年、インド人の破壊活動者を無審理で逮捕投獄できるなどの法）を制定し、民族運動を弾圧します。そうした状況下で、国民会議派はガンジーの指導下に非暴力・不服従の民族運動を展開し、自治の実施を要求します。

イギリスは、イスラーム勢力とヒンドゥー教徒の対立を煽《あお》り、民族運動の高まりに対抗しました。しかし、一九二九年、「完全な独立」（プールナ・スワラージ）が国民会議派の目標とされて民族運動が激化し、イギリスを次第に追い詰めていきます。

東アジアでは、大戦中にヨーロッパ勢力が後退する中で、日本、アメリカ、ソ連の中国進出が急速に進みました。

一九二一年に開催された「ワシントン会議」では、主力艦の所有を制限する「ワシントン海軍軍縮条約」、太平洋の現状維持を約束した「四カ国条約」、中国に関する「九カ国条約」が締結され、東アジアにおけるアメリカの主導権があからさまになります。会議で日英同盟は廃止され、**中国における門戸開放・機会均等を主張するアメリカの方針が東アジアの国際秩序の基本**になりました。中国を巡る日本、アメリカ、ソ連・コミンテルンの三すくみが、中国の民族運動に大きな影響を与えることになります。

一九一九年、「パリ講和会議」（343ページ）で「二十一カ条要求」（一九一五年に日本が中国に出した権益拡大の要求）が容認されたことに反発する北京の大学生の大規模な抗議運動（五・四運動）が起こされ、一九二〇～三〇年代の民族運動の出発点になります。孫文は、一九二四年にソ連と提携して共産党との協力関係（国共合作。中国国民党と中国共産党の連携・協力）を民族運動の柱に据えました。

孫文は二五年に死去しますが、同年上海で起こった「五・三〇事件」（デモ隊に対するイギリス警察隊の発砲事件）から始まった反帝国主義運動の高揚を背景に、翌年に蒋介《しょうかい》石《せき》（一八八七－一九七五）の指揮下にソ連の赤軍を範とする**「国民革命軍」**が組織されました。国民革命軍は、各地に分立する軍閥を倒しながら北上し、中国の統一を実現する**「北伐《ほくばつ》」**（一九二六－二八）を進めます。

北伐の進展とともに労働運動、農民運動が高揚すると、蒋介石は上海クーデターを起こして共産党を弾圧。「国民党」と「共産党」の軍事対立が始まります。国共両党の対立をはらみながらも北伐は継続され、二八年、東北軍閥の張作霖《ちょうさくりん》を北京から追放することで中国国民党の中国統一がまがりなりにも実現します。

国民党と共産党の分裂後、共産党は農村で土地革命を行いながら勢力を伸ばし、一九三一年に江西省瑞金《ずいきん》に「中華ソヴィエト共和国臨時政府」を樹立します。しかし中国社会では軍閥、国民党、共産党の複雑な戦争と混乱が続き、民主主義の実現とはほど遠い社会状況が続いていきます。

歴史の読み方

非暴力・不服従でイギリスからの独立をめざしたインドの民族運動と、列強と結びついた国内各地の軍閥を軍事力で倒そうとした中国の民族運動は、極めて対象的な民族運動でした。

3 世界恐慌が引き金になった第二次世界大戦

WORLD HISTORY AND GLOBAL AGE

アメリカで大衆消費社会が誕生

大戦後、世界最大の債権国となったアメリカでは、電器産業、映画、ラジオ、プロスポーツ、ジャズなどによる「内なる欲望のフロンティア」の開発が進みました。人間の欲望が掘り起こされ、それらの製品化が進みます。「アメリカン・ウェイ・オブ・ライフ」という**大衆消費社会**の出現です。

都市生活は一挙に便利さを加え、自動車とチェーン・ストア（スーパー・マーケットの原型）の普及により都市型の生活がだだっ広い農村部にも広がりました。都市で生産される物品の量と種類は、一九世紀とは比較にならない規模に達します。しかし同時に格差が拡がり、大量の余剰資金が株式・土地に回されるようになります。

アメリカ経済の頭打ちと一九二九年の世界恐慌

「狂騒の二〇年代」と言われるように、一九二〇年代に自動車、建設、電気、ラジオ、石油などの新産業の躍進で急成長をとげたアメリカ経済は、一〇年足らずでバブル局面に入りました。

世界生産量の四二パーセントを占める工業は過剰生産で頭打ちになり、余った資金が一九二七年以降、株や住宅・土地の〝投機〟に向かいます。それに農産物価格の下落が追い打ちをかけました。二八年以降、アメリカ連邦銀行は四回にわたり利下げをして株価を抑制しようとしますが、証券会社は銀行以外から資金を調達して株価を支え続けました。二六年以降の三年間で、株価は二倍に上昇します。

一九二九年一〇月二四日木曜日、ウォール街の証券取引所で一三〇〇万もの株（通常は四〇〇万株）が売られ、株価の暴落が起こります。翌週の火曜日には、一六〇〇万株がさらに売りに出されて株価は大暴落。経済の破綻が、一挙に表面化しました。一一月中には、株価が半分に下落します。三年後には、株価はなんと最高値の一五パーセントにまで下落してしまいました。ところが**当時の大統領フーヴァーは、経済の自動調整力を信じきっており、無為無策でした。**バブル崩壊への対応を誤ったのです。

経済の崩壊が放置されたことで、四年間でアメリカの工業生産力は半減し、一九三三年には四人に一人が失業者になります。また、**三年間にその半数が破産したアメリカの銀行が、海外に貸しつけていた金を一挙に回収したことが恐慌を世界化**させました。

【「経済の心臓」の大手術】株価の大暴落を受けて、経済の血液ともいうべき通貨を循環させる銀行が、利潤を追求して証券業務に手を広げたことが経済の崩壊につながったとして、アメリカ議会は一九三三年になってやっと「グラス・スティーガル法」（銀行法）を制定。商業銀行が証券市場で一〇パーセント以上の利益をあげることを禁じ、銀行（商業銀行）と証券業務（投資銀行）を切り離した。「経済の心臓」の健全化を図らざるを得なかったのである。

一九三一年にはオーストリア最大の銀行が破綻し、連鎖的にドイツの大手銀行も破綻。危機はドイツ、ヨーロッパに波及し、**「世界恐慌」**となりました。第一次世界大戦後、敗戦国のドイツはアメリカの資金を借りて経済を復興させ、英仏に賠償金を払い、英仏はその金でアメリカに対する債務を返済するという循環ができあがっていたのですが、アメリカ連邦銀行の利上げによって資金はアメリカに逆流し、一挙にヨーロッパ経済が破綻したのです。

世界の工業生産力は四四パーセント下落、貿易量は六五パーセントも下落して、世界経済は急速に収縮しました。これでは、国民の生活が崩壊してしまいます。各国は金本位制から離脱して通貨切り下げ競争、関税引き上げ競争を激化させ、少しでも輸出を増やそうと躍起《やっき》になりました。

計画経済のソ連は恐慌の影響をほとんど受けず、アメリカは公共投資により失業者と余剰物資の吸収を図る**「ニューディール（新規巻き直し）政策」**をとり、多くの植民地を持つイギリス、フランスなどは、**「ブロック経済」**と呼ばれる本国と植民地間だけの排他的な経済ブロックを形成することになります。

【持てる国のエゴ】 イギリスのマクドナルド内閣はカナダで連邦会議を開き、イギリス連邦内を低関税にし、外部からの商品に対しては二〇〇パーセントの高関税を課し、広大な市場を閉ざした。資源や植民地を持たないドイツ、イタリア、日本などには、戦争以外に経済危機から逃れる道はなくなってしまう。

KEY POINT
世界史がわかる「鍵」
29

歴史の読み方

バブルの崩壊は資本主義経済ではくり返し起こるのですが、世界の経済に圧倒的な影響力を持つアメリカでのバブル崩壊の処理が極めて不適切であったため、恐慌はヨーロッパとアジアの経済の底を抜いてしまい、悲惨な世界恐慌になりました。経済への理解は、政治家の基礎教養と言えます。

世界恐慌が第二次大戦を誘発

アメリカ発の世界恐慌が世界の政治危機を一挙に強め、通貨切り下げ競争とブロック経済が第二次世界大戦を誘発した。

経済危機とファシズムの密接な関係

ファシズムの台頭は、戦争による経済危機の進行と密接に結びついています。ファシズムは、まず第一次世界大戦直後のイタリアで台頭しました。

大戦後に観光業の不振などで経済が行き詰まり、革命前夜の状態にあったイタリアでは、国民の団結と体制の維持を訴えるムッソリーニ（一八八三－一九四五）のファシスタ党が、一九二二年の**「ローマ進軍」**（「黒シャツ隊」という武装隊がローマへと進軍）で国王の支持を受け政権を掌握します。全投票数の二五パーセント以上を獲得した政党が議席の三分の二を得られるとする選挙法の制定により議会を一党支配する独裁体制が成立します。

世界恐慌のダメージで失業者が六二〇万人に及んだドイツでは、ヒトラー（一八八九－一九四五）が率いるナチスが街頭行動で、議会の無能にうんざりしていた公務員、年金生活者などの没落した中間層、農民の支持を集めて議会の第一党になります。

一九三三年、首相となったヒトラーは共産党を弾圧し、イタリアのファシスタ党の手法に学んでナチスに法律の制定権を与える**「全権委任法」**を成立させて独裁体制を固めます。ヒトラーは、一九三四年に総統として**「第三帝国」**（神聖ローマ帝国〈142ページ〉、ドイツ帝国〈290ページ〉を超える帝国の意味）の国家元首となり、アウトバーンの建設と自動車産業の育成で深刻な不況の克服に成功します。

ヒトラーは国際連盟を脱退すると、再軍備を行うとともに非武装地帯のラインラントに軍を配備し、第一次世界大戦後の地域的集団安全保障の枠組みであるヴェルサイユ体制（344ページ）を崩壊させ、国境紛争を口実にしてエティオピアに侵入したイタリアとともに、ヴェルサイユ体制の組み替えを図ります。

一九三六年、スペイン内戦（一九三六－三九年）が起こり、ドイツ、イタリアが支援したフランコ（一八九二－一九七五）が人民戦線政府に勝利すると、ヨーロッパにおいてファシズムの影響力が強まります。

歴史の読み方

経済危機に対して議会が無能力な場合に、没落する民衆の怒りはファシズムに吸収されます。それを、イタリアとドイツが明らかにしました。民主主義を守り社会秩序を維持する職業人としての議員が、それにふさわしい政治的、経済的見識を備えることの大切さを歴史は訴えています。

失地回復から始まる〝複雑〟な大戦争

大規模で複雑な「第二次世界大戦」は、好況下で起こされた第一次世界大戦とは異なり、世界恐慌による世界経済の大崩壊から始まりました。戦争の直接のきっかけになったのは、領土問題です。

【ポーランドと第二次大戦】 大戦のきっかけは、国民の人気取りのためにドイツ、ソ連がとった旧領を回復するためのポーランド侵攻だった。第一次世界大戦で、領土のポーランドを喪失（344ページ）していたドイツのヒトラーとソ連のスターリンが「独ソ不可侵条約」とともにポーランド分割の秘密協定を結び、一九三九年九月、東西からポーランドに武力侵攻する。先にドイツがポーランドに進攻すると、東欧を政治的に利用してきた英仏両国が、やむを得ずドイツに宣戦布告して「第二次世界大戦」が始まった。

イギリス、フランスは本音では戦争を望まず、ドイツとソ連の間に新たな対立が生じることを期待して、宣戦布告後も軍を動かしませんでした。しばらくの間、両陣営の睨《にら》み合いが続き「奇妙な戦争」と言われる状態が続きます。しかしドイツは一九四〇年、デンマーク、ノルウェー、オランダ、ベルギーを経て北フランスに電撃的に侵入し、パリを占領してしまいました。

一九四一年六月になると、戦略物質の石油の確保に苦慮したナチス・ドイツはバクー油田（ソ連。現アゼルバイジャン）を狙い、ソ連を三カ月で倒せるという予測の下に独ソ不可侵条約を破棄してソ連に進攻しました（独ソ戦）。一九四二年、ドイツ軍はモスクワの四〇キロ付近にまで迫ります。しかし、四三年一月に「スターリングラードの戦い」でドイツ軍三〇万人が壊滅されたことから戦局が逆転。ソ連軍が各地でドイツ軍を撃破していきます。

一九四三年五月になると、北アフリカ戦線でイタリア軍がイギリス軍に敗北。ムッソリーニが失脚したイタリアは、九月に降伏します。

翌一九四四年六月、連合軍がフランスのノルマンディーに上陸して第二戦線が結成され、八月になるとパリが解放されました。東西の戦線における攻撃でドイツは追い詰められ、一九四五年にベルリンが陥落します。ヒトラーは自ら命を断ち、ヨーロッパの戦争は終わりました。**戦後のヨーロッパでは、独ソ戦でナチスドイツと正面から戦ったソ連の影響力がイギリス、フランスに代わり拡大**していきます。

歴史の読み方

第二次世界大戦は、失地回復をめざして手を組んだドイツとソ連の軍事侵攻により東欧のポーランドから始まりました。ナチス・ドイツとソ連の双方に占領されたポーランドは、戦争で民間人・軍人合わせて死者五四〇万人（国民の二三パーセント）という甚大な被害を受けました。

満洲事変からどのように日中戦争へ移行したのか

一九三〇年、世界恐慌が日本に波及します。アメリカへの絹製品の輸出が激減し、株価が大暴落して三〇〇万人の労働者が失業。農村でも絹の輸出不振が養蚕農家に大打撃を与え、東北の農村では凶作も重なって悲惨な状況が生まれました。農村では小作争議が広がっていきます。

三〇年、最大の企業、満鉄《まんてつ》（南満洲鉄道。日露戦争〈310ページ〉の勝利により獲得した地に敷設した鉄道）も、満洲の軍閥、張学良《ちょうがくりょう》が対抗する鉄道建設を進めたことなどから赤字に転じ、日本経済の前途は暗雲に覆われます。一九三一年九月一八日の夜、奉天の北八キロに位置する柳条湖《りゅうじょうこ》の付近で日本の関東軍《かんとうぐん》が密かに約一メートル、満鉄の線路を爆破（柳条湖事件）。関東軍は、それを張学良の軍隊の仕業《しわざ》であるとして軍事行動を起こし、次々に主要都市を占領しました。**「満洲事変」**です。それに対して紛争拡大を恐れた張学良が不抵抗と撤退を命じ、関東軍はわずか五カ月間で東北部（満洲）全域を制圧してしまいま

■第二次世界大戦中のドイツ、日本の動き

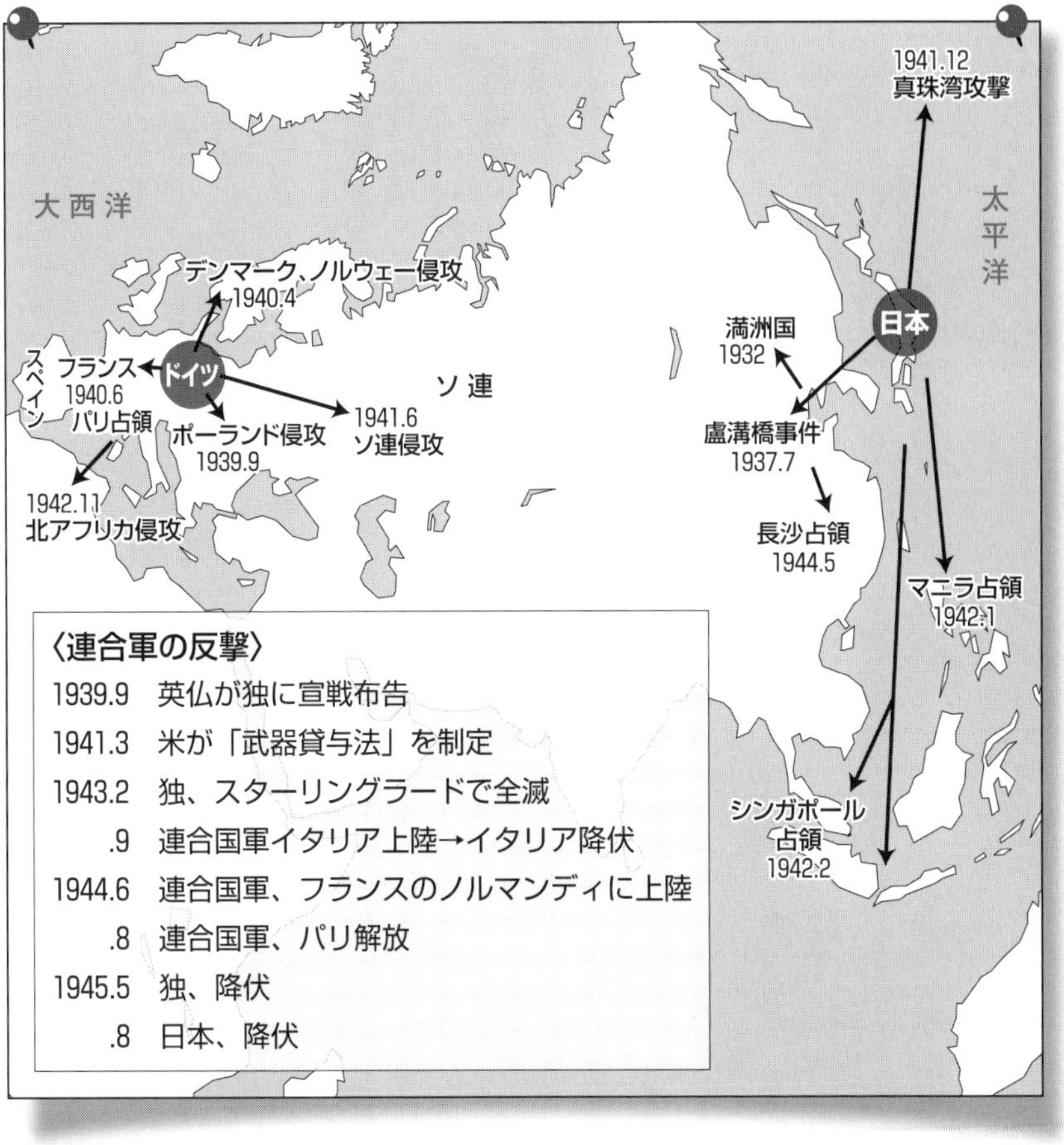

す。

関東軍は国際連盟が調査に乗り出す前に既成事実をつくろうとし、一九三二年、清帝国の廃帝、溥儀《ふぎ》（一九〇六－六七）を執政（大統領）、首都を新京《しんきょう》（長春）とする「満洲国」を建国。今度は「亡国」に対する危機意識が中国に広がります。

【情報戦に勝利した共産党】 満洲事変が起こった後も中国では、国民党と農村を根拠地とする共産党の内戦が続いていた。一九三四年、共産党政権の拠点、瑞金が陥落。共産党軍は国民党軍の追撃をしつつ移動を続けた。三五年、コミンテルン（共産主義による国際組織）がドイツでのナチスの政権掌握に対して民主主義を守る「人民戦線」戦術を唱えると、中国共産党はヨーロッパのファシズムに対抗する統一戦線運動を組み替えて、「一致団結して日本の侵略と戦うべきである」とする主張を展開。亡国の危機を憂う人々の支持を集めた。これにより国民党の共産党に対する戦争の継続が困難になっていく。しかし、中国では清の倒壊後のごたごたと混乱が続いており、民主政治が存在したわけではなかった。

一九三六年、事実上休止状態にあった共産党との戦いを迫るために西安《せいあん》に赴いた国民政府の蔣介石が部下の張学良に捕らえられ、日本と戦うことを迫られる**「西安事件」**が起こります。この紛争を共産党の周恩来《しゅうおんらい》がとりなしたことで国民党・共産党の両党は急速に接近、抗日の動きが強まりました。民族運動の高揚に焦った日本軍は独自の判断で、半年後の一九三七年七月七日の夜に北京郊外の盧溝橋《ろこうきょう》の夜間訓練中の日本軍兵士の行方不明事件（間もなく兵は原隊《げんたい》に復帰。盧溝橋事件）を口実に、付近に駐屯していた中国軍を攻撃し**「日中戦争」**が始まります。

日本軍は中国の軍事力を低く見積もり、数カ月で政治状況が転換できると考えていましたが、三カ月で数万人の戦死者を出し、五〇万の軍隊を投入して天津《てんしん》、北京、上海、広州などの主要都市、**首都南京を陥落させても戦争は続き、補給線が延びきって泥沼化**してしまいます。

日本は、中国の民族運動の強さを読み誤り、情報戦でも敗れたのです。

歴史の読み方

日中戦争は、日本、国民党、共産党の三すくみの中で始まります。日本軍と正面で戦ったのは国民党軍でした。ヨーロッパの人民戦線にならって抗日民族戦線の結成を訴え、農村に勢力を拡大した中国共産党が最終的に一番大きな利益を得たと言えます。

太平洋の覇権を争った太平洋戦争

日中戦争の泥沼化に悩む日本の状況は、太平洋での覇権と中国への経済進出をめざすアメリカにとってはチャンスでした。世界情勢を読み誤った日本は、ナチスドイツがフランスを短期間で占領したことと、自国の軍事力を過大評価して、一九四〇年にドイツ、イタリアとの間で**「日独伊三国軍事同盟」**を締結します。

翌一九四一年になると、四月に日本はソ連との間に「日ソ中立条約」を締結し、六月に独ソ戦が始まると、翌月にインドシナ南部に進駐しました。それに対してアメリカは、**日米交渉で日本軍の中国からの撤退を求め、撤兵がなされない場合には石油とくず鉄の対日輸出を禁止するという措置**をとります。

日中戦争を維持するには自前で東南アジアの石油を調達するしかなくなった日本は、日中戦争を継続するために無謀にもアメリカとも戦争を始めることになります。一九四一年一二月八日、日本はイギリス領のマレー半島、ハワイの真珠湾を奇襲攻撃して**「太平洋戦争」**（一九四一－四五）を起こしました。

真珠湾の攻撃後、日本と軍事同盟を結んでいたドイツ、イタリアもアメリカに宣戦布告し、アジアの戦線とヨーロッパの戦線がつながることになります。一二月九日、中国の国民党政府も日本、ドイツ、イタリアに宣戦布告しました。

【ファシズム対民主主義の構図】一九四二年一月、アメリカ、イギリス、ソ連、中国など二六カ国が「連合国共同宣言」に調印。宣言では戦争の性格が反ファシズム戦争と規定され、蔣介石が中国戦区の最高司令官とされた。ここで初めて連合国により戦争の性格が明確に規定され、アメリカ・中国は、日本との戦争を反ファシズムの世界戦争の一部と宣伝する。一方、日本は、この戦争を欧米列強の植民地支配をなくすための「大東亜《だいとうあ》戦争」とした。

緒戦《しょせん》で日本軍は太平洋に広く進出しましたが、一九四二年六月の「ミッドウェー海戦」に敗退した後、アメリカの物量に押されて後退を続けることになります。

【技術革新に乗り遅れた日本海軍】 日本の海軍は一九世紀末以来の大艦・巨砲中心の流れにそって海軍の整備を行っており緒戦では優位に立っていたが、二〇世紀の戦争が「総力戦」という物量戦争であることを読み誤り、アメリカが標準化された戦艦を量産し、レーダーを駆使し、空母と航空機を駆使する現代戦を本格的に展開しはじめると太刀打ちできなくなった。二〇世紀の戦争を読み違えていたのである。

太平洋と日本本土の制空権を握ったアメリカは、抗戦意識を奪うために徹底して日本をいためつけました。一〇万人の生命を奪った東京大空襲など日本の諸都市への無差別爆撃をくり返しながら、一九四五年に戦後のアジア進出を睨んで沖縄を占領。八月には広島、長崎に相次いで原爆を投下します。

次いでアメリカは、**「ヤルタ会談」**でソ連の対日参戦を要請しました。ソ連は、一九四五年八月八日、日ソ中立条約を一方的に破棄して日本に宣戦布告し、満洲国に進撃します。そうした中で、一九四五年八月一五日に日本は連合国に無条件降伏し、第二次世界大戦は終わりを告げました。太平洋の覇権はアメリカに握られ、東アジアでアメリカとソ連が新たに対峙することになります。

歴史の読み方

戦争には宣伝がつきもので、どの国も自己を正義の位置に立たせます。太平洋戦争は「民主主義とファシズム」の戦いであるとアメリカにより宣伝されましたが、どう見ても太平洋と中国の支配権を巡る帝国同士の戦争です。

KEY POINT
世界史がわかる「鍵」
30

第二次大戦は複雑な要因で起きていた

第二次世界大戦は決して単純な民主主義とファシズムの戦争ではなく、実際には複雑な要因がからみあった世界戦争であり、局面が二転三転した。

4 世界通貨となったドルと冷戦の影響

WORLD HISTORY AND GLOBAL AGE

アメリカのドルと地球経済の一体化

第二次世界大戦（一九三九－四五）は、ヨーロッパの戦線とアジアの戦線がつながり、第一次世界大戦をはるかに超える規模の総力戦でした。

大戦は、敗戦国のドイツ・日本・イタリアが大打撃を受けただけではなく、ドイツ軍の空爆を受けて膨大な戦費の捻出を迫られたイギリス、ドイツに占領されたフランスもともに力を弱め、ソ連もナチス・ドイツとの大規模な戦闘でダメージが大きく、**アメリカのみが世界の兵器工場として大幅に経済を成長**させました。二〇世紀の前半は、アメリカにとってラッキーな状態が続いたのです。

大戦中に二倍以上の経済成長をとげたアメリカは、世界の工業生産の半ばを占め、世界の金の八割を蓄えることになります。ヨーロッパもアジアも、戦争の惨禍《さんか》から復興するにはアメリカの支援に頼らざるを得ない状態に置かれました。

【世界通貨ドル】大戦中の一九四四年に開催された「ブレトン・ウッズ会議」で、アメリカの主張が入れられて、①ドルは金と交換できる唯一の通貨（一ドルが純金約〇・八八八六グラム）となり、②ドルと各国通貨の交換比率の固定（固定相場制。日本円は一ドル＝三六〇円に）が認められ、金本位制に代わってドルが基軸通貨として金と同等に扱われる体制になった（金・ドル体制、ブレトン・ウッズ体制）。「パックス・アメリカーナ」の時代の到来である。ちなみにドルという単位は、一六世紀にボヘミアで発行された良質の銀貨、ターラーに由来する。アメリカは、自国の通貨が良質であるとしてドラーと呼んだ。それがドルになったのである。

【一ドルが三六〇円になった理由】深刻なインフレ状態にあった日本経済を再建するために日本を訪れていたアメリカの経済特使ドッジは、随員が「円」は丸の意味で三六〇度なので三六〇円にしたらどうかという提言を受けて、一ドル三六〇円の為替ルートを決定したとされる。アメリカにとって経済が崩壊した日本の「円」の価値などは、どうでもよかったのである。

アメリカは戦後経済の立て直しに積極的リーダーシップを発揮しました。一九四七年、「マーシャル・プラン」（ヨーロッパ経済復興援助計画）でヨーロッパ経済を再建し、経済・軍事上の優位と民主主義イデオロギーを武器に覇権の確立をめざします。

アメリカの構想は、政治的には一九四五年に設立された**「国際連合」**（United Nations）という国際機構を利用し、経済的にはドルを基軸とする世界資本主義の一元化を実現したところに特色があります。アメリカは、自国を中心とする経済的、政治的な支配システムを地球規模でつくり出したのです。

アメリカは、第二次世界大戦の主な連合国が拒否権を有する国際連合の安全保障理事会の常任理事国の座につくことで、望ましい戦後秩序が確立できると考えました。しかし、構想は米ソの「冷戦」によって早々に挫折していきます。

通商面でもアメリカは、自国の絶対的な優位を前提に、自由・多角・無差別の原理により国際貿易の拡大をめざす「関税貿易一般協定」（ＧＡＴＴ）と通貨・金融面で各国の通貨価値をドルで表示し、固定相場制をとる「国際通貨基金」（ＩＭＦ）体制の確立に努め、両者を世界経済を支える車の両輪にしました。

歴史の読み方

第二次世界大戦の直後、アメリカは経済的、軍事的に世界で抜きん出た力を持ち、ドル、核兵器により人類史上で初めて、アメリカを中心とする単一の世界秩序を樹立しました。間もなく米ソ間の冷戦が始まりますが、ドルは実質上の世界通貨の地位を保ち続けることになります。

KEY POINT
世界史がわかる「鍵」
31

米ソ冷戦で第三勢力が台頭

第二次世界大戦後、アメリカの絶対的な経済優位の下でソ連との四〇年間にわたる冷戦が展開され、その間にアジア・アフリカの第三勢力の形成が進んだ。

海の帝国と陸の帝国の静かな戦い

ソ連は、ナチス・ドイツと戦って勝利した実績と、強大な軍事力、社会主義イデオロギーを武器に、国際秩序の再編に乗り出します。

海の帝国アメリカに対する、陸の帝国ソ連の挑戦です。ソ連は社会主義イデオロギーによる世界体制の形成をめざし、アメリカの覇権に対抗する陸の帝国の立場を明確にしました。

第二次世界大戦中の一九四五年二月に開催された「ヤルタ会談」で、米・英両国の暗黙の了解をとりつけたソ連は、第二次世界大戦中に占領下に置いた人口約一億人の東欧を勢力圏に組み込み、社会主義圏の形成に着手します。

ここに、**大洋（オーシャン）を制覇し、西ヨーロッパ、日本に影響を拡大した海洋帝国アメリカと東欧と中国を組み込んだユーラシアの大陸帝国ソ連が激突**することになります。

冷戦とは、直接的に軍事力を用いず、経済、外交、情報などを手段とする国際的抗争を指します。

【アメリカの封じ込め政策】 ギリシャを除く東欧諸国が、社会主義圏に取り込まれていくことに危機を感じたアメリカは、一九四七年三月に大統領トルーマン（任一九四五－五三）が「トルーマン・ドクトリン」を出してギリシャ、トルコの軍事援助に乗り出し、ソ連の拡大を阻止し、軍事的に対決する封じ込め政策を表明した。ソ連の力が伸びる危険のある地域であれば、どこであろうとアメリカの安全保障を脅かすとみなして干渉する姿勢を明らかにしたのである。

一九四七年六月、アメリカは、**「マーシャル・プラン」**（ヨーロッパ経済復興援助計画）を発表し、ヨーロッパ諸国の経済復興のイニシアティブを取る決意を明らかにします。ヨーロッパ諸国に対するアメリカの主導権を確立し、ソ連の勢力拡大を防止する防壁強化をめざしたのです。

それに対して、ソ連側も**「コミンフォルム」**（共産党・労働者党情報局）を結成して東欧諸国、西欧の共産党との結びつきを強めました。**「冷戦」**（一九四七－八九、Cold War）の始まりです。東西の対立は、両勢力の接点となるベルリンで起こります（ベルリン危機。一九四八）。

大戦後、首都ベルリンはソ連が占領する東ドイツの中にぽつんと置かれた都市であり、東ベルリン（ソ連が管理）と西ベルリン（英・仏・米が管理）と四つの区画に分割されて管理されていました。この西ベルリンへの輸送路である陸路をソ連が閉鎖。西側諸国が空輸で対抗した事件がベルリン危機です。結局、西側の空輸作戦が成功し、封鎖は解除されました。

朝鮮戦争から始まる核軍拡競争

一九四九年、国共内戦に共産党が勝利して「中華人民共和国」が成立すると、ソ連の中国への影響力が強まって東アジアの政治バランスが崩れ、危機の中心はヨーロッパからアジアに移りました。敗れた国民党は、台湾に本拠を移し「中華民国」と称します。

第二次大戦後、朝鮮半島は北緯三八度線で南北に分割され、北部をソ連が、南部をアメリカが占領しました。その後、一九四八年に南に「大韓民国」が、北に「北朝鮮」（朝鮮民主主義人民共和国）が建国されます。一九五〇年、朝鮮半島の武力統一を主張する北朝鮮軍が三八度線を越えて韓国に進攻し、**「朝鮮戦争」**（一九五〇－五三）が勃発しました。

アメリカは、中国の国連代表権を巡る対立からソ連が欠席していた安全保障理事会で北朝鮮を侵略者とする決議を採択。国連軍を組織して朝鮮戦争に参戦し、北朝鮮軍を中国の国境付近にまで追い詰めます。

それに対して中国は義勇軍を派遣して国連軍を追い戻し、**実質的にはアメリカ軍と中国**

軍が朝鮮半島で対峙《たいじ》することになります。それを機に台湾海峡へのアメリカ第七艦隊の派遣が行われて、共産党政権（中国）と国民党政権（中華民国、台湾）の対立が固定されます。この戦争により、世界中に軍事同盟が張り巡らされ、冷戦の世界化が一気に進みました。

【原爆使用の危機】 朝鮮戦争が行き詰まると、アメリカは原爆の使用を決意したが、五億人以上の署名を得たストックホルム・アピール（一九五〇）などの国際世論の高まりもあって、原爆の使用は断念。一九五三年七月、やっとのことで朝鮮戦争の休戦条約が締結された。

その後も、大陸間弾道ミサイル、核兵器、毒ガス、生物兵器などおぞましい大量殺戮《さつりく》兵器の生産競争が進んで兵器の効率化が進み、人類は二大国による狂気の沙汰とも言える地球規模の覇権争いに脅かされました。一九世紀末の英独の建艦競争（317ページ）をはるかに超える軍拡競争でした。

冷戦は、米ソ両国の直接的な軍事衝突には至らない世界規模の厳しい緊張関係を意味しましたが、観点を変えて見ると、世界の大洋（オーシャン）を制する海洋帝国アメリカが、モンゴル帝国の大領域を彷彿とさせる大陸帝国ソ連と覇権を競った軍事対立とみなすこともできます。

冷戦は、軍需産業を中心とするアメリカの経済を戦後不況から救済し、また社会主義の盟主としてのソ連の影響力を強めました。他方でインドの首相ネルー（一八八九－一九六四）、インドネシアの大統領スカルノ（一九〇一－七〇）などを指導者とする**「第三勢力」****（378ページ）****が新たに登場して国際的発言力を強め、冷戦の熱戦化を防止する役割を果たしました。**

一九六二年、カストロが指導する社会主義革命後のキューバにソ連の中距離核ミサイル（IRBM）基地の建設が着手されると、その撤去を求めて海上封鎖をするアメリカとソ連の対立が激化し、核戦争開始の直前にまで至りますが、ソ連の譲歩で危機はギリギリで回避されます（**キューバ危機**）。

こうした深刻な対立は、アメリカとソ連に「核戦争の危険」を認識させることになり、両国は冷戦を緩和させる方向に動きました。それが、強硬路線を主張する中国とソ連の新たな対立（中ソ対立）を生み出していきます。

冷戦が二〇年以上も続く中で軍事同盟が世界中に張り巡らされ、ソ連の核兵器開発、大陸間弾道ミサイルの開発も進んで、アメリカとソ連の軍備拡大競争が際限なく進められる背景になりました。しかし、軍拡競争による膨大な軍事出費はアメリカとソ連の経済を圧迫し、アメリカ、ソ連は経済の活力を弱めることになります。

歴史の読み方

戦後四〇年間続いた冷戦の下で、世界経済は復興しました。他方、米ソの核軍拡競争を背景に、ベルリン危機、朝鮮戦争、キューバ危機が続き、核戦争の脅威に世界中の人々が脅かされることになります。

翳《かげ》りはじめるアメリカの栄華

日本・ヨーロッパ諸国の目覚ましい経済復興、朝鮮戦争、ヴェトナム戦争に対する巨額の軍事支出、大企業の多国籍化などにより、黄金の六〇年代の繁栄を謳歌したアメリカの経済的優位は急速に崩れました。

とくに**「ヴェトナム戦争」**（一九六五－七三）は、冷戦を背景に、アメリカが支援する南ヴェトナムとソ連、中国が支援する北ヴェトナムとの戦いとなり、戦争は長期化・泥沼化していきます。延べ二五〇万の兵力と巨額のカネ（約七四〇〇億ドル）が費され、アメリカでは財政赤字が拡大します。

その結果、一九七一年にはニクソン大統領（任一九六九－七四）は金の国外流失を防ぐため、①**金・ドル交換の停止**、②輸入品に一律一〇パーセントの輸入課徴金を課すことを発表しました（**ニクソン・ショック**）。ここに一九四四年から続いてきたブレトン・ウッズ体制は終わりを告げます。

【世界経済の変調】ドルが金と切り離されるという経済的混乱の中で、一九七三年に主要国は外国為替市場での外貨の需要と供給の関係で為替レートを決める変動相場制への移行を認め、国際通貨体制は急速に不安定となった。金の価格も市場で決められることになり、一九八〇年には一オンスが八五〇ドル（かつては三五ドル）となり、二〇一一年には一九二〇ドルへと上昇した。インフレが進行したのである。

一九八〇年代末、共和党のレーガン大統領（任一九八一－八九）によってとられた「レーガノミクス」という、政府機能の縮小と減税を軸とする経済政策の結果、アメリカは莫大な**「双子の赤字」**（輸入超過の貿易赤字と財政赤字）を抱えることになり、一九八五年には、**第一次世界大戦後七〇年ぶりに債務国に転落。世界最大の債務を抱えることになりました。**

しかし、大量生産・大量消費に裏うちされたアメリカ的生活スタイル（アメリカン・ウェイ・オブ・ライフ）は、地球規模のネットワークを通じて世界中の都市から農村へと伝えられて伝統的な社会の姿を変え、コールドチェーン（低温流通）に見られるような巨大な物流が人類社会の大変化を生み出しました。

歴史の読み方

ヴェトナム戦争での膨大な財政支出、世界経済の規模の拡大、フランスなどの金の蓄積によりドルと金の交換が不可能になり、世界経済は極めて不安定な変動相場制へと移行します。世界の経済秩序は急速に悪化することになります。

冷戦の一方の担い手であるソ連でも、巨大な軍需が民需を圧迫し、中ソ対立と国境紛争、アフガニスタンの内戦に介入して親ソ政権を樹立させようとしたアフガニスタン進攻（一九七九－八九）の失敗、農業政策の失敗、経済運営の官僚化による非能率性の拡大と労働意欲の減退、生産と物流システムの立ち遅れ、共産党官僚（ノーメンクラツーラ）の腐敗などにより、七〇年代には体制の行き詰まりが明らかになります。

東欧圏でも、「制限主権論」を唱えて内政に介入するソ連の動きや特権的な官僚の支配への不満が強まりました。

KEY POINT
世界史がわかる「鍵」
32

世界経済が激変した一九七〇年代

一九七〇年代は石油危機、ドル・ショック、情報革命などが重なって起こった変動期で、世界の経済・政治が激変した。

ソ連の崩壊と冷戦の終結

そうした中で、食糧危機、**アフガニスタンへの軍事進攻の失敗**で財政難に直面したソ連では、一九八五年にソ連共産党書記長に就任したゴルバチョフ（一九三一－）が、**グラスノスチ**（情報公開）、行政・経済などの多方面に及ぶ体制内改革（**ペレストロイカ**、「建て直し」の意味）に取り組み、アメリカとの和解、軍縮に乗り出します。

しかし、時すでに遅く、一九八九年に高揚した東欧の民主化の後を受けて、一九九一年になると連邦解体を目前に起こされた共産党のクーデター失敗事件を機にソ連共産党が解散され、ソ連も解体されて**「独立国家共同体」（CIS）**が成立することになりました。ソ連が社会主義を放棄するという、誰も予測できなかったような大変動が突如起こったのです。

一九八九年に地中海のマルタ島において、ゴルバチョフと合衆国のブッシュ大統領（任一九八九－九三）は冷戦の終結を確認しました（マルタ会談）。それは両国の核軍拡ギブ・アップでもありました。

こうして一つの時代が終わりを告げます。世界経済は極めて不安定になり、国家間の相互依存関係も強まり、地球規模のネットワーク化が進んでいきます。

歴史の読み方

ゴルバチョフの体制内改革では、民衆、連邦内諸民族、東欧諸国の不満は解消できず、改革に不安を持った共産党内部のクーデターの失敗により、ソ連はあっけなく倒壊し、冷戦は終わりを告げました。

5 グローバル化と見えてこない地球新時代

WORLD HISTORY AND GLOBAL AGE

米・ソではない第三の新勢力の誕生

第二次世界大戦は、ヨーロッパ諸国の地球規模の植民地支配を解体させました。一九世紀的な世界秩序の崩壊が進み、**米ソの冷戦を背景に、アジア・アフリカで新興の国民国家（ネーション・ステート）が続々と誕生。**世界史の動向に一定の影響力を持つようになりました。

一九四五年から一九六四年の間に、実に五三の国々（アジア二〇カ国、アフリカ三三カ国）が誕生し、世界人口の三〇パーセント余りが新しい国家を持ちます。

その後もヨーロッパをモデルとする国民国家の数は増加し続け、現在は一九五カ国を数えています。アジア・アフリカに多数の国民国家が誕生したことは、世界史上の特筆すべき出来事なのです。

一九五五年、インドネシアのバンドンで、アジア・アフリカの二九カ国の政府代表が参加して開催された**「バンドン会議」**（アジア・アフリカ会議）は、アジアとアフリカの政府代表により開かれた政府レベルの最初の国際会議として、**世界史の転換点**を印象づけました。会議は、反植民地主義、民族主権、人種差別の撤廃などの平和一〇原則を採択し、後の反植民地運動に大きな影響を与えています。

インドの首相ネルー（一八八九－一九六四）、インドネシアの大統領スカルノ（一九〇一－七〇）、エジプトの大統領ナセル（一九一八－七〇）などの主導の下に、アジア・アフリカの新興独立国の多くは、米ソの両陣営のいずれにも属さない「第三勢力」として世界史の形成に対して一定の影響力を持つことになります。

石油危機で姿を変えていく世界経済

六〇年代以降、先進工業国が途上国に開発援助を行って経済格差の是正をめざしましたが、富は欧米に還流して経済格差は増大する一方でした。

そうした中で深刻な経済格差は、途上国に貧困と飢餓を広め、国際問題となりました。

それが、**「南北問題」**です。先進工業国の多い北半球の国々と南半球に多い途上国との格差、矛盾を総称したものです。

一九七三年、イスラエルに占領されていたシナイ半島、ゴラン高原などの奪回をめざしてエジプト、シリアが**「第四次中東戦争」**を起こすと、「石油輸出国機構」(OPEC)、「アラブ石油輸出国機構」(OAPEC)は原油価格を引き上げるとともに、原油の供給量を一挙に削減する**「石油戦略」**を発動します。**「第一次石油危機」**です。

先進工業国はエネルギー資源の急激な価格高騰で大打撃を受け、スタグフレーションというインフレと不況の同時進行に見舞われました。戦後の好況の時代は終わり、国際収支の悪化、低成長の時代への転換が進みます。

【サミットの開催】 世界経済の危機を乗り切るために、一九七五年以降、先進五カ国(イタリア、カナダ、ロシアも参加するようになって八カ国)の首脳による「サミット」(主要国首脳会談)が開かれて、政策の調整と協調が図られた。サミットは以後、毎年開催されることになった。

一九七九年、**「イラン革命」**が起こって革命政府が原油供給量を削減し、その後の**「イラン・イラク戦争」**(一九八〇-八八)で両国の原油輸出が停止されると、再び原油価格は二倍半も高騰しました(**第二次石油危機**)。一九八〇年には、戦後の長い間一バーレル当たり二ドル台だった原油価格が、三二ドルにまで高騰します。エネルギー・コストの高騰による世界規模の不況が進む中で、アジア・アフリカの開発途上国も資源を持つ国と持たない国に分かれ、格差が広がりました。

他方で、工業生産力の飛躍的な拡大による多角的交易関係の進展、安価な労働力の獲得競争の熾烈化は、世界（多国籍）企業を増加させ、地球規模のネットワークを利用した国際分業関係が拡大していきます。**世界企業が国家と肩を並べるプレイヤーになる、経済のグローバル化が進展**します。

一九六七年から八七年までの間に世界（多国籍）企業の海外投資残高は九倍に増加します。世界企業の活動が最も活発なアメリカでは、国内生産の五分の一が海外に移転しますが、日本やヨーロッパの企業も同じ道をたどりました。

歴史の読み方

石油危機は、戦後の世界秩序に転換をもたらしました。原油価格の決定権が石油メジャー（石油産業に関する活動をする欧米の巨大企業複合体）から産油国に移り、石油価格の高騰により世界経済の長期の不況がもたらされ、工業先進国の企業は安価な労働力を求めて国外に工場を移転させることで世界（多国籍）企業に変身しました。その結果、世界を舞台にした企業の競争が激化することになります。

経済の世界化と力を増す金融

一九七一年の「ニクソン・ショック」（373ページ）でドルを基軸通貨とする「金為替本位体制」が崩れ、二度の石油ショックにより、ＩＭＦを中心とする経済体制が崩れて、世界企業、アラブのオイル・ダラーが勢いを増す金融投機の時代に入りました。

【ユーロ・ダラー】 アメリカでの世界企業の増加はアメリカに還流しないドルの量を増加させ、それとともに石油危機で産油国に入ったドルもロンドンなどの金融市場に入り、国際短期流動資金として利益を求めるバクチ的な金融取引の資金となった。過剰流動性を持つユーロ・ダラー（ヨーロッパで取引されるドル）市場の膨張である。

八〇年代の日本も含む、先進国の金融自由化に伴う土地バブルとその破綻、九〇年代のインターネットによる地球規模の電子空間の出現による経済の証券化・グローバル化で、金融取引の規模は拡大と多様化の一途をたどることになりました。

九七年のタイの通貨バーツに対する投機的売り圧力により為替を自由化したことを契機にバーツの為替レートが大幅下落、韓国、インドネシアに及んだ通貨の大暴落（**アジア通貨危機**）が起こり、二〇〇〇年代になるとアメリカの**ＩＴバブルの崩壊**が起こります。二〇〇八年に、アメリカのサブプライムローンの破綻をきっかけに起きた投資会社リーマン・

ブラザーズの破綻による証券バブルの崩壊（**リーマン・ショック**）、といった形で世界の金融市場を巻き込む金融危機が頻発しました。

リーマン・ショック後のアメリカは、国内経済立て直しのためにドルの大幅増刷による大規模なインフレ政策を始めます。しかし、増刷された大量のドルが金融機関を経由して世界規模のマネー・ゲームに回され、世界各国の株式、債券、商品市場は、一層不安定な状況に陥っています。

歴史の読み方

世界企業は、利益を本国に送らずロンドンにプール。他方でオイル・マネーも短期資金として金融市場に滞留しました。世界規模でマネー・ゲームが展開される時代が到来したのです。

【ＮＩＥＳの登場】 一九七〇年代以降、長期の不況が続く中で、国際市場における先進工業国の企業間の価格競争が激化し、国際競争に打ち勝つための安価な労働力の獲得と新たなビジネス機会を狙って、先進工業国から周辺の途上国への資本、技術の流出が急速に進んだ。アジアでは、韓国、台湾、シンガポール、タイ、マレーシアのような新興工業国（ＮＩＥＳ）が出現し、それに次いで経済特区を設けた中国経済が急伸。ヴェトナムなどの社会主義国にも、そうした動きが及んでいる。

一九七〇年代以降、アジア・アフリカの広大な諸地域の政治的、経済的変動が続き、石油などの資源を持つ国と持たざる国、先進国の企業の誘致に成功した国と失敗した国の貧富の差が拡大しました。

一九六〇年代のようにアジア・アフリカの国々を一括して「南」の国として扱うことは、当然のことながらできなくなっています。新興独立諸国の状況も大きくバラけてきており、新たに**「南南問題」**（開発途上国間での経済格差）が表面化しています。

【アジア通貨危機】 急激な経済成長をとげるアジア諸国は、変動相場制に移行した以後も、ドルとの固定相場制を維持して（ドル・ペッグ制）、海外投資の増加、インフレ防止を図った。ニクソン・ショック（373ページ）以後のドル安は一時的に有利に作用していたが、一九九〇年代にアメリカがドル高政策に転じ、ドルが数年間で八割も上昇すると、タイのバーツ、韓国のウォンもつられて高騰、不況が広がった。そうした中で一九九七年、ヘッジファンド（大量の資金を動かす世界規模の投資集団）はバーツ、ウォンを売りたたき「アジア通貨危機」が勃発。ドル・ペッグ制は香港を除いて放棄された。そうしたアジア経済の危機を救うために、日本などのアジアの国々が外貨を融通しあう「通貨スワップ」（各国の中央銀行による一定ルートで相手国の通貨を融通し合う仕組み）が組織された。

KEY POINT
世界史がわかる「鍵」
33

歴史の読み方

世界企業の進出でアジアなどの国に資金と技術が移転されることにより、一九八〇年代に新興工業国（ＮＩＥＳ）が出現。安価な労働力を求めての企業移転、新興国の工業化の波は、世界各地に及ぶことになります。

グローバル経済がもたらす経済の不安定化

一九八〇年代以降の経済のグローバル化の進展は、ＮＩＥＳ、ＢＲＩＣＳ（ブラジル、ロシア、インド、中国、〈南アフリカ〉）諸国などの経済成長をもたらすが、他方で世界経済と国際政治を不安定化する要因にもなった。

地球規模のヴァーチャルな金融空間の出現

一九七〇年代には「情報革命」が進み、コンピューターが戦略商品になります。経済の危機に直面したアメリカは、七〇年代半ば以降、軍事的に開発されていたインターネットを民用に転換し、**電子空間を短期間のうちに地球規模に拡大**させました。非物質的な架空の空間は、モノがあふれかえることはなく、参加するヒトが増えれば増えるほど繁栄する特殊な経済空間であり、多様なビジネスチャンスを生み出しました。

後発諸国の追い上げで産業競争力を低下させていたアメリカ経済は、地球規模の電子空間を利用する新産業で息を吹き返します。新たな金融、商業ネットワークの開発が大規模に進められ、経済の回復が進められることになります。

利潤率の低下に悩むウォール街は、一九九〇年代以降、新たな電子空間を効率的な投資空間に変えていきました。言ってみれば地球規模の電子空間の創造は「大航海時代」が起こした「空間革命」の現代版であり、電子空間を利用する新システムが、ヘッジファンドなどのグローバルな金融資本主義のパワーを強めたのです。

ヴァーチャルな金融資本主義は様々な地域の様々な経済を従属させ、一九世紀的な国民国家を単位とする資本主義経済を地球規模のグローバル・システムに転換させました。

【情報革命とヴァーチャル化する世界】 二一世紀には、大航海時代の「オーシャン」にたとえられるような地球規模の電子空間が形成され、それを利用することで史上最大の規模と機能性を備える商業・金融システムが創出された。ゲーム、ソーシャル・ネットワークのような商品も生み出される。こうした地球規模の第三次空間革命はアメリカが中心になって形成され、それに見合った新金融システムの形成もアメリカが担っている。変動相場制、通貨価値の記号化、電子送金、会計制度の標準化、証券取引の国際化、証券化の技術、空売りなどを総合した地球規模の金融活動の動きは、「情報革命」と呼ばれる世界史の大変動を巧みに利用して進められてきていると言える。

「大きな世界」にも「小さな世界」にも浸透できる巨大な電子空間は、異次元の経済空間として世界経済を主導することになり、国民国家が制御できないモンスターになりつつあります。

アメリカはかつての「世界の警察官」の役割を後退させ、電子・金融空間での覇権に力点を移動する方向に変化してきています。地球規模の電子空間が生み出す諸問題に対応できる政治システムの早期形成が必要なのですが、「陸の帝国」の再編をめざすＥＵ、海洋帝国への転身を図る中国など各国の志向が異なっており、複雑な利害の対立と意識の立ち遅れがそれを阻んでいます。

歴史の読み方

一九七〇年代以降、コンピューターの普及に伴い情報革命が進みます。九〇年代になると、インターネットと金融、物流、宣伝が結びついて、新たな経済の波がアメリカから世界に広がっており、アメリカ経済に新たなパワーを与えています。

KEY POINT

世界史がわかる「鍵」

34

ヴァーチャル空間が世界経済を動かす

一九七〇年以降の情報革命の中でアメリカを中心にヴァーチャルな「電子・金融空間」が地球規模に拡大。それを利用したアメリカの金融帝国化の動きが強まっている。

大きくなるヨーロッパ世界

二度の大戦で没落したフランスとドイツは抗争をやめ、一九五〇年にフランス外相の呼びかけに基づき、「ヨーロッパ石炭鉄鋼共同体」（ＥＣＳＣ）を発足させました。六年後の一九五七年にはヨーロッパにおける資本・商品・サービス・労働の自由な移動を実現。「ヨーロッパの復権」をめざす「ヨーロッパ経済共同体」（ＥＥＣ）が成立します。しかし、イギリスと北欧諸国は参加せず、一九六〇年に「ヨーロッパ自由貿易連合」（ＥＦＴＡ）を結成しました。

さらに、ＥＣＳＣ、ＥＥＣ、「ヨーロッパ原子力共同体」（ＥＵＲＡＴＯＭ）が統合して、「ヨーロッパ共同体」（ＥＣ）が六カ国の参加で結成されます。

七〇年代に世界経済が不景気に陥るとヨーロッパ市場の拡大がめざされ、八〇年代には金融自由化、グローバル化に対応してイギリスなどのＥＦＴＡ諸国が加盟したことで、ＥＣは一二カ国で構成されることになって、域内の総生産（ＧＤＰ）がアメリカを上回りました。

その後、ヨーロッパ市民権、欧州議会、単一通貨ＥＣＵ（ユーロ）などを内容とする「マーストリヒト条約」の承認を経て、一九九三年には、財貨・サービス・市場を統合する**「欧州連合」（ＥＵ）**が成立します。

一九九九年になると、欧州中央銀行（ＥＣＢ）が域内単一通貨ユーロを発行し、為替の変動に伴うリスクの除去、両替手数料の撤廃が実現されました。冷戦後に、ソ連から離脱した東欧諸国が加盟することで二〇〇七年にはEU加盟国が二七カ国に増加。二〇〇九年には、ユーロ導入国は一六カ国に増加しています。EUは、東欧を飲み込むことでヨーロッパの復権をめざしているのです。

こうした地域の統合の動きは、東南アジア一〇国が参加する「ASEAN」（アセアン、東南アジア諸国連合）にも見られます。また二国以上が通商上の障壁を取り除く自由貿易地域（FTA）も広がりを見せます。アメリカ、カナダ、メキシコの間の「北米自由貿易協定」（NAFTA）は、その代表例です。後述する（393ページ）TPP（環太平洋戦略的経済連携協定）も東アジア、アメリカ、オセアニアの広域FTAになります。

歴史の読み方

ヨーロッパでは二つの大戦の反省に立って、フランス、ドイツを中心に政治、経済の地域統合が進められ、ソ連が崩壊した後の東欧に勢力圏を拡大しています。

海洋進出で覇権をめざす中国

一九二一年に上海で五〇数名の参加の下に結成された中国共産党は、日中戦争の際に農村を根拠地として急激に勢力を伸ばし、戦後の国民党との内戦に勝利して、一九四九年に

■世界の主な自由貿易地域

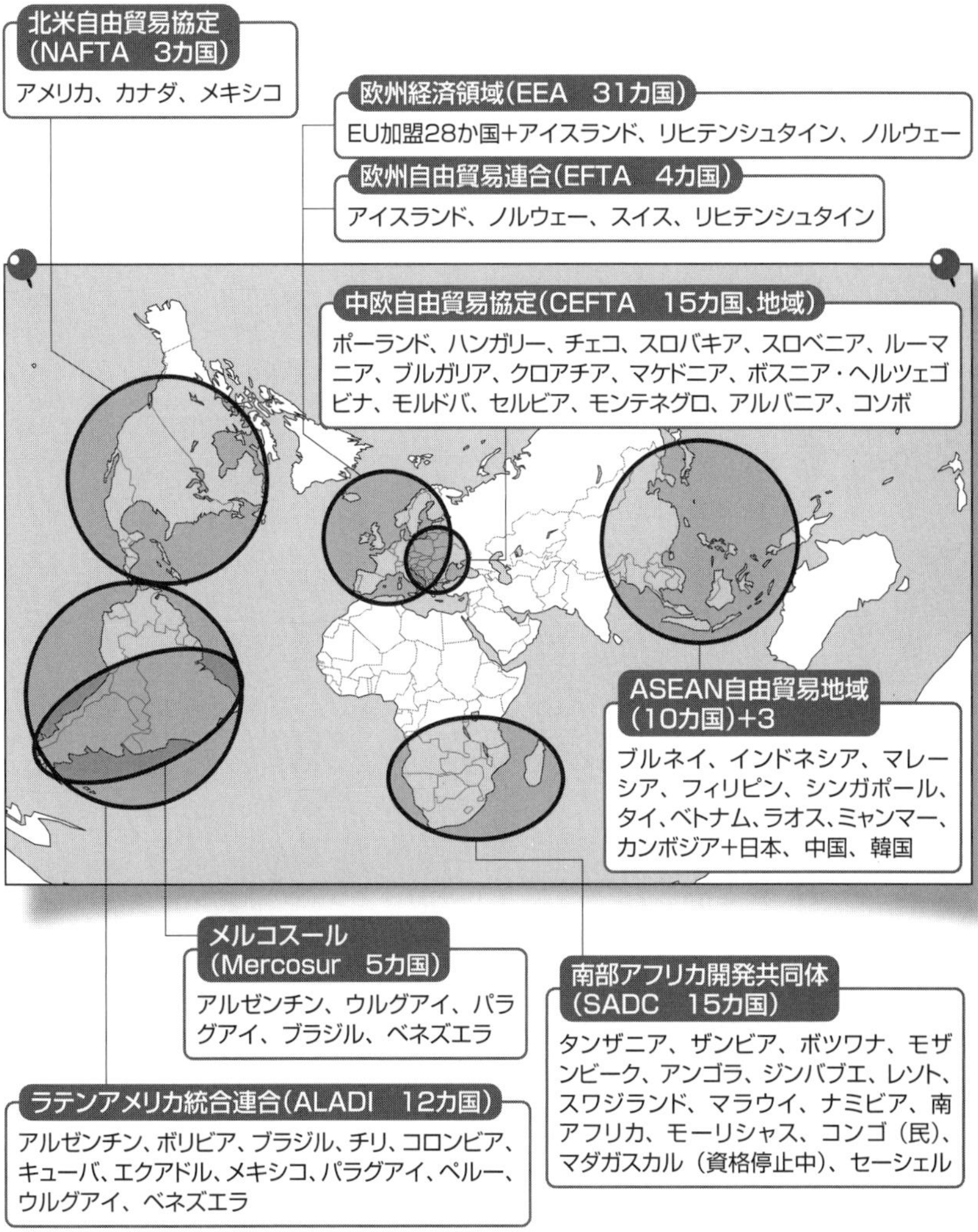
北米自由貿易協定（NAFTA　3カ国）
アメリカ、カナダ、メキシコ
欧州経済領域（EEA　31カ国）
EU加盟28か国+アイスランド、リヒテンシュタイン、ノルウェー
欧州自由貿易連合（EFTA　4カ国）
アイスランド、ノルウェー、スイス、リヒテンシュタイン
中欧自由貿易協定（CEFTA　15カ国、地域）
ポーランド、ハンガリー、チェコ、スロバキア、スロベニア、ルーマニア、ブルガリア、クロアチア、マケドニア、ボスニア・ヘルツェゴビナ、モルドバ、セルビア、モンテネグロ、アルバニア、コソボ
ASEAN自由貿易地域（10カ国）+3
ブルネイ、インドネシア、マレーシア、フィリピン、シンガポール、タイ、ベトナム、ラオス、ミャンマー、カンボジア+日本、中国、韓国
メルコスール（Mercosur　5カ国）
アルゼンチン、ウルグアイ、パラグアイ、ブラジル、ベネズエラ
南部アフリカ開発共同体（SADC　15カ国）
タンザニア、ザンビア、ボツワナ、モザンビーク、アンゴラ、ジンバブエ、レソト、スワジランド、マラウイ、ナミビア、南アフリカ、モーリシャス、コンゴ（民）、マダガスカル（資格停止中）、セーシェル
ラテンアメリカ統合連合（ALADI　12カ国）
アルゼンチン、ボリビア、ブラジル、チリ、コロンビア、キューバ、エクアドル、メキシコ、パラグアイ、ペルー、ウルグアイ、ベネズエラ

は、毛沢東《もうたくとう》を国家主席、周恩来（一八九八－一九七六）を首相とする「中華人民共和国」の樹立に成功します。蔣介石が率いる国民党の「中華民国」政府は台湾に逃れます。混沌とした政治状況の下で、清の大領域がそのまま新国家の領土として継承されたのです。

中国は五〇年にソ連との間に「相互援助条約」を締結し、ソ連の援助により経済建設に乗り出しますが、やがて朝鮮戦争（一九五〇－五三、370ページ）が勃発します。その際に世界最強のアメリカの第七艦隊が台湾海峡に進出して台湾の国民政府を支持。国民党と共産党の戦争は、途中で凍結されました。

スターリンの死後、平和共存の路線に転じたソ連共産党と対米強硬路線の中国共産党の関係が悪化し、毛沢東はソ連方式を捨て、独自路線を選択します。インターナショナリズムを中華ナショナリズムに転換させ、農民革命の路線を貫こうとしたわけです。

毛沢東は土地を国有化し、戸籍を都市戸籍と農村戸籍に分けて農民を安価な労働力として活用し、清の統治法を引き継いで個人档案《とうあん》（共産党が一元的に管理する個人記録）で民衆を管理する体制を整えました。

しかし経済への理解が極めて浅い毛沢東の精神主義的な**「大躍進運動」**、農村での人民公社を中心とする集団化は大失敗に終わり、推計二〇〇〇万人から四〇〇〇万人の餓死者を出す結果になりました。その結果、毛沢東は失脚。劉少奇《りゅうしょうき》（一八九八－一九六九）が、国家主席の座につきます。大躍進運動の失敗による経済の混乱、党幹部の腐敗、格差の拡大が続く中で、復権をめざす毛沢東は**「文化大革命」**（一九六六－七六）を始めます。毛沢東は青年を動員して「革命有理」・「革命無罪」のスローガンを掲げ、共産党の党組織を破壊、独裁者としての復権を果たしました。党が民衆を指導するという社会主義の組織理論は捨て去られ、毛沢東の個人崇拝による権力独占の体制が築きあげられたのです。

一九七六年、毛沢東が死去すると文革（文化大革命）推進派が一掃され、現実路線を歩む鄧小平《とうしょうへい》（一九〇四－九七）が政権を掌握します。彼は、農業・工業・国防・科学技術の四つの現代化の下に、シンガポールにならって沿海部に経済特別区、経済開発区を設け、外資の大胆な導入で経済成長を図りました。沿海部の都市から資本を得た近代資本主義を模倣して、華僑《かきょう》からの資本の調達で経済成長を実現しようとしたのです。

鄧は、それを社会主義市場経済と名づけ、チャンスがある者から豊かになるという「先富論」を掲げて、経済の復興と成長を優先しました。中国は外資を大胆に導入し、農村の安価な労働力によって「世界の工場」として奇跡的な成功をとげます。

折からのソ連の崩壊（376ページ）の影響で青年を中心に民主化を求める動きが強まりましたが、共産党は**「天安門事件」**（一九八九年、北京の天安門広場で民主化を要求した学生・市民を中国人民解放軍が制圧）により、共産党の独裁体制を守りました。

中国経済は、「リーマン・ショック」の際の四〇兆元に及ぶ膨大な国家投資を呼び水にした対外資本を取り込み急成長し、内陸部の都市開発と鉄道、高速道路などのインフラ整備により、日本を抜いてＧＤＰ（国内総生産）を一挙に世界第二位に上昇させました。

反面、抜擢人事と伝統的なワイロの慣習が、党官僚の腐敗と堕落を進めました。現在の中国は南シナ海と東シナ海の海底資源の囲い込みと航路支配を強引に進め、「海の帝国」をめざしています。

歴史の読み方

二一世紀に飛躍的に経済を成長させた中国は、海洋帝国への飛躍をめざしていますが、もともと内陸帝国であり、海岸線が日本の三分の二にしか過ぎないこともあって時代遅れの強引な手法での南シナ海進出により、周辺諸国との間に大きな摩擦を引き起こしています。

世界的に重要となる太平洋

太平洋は、そのあまりの広大さゆえに世界史の中で確固とした位置を確立することができませんでした。「水の砂漠」だったのです。大西洋が資本主義経済と国民国家体制により近代世界の枠組みをつくったのとは大違いでした。

二〇世紀末に地球規模の「電子・空間」が形成されて経済のグローバル化が進み、アジア諸国が急激な経済成長をとげることにより、太平洋世界に新たなシステムをつくり上げる段階に世界史はやっとさしかかっています。
一九世紀末から二〇世紀中頃にかけてアメリカが太平洋の軍事覇権を確立しましたが、経済圏の成長を見るには至らず、米ソの冷戦の最前線になってきました。二一世紀に入り、アメリカの軍事的優位が揺らぐ中で、太平洋世界は米・中対立の場になりつつあります。

【二一世紀の海―太平洋】太平洋は、ユーラシアの「小さな世界」と大西洋世界から西と南に向けて膨張した「大きな世界」の接点に位置する、地表の三分の一を占める大空間である。自給自足の農業を基盤とするユーラシア諸国と、基本的にプランテーションを土台とするアメリカ大陸、オーストラリアが向かい合っていることもあり、いまだに政治的・経済的秩序が確立されていない「大洋」なのである。

二〇〇六年、東南アジアのシンガポール・ブルネイ、ニュージーランド、南米のチリが、共同市場の形成と無制限の関税撤廃をめざすＴＰＰ（環太平洋戦略的経済連携協定）を立ち上げました。
二〇一〇年にアメリカがそれに参加を表明。オーストラリア、ヴェトナム、マレーシア、コロンビア、メキシコ、カナダ、日本も参加することになりました。一度規制緩和をすると元に戻せないというラチェット規定、損害を被った外資が損害賠償を要求できるＩＳＤ

条項などがあるため、各国の態度決定と利害調整は大変ですが、歴史的にまったく異質な太平洋周辺の地域、国々がつくりあげる共同組織は、太平洋地域の安全保障、経済成長にとって有用です。

太平洋世界に安定した経済秩序が形成されれば、アメリカの太平洋帝国の再編、中華帝国の太平洋進出の野望を抑止することにつながるのではないでしょうか。ＴＰＰは、太平洋を「大きな世界」に組み込むための実験的試みと言えます（二〇一七年、アメリカのＴＰＰ離脱の大統領令により発効の見通しが立たなくなった）。

歴史の読み方

我が国が未開拓の大洋である太平洋に面していることは、将来につながる大きな利点です。東シナ海、南シナ海、太平洋の活用は、人類の直近の課題であり、太平洋を「共存の海」にするにはどうしたらよいかを考えるべきです。

KEY POINT
世界史がわかる「鍵」
35

世界史の中心となり得る「太平洋」

二一世紀に開発を委ねられた太平洋を巡り、緊張が激化している。急速に経済を成長させた中国は危機を内包しながらも太平洋進出をめざし、他方、ＴＰＰのように太平洋での新経済秩序形成の動きもある。

二一世紀以降、持続する世界への模索

二〇世紀には、ジェット機網、鉄道網、航路網、高速道路網、インターネットなどが多重的に地球上を覆うようになりました。地球規模の巨大な物流、情報・文化の相互交流が生み出されています。

そうした変化は、他方で各地域、国家間の経済格差を広げ、地球規模での富の偏在と飢えの拡大という深刻な問題を生み出しています。

【人口爆発という課題】 二〇世紀以降、世界では人口爆発と言われる急激な人口増加が起こり、一八二五年頃に一〇億人だった人口は、一〇〇年後に二〇億人に増加し、一九六〇年には三〇億、七五年には四〇億と増加し、現在は七〇億人を突破している。技術革新で雇用機会が縮小傾向にある中で、膨大な人口にどのように仕事を与えるかが人類の課題になっている。

一九七二年に酸性雨への危機感をベースに、スウェーデンのストックホルムで「第一回国連人間環境会議」が開催されました。

同年には、二五カ国、七〇名で構成されるスイスの法人ローマ・クラブが『成長の限界』を発表し、世界人口、工業化、汚染、食糧生産、および資源の使用の現在の成長率が不変のまま続くなら、一〇〇年以内に地球上の成長は限界点に達し、人口と工業力は、かなり

突然の制御不能の減少に直面するであろうと、警告を発しました。

国連人間環境会議の後を受け、八七年に国連に提出されたブルントラント報告書も、**「持続的開発」**を提案しています。

文明が形成されてから五〇〇〇年の歳月が流れ、世界は大転換期に直面しており、新たな方向性を見い出すのが難しい状況にあると言えます。

宮崎正勝（みやざき　まさかつ）
1942年生まれ。東京教育大学文学部史学科卒。都立三田高校、都立九段高校、筑波大学附属高校教諭、筑波大学講師、北海道教育大学教授などを経て、現在はNHK文化センター等の講師として活躍中。『早わかり世界史』『地図と地名で読む世界史』『世界史を動かした「モノ」事典』『歴史図解　中東とイスラーム世界が一気にわかる本』『世界〈経済〉全史』（以上、日本実業出版社）、『イスラム・ネットワーク』（講談社選書メチエ）、『ジパング伝説』（中公新書）、『文明ネットワークの世界史』（原書房）、『海からの世界史』（角川選書）、『海図の世界史』（新潮選書）など著書多数。

世界全史《せかいぜんし》　「35の鍵《かぎ》」で身《み》につく一生《いっしょう》モノの歴史力《れきしりょく》

2015年３月20日　初版発行
2017年８月１日　第５刷発行

著　者　宮崎正勝
発行者　吉田啓二

発行所　株式会社日本実業出版社　東京都新宿区市谷本村町３−29 〒162-0845
大阪市北区西天満６−８−１ 〒530-0047
編集部　☎03-3268-5651
営業部　☎03-3268-5161
振　替　00170-1-25349
http://www.njg.co.jp/

印刷／理想社　　製本／若林製本

この本の内容についてのお問合せは、書面かFAX（03-3268-0832）にてお願い致します。
落丁・乱丁本は、送料小社負担にて、お取り替え致します。

ISBN 978-4-534-05243-8　Printed in JAPAN

索　引

あ

い

う

え

お

か

き

し

ふ

へ

ほ